Crise Empresarial

A SITUAÇÃO DOS CRÉDITOS GARANTIDOS POR PROPRIEDADE FIDUCIÁRIA

2022

Natalia Yazbek Orsovay Ferrari

ALMEDINA

CRISE EMPRESARIAL
A SITUAÇÃO DOS CRÉDITOS GARANTIDOS POR PROPRIEDADE FIDUCIÁRIA

AUTOR: Natalia Yazbek Orsovay Ferrari

DIRETOR ALMEDINA BRASIL: Rodrigo Mentz
EDITORA JURÍDICA: Manuella Santos de Castro
EDITOR DE DESENVOLVIMENTO: Aurélio Cesar Nogueira
ASSISTENTES EDITORIAIS: Isabela Leite e Larissa Nogueira
ESTAGIÁRIA DE PRODUÇÃO: Laura Roberti

DIAGRAMAÇÃO: Almedina
DESIGN DE CAPA: Roberta Bassanetto

ISBN: 9786556275765
Agosto, 2022

Dados Internacionais de Catalogação na Publicação (CIP)
(Câmara Brasileira do Livro, SP, Brasil)

Ferrari, Natalia Yazbek Orsovay
Crise empresarial : a situação dos créditos garantidos por propriedade fiduciária / Natalia Yazbek Orsovay Ferrari. -- São Paulo : Almedina, 2022.

Bibliografia.
ISBN 978-65-5627-576-5

1. Alienação fiduciária 2. Bens imóveis 3. Empresas - Falência 4. Recuperação judicial (Direito) - Leis e legislação I. Título.

22-109856 CDU-34:338.93

Índices para catálogo sistemático:

1. Crise empresarial : Direito empresarial 34:338.93
Cibele Maria Dias - Bibliotecária - CRB-8/9427

Este livro segue as regras do novo Acordo Ortográfico da Língua Portuguesa (1990).

EDITORA: Almedina Brasil
Rua José Maria Lisboa, 860, Conj.131 e 132, Jardim Paulista | 01423-001 São Paulo | Brasil
www.almedina.com.br

AGRADECIMENTOS

A presente obra é resultado de dissertação de Mestrado, defendida em abril/2019 perante a Faculdade de Direito da USP, com as devidas atualizações após a Banca Examinadora do trabalho e decorrentes da entrada em vigor da Lei nº 14.112, de 24 de dezembro de 2020, que alterou diversos dispositivos da Lei nº 11.101/05.

Assim como todo trabalho acadêmico, a elaboração da dissertação de mestrado e desta obra foi um processo primordialmente solitário. Neste período, ao passo que alguns vínculos se desfizeram, tantos outros foram construídos e fortalecidos.

Em primeiro lugar, sou especialmente grata à Professora Doutora Sheila Christina Neder Cerezetti, por quem tive o privilégio de ser orientada. O exemplo de excelência e de dedicação acadêmica, somado à sua disponibilidade e precisa orientação foram fundamentais para a conclusão do trabalho, ora apresentado nesta obra. Agradeço também aos Professores Doutores Francisco Satiro de Souza Junior, Marcelo Barbosa Sacramone e Adriana Pugliesi pelas valiosas críticas e sugestões feitas durante o exame de qualificação e a Banca Examinadora. Ao Professor Francisco Satiro de Souza Junior, agradeço, ainda, por ter sido o primeiro responsável pelo meu entusiasmo pela disciplina do Direito das Empresas em Crise, despertado ainda no curso de graduação da Escola de Direito da Fundação Getúlio Vargas, e pela disponibilidade em discutir tantos pontos deste trabalho.

Também sou profundamente grata ao *Max-Planck-Institut für ausländisches und internationales Privatrecht*, que, ao me receber como pesquisadora visitante em 2017 e permitir o acesso ao seu riquíssimo acervo bibliográfico possibilitou o aprofundamento da pesquisa aqui apresentada. O período em que estive no Instituto foi enriquecedor.

Durante o curso de Pós-Graduação da Faculdade de Direito da USP, tive a oportunidade de conhecer e conviver com alunos e professores que tornaram esta experiência ainda mais valiosa. Às amigas Ana Paula Martins Aleixo e Carolina Mansur, sou grata pelas inúmeras discussões e por compartilharem comigo as conquistas e angústias deste período.

Não posso deixar de agradecer também às queridas amigas Fernanda Marques, Marcela Rissato, Raissa Fini e Olivia Mesquita pelo apoio irrestrito durante a elaboração da dissertação e pela amizade de tantos anos. Cada uma, a sua maneira, contribuiu para o resultado aqui apresentado.

À minha mãe, Regina, e ao meu pai, Pedro, agradeço pelo amor incondicional, pela paciência e por desde sempre terem incentivado os meus estudos e acreditado nos meus projetos. Na pessoa de meu amado avô, Alberto (*in memoriam*), que sempre vibrou a cada passo conquistado, agradeço a todas as pessoas que compõem a minha família e que me acompanharam neste trajeto.

Por fim, sou imensamente grata ao Alexandre Chiochetti Ferrari, companheiro de vida, pelo apoio constante e incentivo irrestrito à minha dedicação acadêmica e profissional. Alimentar sua admiração foi e é, sem dúvida, essencial para seguir em frente.

PREFÁCIO

Uma clara inquietação serviu de impulso ao trabalho escrito por Natalia Yazbek Orsovay Ferrari: face a um problema coletivo, como aquele que caracteriza a crise empresarial, como lidar com a não sujeição de parcela significativa do passivo ao procedimento de recuperação judicial, que, alçado a uma solução coletiva, busca justamente agregar os afetados pela dificuldade enfrentada pela devedora?

Para começar a enfrentar este que se apresenta como um dos mais relevantes desafios para a boa organização dos interesses pela recuperação judicial no Brasil, Natalia decidiu lidar com os créditos garantidos por propriedade fiduciária. A escolha é precisa e acertada, afinal, dentre os créditos privados, aqueles que se beneficiam de referida garantia são os mais relevantes sob a perspectiva da não participação no ambiente coletivo. A necessidade de compreender a questão, suas nuances e consequências se alarga a cada dia, dado que o apelo a tal sorte de garantia aumenta a passos largos, justamente por conta da possibilidade de o crédito por ela assegurado não se submeter aos efeitos do procedimento de recuperação judicial, pautado pelo princípio da maioria.

A incongruência entre a previsão de um mecanismo de reorganização empresarial que tem por finalidade viabilizar a "superação da situação de crise econômico-financeira do devedor" e a concomitante opção legislativa de não envolver no mesmo ambiente os atores centrais ao enfrentamento da crise (vale dizer, credores privados e públicos de relevo) não passa despercebida por estudiosos e práticos do campo do direito concursal.

No que tange especificamente aos créditos garantidos por propriedade fiduciária, Natalia não se furtou a enfrentar a questão sob as perspectivas tanto teórica quanto empírica. No primeiro campo, podem ser encontradas reflexões acerca do caráter coletivo dos instrumentos judiciais de reorganização empresarial, bem como sobre o significado de garantia, em especial aquela lastreada em propriedade fiduciária. No Capítulo 1 do livro, são apresentadas reflexões sobre os fundamentos do direito da empresa em crise que permitem uma primeira aproximação com o caráter coletivo da crise empresarial e de sua solução por meio de procedimento organizado, como é o caso da recuperação judicial.

Sob a perspectiva empírica, no segundo Capítulo, a autora fornece detalhada análise dos problemas concretos relacionados à aplicação do art. 49, § 3º, da Lei 11.101/2005. A empreitada é fundamentada no recurso a extenso levantamento jurisprudencial, que forneceu inestimável retrato dos desafios enfrentados em torno da exclusão de certos créditos do ambiente coletivo de solução da crise empresarial.

A delimitação das questões objeto de debate nos julgados dos Tribunais de Justiça dos Estados de São Paulo e do Rio de Janeiro, assim como do Superior Tribunal de Justiça, foi estruturada justamente a partir da inquietação inicialmente bem desenhada pela pesquisadora. Assim é que leitoras e leitores se deparam com reflexões específicas sobre temas como os limites da extraconcursalidade e o acesso do credor à garantia fiduciária, a extensão do *stay period* aos atos e excussão da garantia fiduciária, em razão da caracterização de bens onerados como bens de capital essenciais, as controvérsias acerca dos limites de competência do juízo da recuperação judicial e os juízos individuais, assim como a utilização do princípio da preservação da empresa como fundamento para a relativização da exclusão promovida pelo art. 49, § 3º.

A mera enunciação dos pontos de reflexão a partir da análise da jurisprudência evidencia quão oportuno são estudos como o de Natalia. Mas é importante destacar que a autora não se limita a destrinchar o tema sob as já enunciadas perspectivas teórica e empírica. Ao final, importante passo é dado em tom normativo: com claro fundamento nas incursões previamente apresentadas ao longo do texto, o Capítulo 3 propõe caminhos para uma reforma legislativa que pretenda tratar os créditos garantidos por propriedade fiduciária à luz da concepção coletiva da matéria em voga.

Em mãos, a leitora e o leitor encontram valiosa contribuição para um diálogo que merece atenção, aprofundamento e coragem para ultrapassar os contornos dos interesses do poder econômico. Com alegria, textos como esse ganham publicidade e repercussão por meio da colaboração entre a Editora Almedina e o Centro de Estudos de Empresa e Crise, da Faculdade de Direito da USP. Oxalá possam estudos como o da Natalia inspirar melhores trajetos para o nosso cambaleante direito das empresas em crise.

São Paulo, abril de 2022.

Sheila C. Neder Cerezetti
Professora do Departamento de Direito Comercial da Faculdade de Direito da Universidade de São Paulo

LISTA DE ABREVIATURAS E SIGLAS

ABJ	Associação Brasileira de Jurimetria
Des.	Desembargador
InsO	*Insolvenzordnung*
j.	julgado
Min.	Ministro
Lei das S.A.	Lei nº 6.404, de 15 de dezembro de 1976
LRF	Lei nº 11.101, de 9 de fevereiro de 2005
Rel.	Relator
STJ	Superior Tribunal de Justiça
TJRJ	Tribunal de Justiça do Estado do Rio de Janeiro
TJSP	Tribunal de Justiça do Estado de São Paulo
UCC	*Uniform Commercial Code*
UNCITRAL	*United Nations Comission on International Trade Law*

SUMÁRIO

INTRODUÇÃO

O tema que se pretende enfrentar neste trabalho consiste na extraconcursalidade dos créditos garantidos por propriedade fiduciária na recuperação judicial à luz da solução coletiva para a crise da empresa.

Referido tema surge da inquietação de que a não submissão de determinados créditos aos efeitos do processo recuperacional parece ser incompatível com a entrega de uma solução coletiva para o saneamento da crise empresarial do devedor e a sua reabilitação enquanto agente de mercado, na medida em que exclui determinados interesses creditórios do ambiente de composição de interesses e da negociação estruturada almejados pelo instituto da recuperação judicial.

Nos termos da Lei nº 11.101 de 9 de fevereiro de 2005 – Lei de Recuperação e Falência, ou LRF –, o rol de créditos não sujeitos aos efeitos da recuperação judicial é extenso[1], de modo que a abordagem de todos eles e o enfrentamento das questões decorrentes de tais opções legislativas demandariam estudo científico mais abrangente.

Assim, optou-se pela restrição do universo dos créditos excluídos dos efeitos da recuperação judicial, analisando exclusivamente os garantidos

[1] O sistema de insolvência brasileiro exclui créditos de diferentes naturezas dos efeitos da recuperação judicial. Esse é o caso dos créditos derivados de contratos de adiantamento de câmbio, dos créditos tributários e dos credores titulares da posição de proprietário fiduciário, de arrendador mercantil, de proprietário ou promitente vendedor de imóvel cujos respectivos contratos contenham cláusula de irrevogabilidade ou irretratabilidade, inclusive em incorporações imobiliárias, ou de proprietário em contrato de venda com reserva de domínio.

por propriedade fiduciária para verificação da compatibilidade entre a lógica da extraconcursalidade na recuperação judicial e a solução coletiva da empresa em crise[2].

Baseada em tal inquietação, e também diante da ausência de estudos científicos específicos sobre a adequação da regra contida no artigo 49, §3º, LRF, sob a perspectiva da solução coletiva para a crise empresarial, demonstra-se a relevância do tema escolhido em virtude da possível contribuição que o seu estudo – pautado na neutralidade no processo de construção do conhecimento científico e constante "vigilância epistemológica"[3] – poderá representar no enfrentamento de questões correlatas ao tema pelos operadores do direito e, ainda, nas reflexões a respeito de eventuais mudanças legislativas.

O desenvolvimento do tema proposto e a investigação do problema de pesquisa que norteou o presente trabalho ocorrerão em três capítulos.

O primeiro deles tem por objetivo situar o leitor no tocante à principal base teórica sobre a qual este trabalho é desenvolvido, qual seja, a caracterização da solução da crise empresarial como uma solução de natureza coletiva, especificamente à luz dos institutos de reorganização empresarial. Para tanto, o referido capítulo será dedicado a apresentar brevemente os fundamentos que basearam o surgimento dos institutos de reorganização empresarial, em contraposição à liquidação, enquanto solução clássica para a empresa em crise.

[2] Nesse contexto, o problema de pesquisa que norteou o estudo desenvolvido pode ser apresentado por meio da seguinte pergunta: "A lógica da extraconcursalidade na recuperação judicial fere a solução coletiva para a empresa crise?". Conforme ensinamentos de Julia Maurmann Ximenes, o problema de pesquisa deve ser sempre colocado de forma interrogativa e sua definição sofrerá a influência das experiências do pesquisador e do seu senso comum, que será modificado a partir do conjunto de conhecimentos utilizados como quadro de referência (*O processo de produção científico-jurídica – O problema é o problema. Anais do XVII Congresso Nacional do CONPEDI*, Florianópolis, Fundação Boiteux, 2008, p. 4791-4805).

[3] Conforme Julia Maurmann Ximenes, o pesquisador deverá manter constante "vigilância epistemológica", isto é, estar atento ao caráter científico da pesquisa em elaboração, durante toda a sua execução (*O processo de produção científico-jurídica – O problema é o problema. Anais do XVII Congresso Nacional do CONPEDI*, Florianópolis, Fundação Boiteux, 2008, p. 4791-4805).

A partir da apresentação de diferentes posições doutrinárias a respeito dos fundamentos e dos objetivos dos sistemas de insolvência, buscaremos identificar um "núcleo comum" entre as diferentes vertentes, composto pela internalização dos direitos creditórios pelos sistemas de reorganização empresarial e fornecimento de um aparato institucional que permita que credores e devedor negociem de forma estruturada em busca de uma solução para empresa em crise viável.

Ainda, o primeiro capítulo investigará os fundamentos que, pelo menos a princípio, justificariam, no direito brasileiro, a não sujeição dos créditos garantidos por propriedade fiduciária aos efeitos da recuperação judicial e analisará, à luz dos fundamentos do direito da insolvência anteriormente explorados e também da estrutura-função das garantias fiduciárias, em que medida a exclusão de tais credores dos efeitos da recuperação judicial é compatível com o modelo de solução coletiva para a crise da empresa.

Feitos tais esclarecimentos, o segundo e o terceiro capítulo têm por objetivo enfrentar o problema da incompatibilidade entre a exclusão dos créditos garantidos por propriedade fiduciária dos efeitos da recuperação judicial e a entrega de uma solução coletiva para a empresa em crise, sob duas perspectivas distintas. A primeira delas, apresentada no segundo capítulo, à luz do direito posto, e a segunda, apresentada no terceiro capítulo, à luz de uma nova disciplina proposta.

O segundo capítulo tem por objetivo apresentar alguns problemas de distorção e de insegurança jurídica verificados na aplicação da regra contida no artigo 49, §3º, da LRF, uma vez que a não sujeição dos créditos garantidos por propriedade fiduciária aos efeitos da recuperação judicial foi uma escolha feita pelo legislador brasileiro. A partir da análise de tais problemas, serão apresentados instrumentos para uma aplicação mais precisa da referida norma, visando a solucionar, pelo menos parte de tais distorções.

As questões decorrentes da aplicação do artigo 49, §3º, LRF, analisadas no segundo capítulo foram selecionadas a partir de levantamento jurisprudencial realizado no Superior Tribunal de Justiça ("STJ") e nos Tribunais de Justiça dos Estados de São Paulo e do Rio de Janeiro ("TJSP" e "TJRJ", respectivamente), que implicou a análise de 544 decisões dos referidos tribunais. Esclarece-se, desde logo, que o levantamento jurisprudencial realizado não se propõe a ser emprestado como pesquisa empírica de caráter quantitativo, mas apenas como forma de aproximação aos problemas relacionados à aplicação do tema pelos tribunais.

Os problemas identificados na aplicação do artigo 49, §3º, LRF, e analisados no segundo capítulo são: (i) os limites da extraconsursalidade e o acesso do credor à garantia fiduciária; (ii) a extensão do *stay period* aos atos de excussão da garantia fiduciária, em razão da caracterização dos bens onerados em garantia como bens de capital essenciais; (iii) as discussões a respeito da competência entre o juízo da recuperação judicial e os juízos individuais e, (iv) a utilização do "princípio da preservação da empresa" como fundamento para relativização da regra contida no artigo 49, §3º, LRF.

Importante registrar que a análise apresentada no primeiro e no segundo capítulo desta obra foi devidamente atualizada à luz das recentes alterações promovidas na LRF pela entrada em vigor da Lei nº 14.112/20, que introduziu importantes modificações na legislação concursal brasileira.

Por fim, uma vez que, à luz da pesquisa realizada, entende-se que a solução do problema de pesquisa de forma integral demandaria, necessariamente, alteração legislativa para incluir os credores titulares da posição de proprietário fiduciário como participantes e sujeitos aos efeitos da recuperação judicial, as quais não foram contempladas pela recente alteração à LRF, o terceiro capítulo tem por objetivo, ainda que sem esgotar o tema, propor soluções de encaminhamento da referida proposta para reflexão e apresentar mecanismos de tutela dos interesses de tais credores.

CAPÍTULO 1
A SOLUÇÃO COLETIVA PARA A CRISE EMPRESARIAL

O desenvolvimento das relações mercantis ao longo da história – e, diga-se de passagem, até a atualidade – possui como um de seus pilares a existência do crédito[4], cujo principal risco associado à sua própria existência é o do inadimplemento[5].

Sob uma perspectiva individual e social, contudo, o risco do inadimplemento é pouco relevante quando comparado aos benefícios gerados pela existência do crédito[6].

Como regra, o inadimplemento pode ocorrer em dois cenários distintos: quando o devedor é solvente e quando é insolvente[7].

[4] De acordo com José Eunápio Borges, a existência do crédito possui como função e efeito "salvar a esterilidade, fecundar milhões e milhões de capital que serão utilmente empregados na criação de riquezas e que permaneceriam improdutivos nas mãos de quem não quer ou não pode utilizá-los diretamente" (*Títulos de crédito.* Rio de Janeiro: Forense, 1971, p. 8). Ainda, de acordo com Tullio Ascarelli, a economia moderna é essencialmente baseada no crédito. (*Teoria Geral dos Títulos de Crédito.* Tradução de Nicolau Nazo. 2ª ed. São Paulo: Saraiva, 1969 p. 8).

[5] Cf. Kilpi, Jukka. *The ethics of bankruptcy.* London: Routledge, 1998, p. 9.

[6] Nesse sentido, Ian F. Fletcher ressalta que "Given that the overwhelming majority of such transactions are destined to reach a fully satisfactory conclusion, the associated risk of the debtor's later inability to fulfil his obligations has become accepted as one which is, on balance, worth running, both in social and in individual terms, by reason of the countervailing advantages to be enjoyed as a result of the provision of credit" (*The law of insolvency.* Fifth edition. London: Sweet & Maxwell, 2007, p. 4).

[7] Por definição, adotamos como conceito de insolvência aquele verificável diante da inabilidade de determinado devedor honrar com os seus compromissos financeiros (Cf. Belcher, Alice. *The economic implications of attempting to rescue companies.* In Rjak, Harry. *Insol-*

Na primeira hipótese, a despeito do inadimplemento pontual de determinadas obrigações, o devedor possui patrimônio suficiente para satisfação do crédito inadimplido. Neste cenário, os diferentes ordenamentos jurídicos ao redor do mundo disponibilizam ao credor um conjunto de regras para acionamento do Estado em busca do cumprimento coercitivo (*enforcement*) das obrigações inadimplidas. Trata-se, portanto, de relação bilateral entre credor e devedor ainda que verificada em multiplicidade (nas hipóteses em que o inadimplemento se verifica em relação a mais de um credor).

Nestes casos, as regras de execução individual possuem como característica chave a máxima do "*first come, first served*"[8], isto é, beneficia-se do produto da excussão de determinado ativo do devedor, aquele credor que, em primeiro lugar, atingi-lo.

Na segunda hipótese, a situação de inadimplemento do devedor – já instalada ou ainda iminente – se verifica de tal forma que o seu conjunto de ativos não é (ou não será) suficiente para permitir que o cum-

vency Law – Theory & Practice. London: Sweet & Maxwell, 1993; Fletcher, Ian F. *The law of insolvency*. Fifth edition. London: Sweet & Maxwell, 2007; Kilpi, Jukka. *The ethics of bankruptcy*. London: Routledge, 1998; Jackson, Thomas H. *The Logic and Limits of Bankruptcy Law*. Cambridge: Harvard University Press, 1986, dentre outros).

Ian F. Fletcher esclarece que, tradicionalmente, a verificação do estado de insolvência poderia ser realizada por meio do "*balance-sheet test*", no qual sempre que o valor dos ativos for inferior ao valor do passivo, será constatado o estado de insolvência. Por outro lado, outro indicador de insolvência poderia ser apurado por meio do "*cash-flow test*", baseado na análise de fluxo de caixa do devedor e averiguação da possibilidade de pagamento das suas obrigações financeiras, quando vencidas (Cf. Fletcher, Ian F. *The law of insolvency*. Fifth edition. London: Sweet & Maxwell, 2007, p. 1-3).

Segundo Mauro Rodrigues Penteado, na esfera civil apenas o estado de déficit patrimonial (insolvência) justifica o regime de execução coletiva. A mera insolvabilidade, isto é, a situação econômica em que os ativos superam os passivos, mas há uma incapacidade temporária de cumprir com as obrigações, não é suficiente. O direito empresarial, em especial o direito brasileiro, preferiu, entretanto, utilizar o critério da impontualidade do devedor como parâmetro para justificar a existência de um regime próprio de insolvência. (In Souza Junior, Francisco Satiro de; Pitombo, Antônio Sérgio A. de Moraes (coords.). *Comentários à Lei de Recuperação de Empresas e Falência – Lei 11.101/2005 – Artigo por Artigo*, 2ª ed., São Paulo: Revista dos Tribunais, 2007, p. 79-80).

[8] Cf. Jackson, Thomas H. *The Logic and Limits of Bankruptcy Law*. Cambridge: Harvard University Press, 1986, p. 9.

primento coercitivo de suas obrigações, por meio do acionamento do Estado, ocorra de modo satisfatório.

Se, como dito antes, o risco do inadimplemento é inerente à economia baseada no crédito, parece natural que o risco de inadimplemento generalizado com a consequente insuficiência de ativos do devedor para satisfação de suas obrigações inadimplidas também o seja. Por consequência, entende-se que a insolvência é um "fato da vida"[9] que pode acometer todos os sujeitos de direito[10].

Diante do exposto, esse capítulo objetiva investigar importante pilar sobre o qual se desenvolve este trabalho, qual seja, a caracterização da solução da crise empresarial pelo direito da insolvência como uma solução de natureza coletiva. Mais do que isso, importa identificar também em que medida a busca por uma solução coletiva para o saneamento da crise foi internalizada como um dos objetivos do atual sistema de insolvência brasileiro[11].

Para tanto, o presente capítulo, por meio de uma visão temporal e geográfica[12], buscará identificar – sem ignorar as diferentes posições

[9] Rjak, Harry. *Insolvency Law – Theory & Practice.* London: Sweet & Maxwell, 1993, p. 4. No mesmo sentido, Ian F. Fletcher ressalta que "Even in such "credit-free" society, however, economic ruin for the individual (or for a company) could still occur, for example as a result of adverse claims of a contractual nature which did not manifest themselves until some time after the initial contractual performance took place, or injuries to another" (*The law of insolvency.* Fifth edition. London: Sweet & Maxwell, 2007, p. 4).

[10] A insolvência, conforme definição adotada neste trabalho, pode acometer indistintamente pessoas físicas ou jurídicas. Este estudo, contudo, se limitará a analisar o problema de pesquisa no tocante à crise do empresário e da sociedade empresária. Não será objeto de estudo qualquer particularidade do sistema de insolvência civil, razão pela qual a referência à crise e à insolvência é sempre feita referindo-se à crise empresarial.

[11] Esclareça-se que, embora este primeiro capítulo busque apresentar a base teórica da natureza coletiva dos regimes de saneamento da crise empresarial a partir dos fundamentos do direito da insolvência sem adentrar nas peculiaridades de um ou de outro sistema jurídico específico, o problema de pesquisa se apresenta sob a perspectiva do direito brasileiro e, por tal razão, importa identificar se tais fundamentos foram incorporados pelo regime pátrio. Isso porque a investigação do problema de pesquisa deste estudo depende também do estudo a respeito (1) da caracterização da solução da empresa em crise pelo direito da insolvência como uma solução de natureza coletiva e (2) do alinhamento do sistema de insolvência brasileiro com tal visão.

[12] Esclareça-se, desde logo, que o presente capítulo não tem a pretensão de apresentar-se como um capítulo de direito comparado (Cf. Zweigert, Konrad; Kotz, Hein. *An introduc-*

doutrinárias a respeito da necessidade e dos objetivos[13] dos sistemas de insolvência – a existência de um núcleo irredutível entre eles e, especificamente, o pano de fundo em que o instituto da recuperação judicial se insere no ordenamento jurídico brasileiro como uma solução coletiva para a crise empresarial.

1.1. A crise empresarial como um problema coletivo

A caracterização da crise empresarial como um problema de natureza coletiva é um dado e, em certa medida, até mesmo se confunde com os fundamentos que justificaram, ao longo da história, a criação de um regime próprio de insolvência[14]. Sem desconsiderar, conforme se verá adiante, os debates existentes a respeito da necessidade de um regime próprio de insolvência e, até mesmo, sobre o escopo e os objetivos de tais sistemas, a natureza coletiva é uma característica indissociável da crise empresarial e pode ser analisada sob duas perspectivas.

Sob a primeira, a insolvência do devedor, enquanto caracterizada pelo inadimplemento generalizado e pela insuficiência dos seus ativos para o cumprimento coercitivo das obrigações inadimplidas[15], evidencia que, neste cenário, os credores do devedor necessariamente concorrerão pelos seus ativos, gerando problemas de coordenação entre eles. Trata-se, na terminologia adotada por JACKSON[16], de um problema de *common pool*.

O problema de *common pool*, constatado nas situações de insolvência, é ilustrado por JACKSON por meio de uma metáfora em que os ativos do

tion to comparative law. 3rd ed. New York: Oxford University Press, 1998, p. 1-62). Eventuais referências aos sistemas de insolvência estrangeiros objetivam conferir maior profundidade aos respectivos temas tratados e não são feitas com o objetivo de defender qualquer tipo de importação jurídica, fadada ao fracasso em razão das peculiaridades históricas e culturais de cada sistema.

[13] Elisabeth Warren atenta para a fragilidade de estudos e opiniões pautados em presunções quanto aos objetivos dos sistemas de insolvência. Segundo a autora, qualquer crítica e avaliação aos sistemas de insolvência baseadas em presunções a respeito de seus objetivos será, necessariamente, problemática. (*Bankruptcy Policymaking in an Imperfect World*. In *Mich L. Ver.* 92 (1993-1994), p. 336).

[14] Rocco, Alfredo. *Il Fallimento – Teoria Generale ed Origine Storica*. Torino: Fratelli Bocca, 1917, p. 205-215.

[15] Vide nota de rodapé 7.

[16] *The Logic and Limits of Bankruptcy Law*. Cambridge: Harvard University Press, 1986.

devedor são equiparados a um conjunto de peixes disponíveis para pesca em determinado lago[17]. No exemplo do autor, um dado credor teria à sua disposição este conjunto de peixes que poderia ser integralmente comercializado no presente por US$ 100.000,00. Neste caso, não haveria peixes adicionais para reprodução e esse mesmo credor não receberia qualquer valor adicional nos períodos seguintes.

Ainda segundo o autor, esse mesmo credor, provavelmente, preferiria não comercializar todos os peixes no presente para que alguns deles permanecessem em reprodução, gerando, assim, novas fontes de riqueza nos períodos seguintes. Nesse cenário, o mesmo credor poderia ter uma renda inferior no presente, em comparação com a primeira hipótese, mas teria à sua disposição uma renda anual por tempo indeterminado de US$ 50.000,00. Trazendo os valores deste segundo cenário a valores presentes, o autor chega ao valor da atividade no segundo exemplo de US$ 500.000,00, concluindo que qualquer agente racional, desde que seja o único a ter acesso a essa fonte de recursos, preferirá o segundo cenário em que o retorno a longo prazo obtido com a pesca dos peixes – metaforicamente, o conjunto de ativos do devedor – será muito maior.

O problema de *common pool* instala-se de forma definitiva quando há pluralidade de pescadores com acesso ao mesmo lago de peixes, isto é, quando há diversos credores concorrendo pelo mesmo conjunto de ativos do devedor e todos sabem que o valor destes ativos é insuficiente para liquidação de todos os passivos.

A rigor, embora o comportamento de todos os credores devesse permanecer o mesmo da hipótese em que não há pluralidade de agentes, isso dificilmente ocorrerá pois os credores não conseguem prever o comportamento dos demais[18].

[17] *The Logic and Limits of Bankruptcy Law*. Cambridge: Harvard University Press, 1986, p. 11-12.

[18] Katharina Holzinger, ao analisar os problemas de ação coletiva em abstrato (isto é, sem ingressar no contexto específico da insolvência) destaca que nem sempre a falta de coordenação entre multipartes, típica dos problemas de ação coletiva (*problems of collective action*) poderá ser resolvida a partir da ampla informação dos participantes. A autora, em seu estudo, apresenta diferentes tipos de problemas de ação coletiva e propõe, para cada um deles, soluções distintas (*The problems of collective action: A New Approach*. Bonn: Max-Planck--Projektgruppe Recht der Gemeinschaftsgüter, 2003).

Nestes casos, os credores terão um incentivo para adotar um comportamento não cooperativo e buscar, no presente, o maior número de peixes disponíveis, na medida em que, sob a máxima do *"first come, first served"*, as perdas e os ganhos com a atividade de pescaria ficarão concentradas em grupos distintos e, naturalmente, nenhum credor estará disposto a correr o risco de ser alocado no grupo que concentrará as perdas. Trata-se de verdadeira aproximação ao "dilema dos prisioneiros" a ser analisado à luz da teoria dos jogos[19].

O exemplo do autor evidencia como, constatada a insolvência de determinado devedor, os credores tenderão a agir em benefício próprio, podendo piorar uma situação já difícil para todos, em razão da falta de coordenação entre eles. Neste aspecto, tem-se por evidente a natureza coletiva da crise empresarial enquanto fenômeno que atinge uma pluralidade de credores.

Sob um segundo viés, a crise empresarial se caracteriza como um problema de natureza coletiva, na medida em que essa, necessariamente, atingirá interesses externos à sociedade empresária[20]. Tal cons-

[19] José Marcelo Martins Proença, atento ao problema de falta de coordenação entre credores destaca a necessidade de cooperação entre eles nos casos de insolvência do devedor. Segundo o autor, a busca dos credores pelo patrimônio do devedor (recurso escasso) pode ser observada sob a perspectiva da teoria dos jogos (*Os novos horizontes do direito concursal – uma crítica ao continuísmo prescrito pela lei 11.101/2005.* In Revista de Direito Mercantil, Industrial, Econômico e Financeiro, v. 151/152, jan. / dez. 2009). Sobre a aplicação da teoria dos jogos ao contexto de insolvência, vide também Pinto Junior, Mario Engler. *A teoria dos jogos e o processo de recuperação de empresas.* In Revista de Direito Bancário e do Mercado de Capitais, v.9, n. 31, jan. / mar. 2006; Silva, Fernando César Nimer Moreira da. *Incentivos à decisão de recuperação da empresa em crise: análise à luz da teoria dos jogos.* 2009. Dissertação (Mestrado em Direito) – Universidade de São Paulo. São Paulo, 2009.

[20] Cf. Rachel Sztajn, "o estudo do Direito Societário, em geral, costuma levar em conta uma de duas vertentes: aspectos da organização interna, isto é, as relações dos sócios entre si e deste com os administradores e assessores/consultores da sociedade, ou, de outro lado, as relações externas, da pessoa jurídica com terceiros não-sócios, fisco, empregados, fornecedores, consumidores, credores em geral" (*A Responsabilidade Social das Companhias.* In Revista de Direito Mercantil, Industrial, Econômico e Financeiro, São Paulo, n. 114, p. 34-50, 1999).

No mesmo sentido, Marcelo Barbosa Sacramone destaca que diante da crise, não apenas os interesses dos credores são afetados, mas também os dos consumidores, trabalhadores, além do interesse público na manutenção de um ambiente concorrencial, "que permita o controle dos preços e a melhora dos produtos, assim como a geração de riqueza para o

trução passa, fundamentalmente, pelo estudo a respeito do interesse social[21].

Sobre o interesse social, tradicionalmente é possível identificar dois grandes grupos de teorias que buscam atribuir sentido ao termo: as teorias contratualistas e as teorias institucionalistas. Enquanto para as primeiras o interesse social se restringe ao interesse coletivo dos sócios, para as últimas, o interesse social abrangeria também interesses diversos daqueles dos acionistas[22].

A doutrina moderna, contudo, propõe a compreensão do interesse social por meio do contrato de organização – conhecida como teoria organicista. Sob tal perspectiva, o interesse social se identifica "ao interesse à melhor organização possível do feixe de relações envolvidas pela sociedade"[23] e não mais com o interesse à maximização de lucro ou à

desenvolvimento econômico nacional" (*Comentários à lei de recuperação de empresas e falência.* São Paulo: Saraiva, 2018, p. 41).

[21] Sobre o interesse social, interessante notar que, embora tradicionalmente o reconhecimento de interesses alheios aos dos sócios tenha se dado sob a perspectiva das sociedades anônimas, estudos indicam que, pelo menos na ordem jurídica brasileira, há que se conceber quanto às sociedades limitadas a discussão sobre o reconhecimento de outros interesses além do interesse dos sócios, sob nova ótica, à luz do princípio da função social da empresa, na medida em que a forte feição contratual das sociedades limitadas não mais se apresenta como realidade absoluta. Nesse contexto, propõe-se que a melhor composição dos interesses que coexistem na sociedade limitada seja realizada a partir da "construção de novos padrões interpretativos, tendo por base, principalmente, o princípio da função social da empresa". Nesse sentido, vide Matias, João Luis Nogueira. *A Função Social da Empresa e a Composição de Interesses na Sociedade Limitada.* 2009. Dissertação (Mestrado em Direito) – Universidade de São Paulo. São Paulo, 2009.

Ainda, para Neder Cerezetti, a correta compreensão a respeito dos interesses afetados pela crise empresarial e do conteúdo procedimental do princípio da preservação da empresa demanda análise de cunho mais amplo e principiológico à luz do direito societário e não apenas do direito da insolvência (*A Recuperação Judicial de Sociedade por Ações – O Princípio da Preservação da Empresa na Lei de Recuperação e Falência.* São Paulo: Malheiros, 2012, p. 158).

[22] Para detalhamento a respeito das diferentes concepções das teorias contratualistas e institucionalistas vide França, Erasmo Valladão Azevedo e Novaes. *Conflito de Interesses nas Assembleias de S.A. (e outros escritos sobre conflito de interesses).* 2ªed. São Paulo: Malheiros, 2014, p. 27-59 e Salomão Filho, Calixto. *O Novo Direito Societário.* 3ª ed. São Paulo: Malheiros, 2006, p. 25-50.

[23] Salomão Filho, Calixto. *O Novo Direito Societário.* 3ª ed. São Paulo: Malheiros, 2006, p. 42.

autopreservação, afastando-se, assim, do contratualismo e institucionalismo extremos, mas se aproximando do institucionalismo integracionista na medida em que ambas identificam o interesse social na integração de interesses[24] e superação de conflitos entre os diversos interesses atingidos pela atividade social.

A compreensão de que o interesse social da empresa abrange também outros interesses além dos interesses dos sócios e acionistas está também diretamente relacionada à constatação de que a empresa exerce função social[25]. Se, ao exercer função social[26], a empresa[27] atinge interesses da coletividade[28], é natural que a sua crise também o faça.

[24] Sobre o interesse social, Sheila Christina Neder Cerezetti aponta para o seu caráter procedimental, a ser atingido e preservado a partir da colaboração dos órgãos da empresa. (*A Recuperação Judicial de Sociedade por Ações – O Princípio da Preservação da Empresa na Lei de Recuperação e Falência.* São Paulo: Malheiros, 2012, p. 158-171).

[25] Cf. Vizcaíno Garrido, Pedro Luiz. *El interés social como fin de la actividad gestora de los administradores de las sociedades en crisis.* Cizur Menor (Navarra): Thomson Reuters Aranzadi, 2015, p. 384.

[26] Adotamos, como definição de função social, em sentido amplo, aquela proposta por Fabio K. Comparato: "Mas a noção de função, no sentido em que é empregado o termo nesta matéria, significa um poder, mais especificamente, o poder de dar ao objeto da propriedade destino determinado, de vincula-lo a certo objetivo. O adjetivo social mostra que esse objetivo corresponde ao interesse coletivo e não ao interesse próprio do dominus; o que não significa que não possa haver harmonização entre um e outro. Mas, de qualquer modo, se se está diante de um interesse coletivo, essa função social da propriedade corresponde a um poder-dever do proprietário, sancionável pela ordem jurídica" (*Função social da propriedade e dos bens de produção.* In Revista de Direito Mercantil, n. 63. São Paulo: Revista dos Tribunais, 1986, p. 75).

[27] Aqui, utiliza-se o vocábulo empresa enquanto exercício da atividade empresarial (Cf. Asquini, Alberto. *Profili dell'Impresa,* 1943, tradução de Fábio Konder Comparato: "Perfis da empresa", *RDM* 104/116, São Paulo: Revista dos Tribunais, 1996).

[28] Cf. Comparato, Fábio Konder. *Estado, empresa e função social.* Revista dos Tribunais, n. 732. São Paulo: Revista dos Tribunais, 1996, p. 44). No mesmo sentido, o autor, ao comentar especificamente a legislação brasileira: "Na vigente lei de sociedade por ações, por exemplo, admite-se que a toda companhia cabe uma função social a desempenhar, sendo o acionista controlador o garante desse desempenho. Compete-lhe agir em prol dos interesses dos demais acionistas, dos que trabalham na empresa e da comunidade na qual esta se insere (art. 116, parág. único). Há, por conseguinte, interesses internos e externos à empresa que devem ser respeitados e satisfeitos, no desenvolvimento da atividade empresarial. Internamente, o dos investidores de capital (acionistas e outros titulares de valores mobiliários, como se lê, mais abrangentemente, no art. 117, §1º), assim como o dos traba-

Assim, compreendida a crise da empresa como um problema de natureza coletiva, é necessário entender como tal questão foi enfrentada pelo Direito.

1.2. Os regimes de insolvência empresarial: breves apontamentos sobre os fundamentos do direito da empresa em crise

A evolução das relações empresariais trouxe consigo o risco da insolvência[29]. Nesse contexto, ao longo da história, diversos debates doutrinários se debruçaram sobre a adequação da aplicação do direito comum para lidar com a crise empresarial e a eventual necessidade de criação de um regime próprio para enfrentar os problemas dela advindos.

De modo geral e, independentemente do posicionamento adotado a respeito da adequação e suficiência das regras de direito comum para lidar com o problema da crise empresarial, parece-nos que a previsibilidade é elemento de suma importância neste cenário. Dito de outro modo, a existência de um sistema coletivo da crise empresarial (seja ele regido por regras próprias, seja ele regido pelas regras de direito comum), além de conferir maior segurança ao mercado e aos investidores, tem o condão de reduzir a incerteza sobre as consequências da insolvência do devedor.

Isso porque, uma vez verificada tal situação, a utilização de um sistema de execução individual implicaria indiscutivelmente a temida "corrida individual" pelos ativos do devedor, privilegiando o credor mais sofisticado em detrimento daquele que não dispõe das ferramentas necessárias para monitoramento do estado de solvabilidade do devedor e para recuperação do seu crédito com maior rapidez. Como consequência, teríamos o desmantelamento do estabelecimento do devedor e a redução do valor do seu patrimônio[30], o que, em última análise, prejudicaria os diversos interesses atingidos pela crise empresarial[31].

lhadores de qualquer nível. Externamente, são os interesses coletivos da comunidade, que podem dizer respeito à própria economia nacional (art. 117, §1º, a)" (*A reforma da empresa*. Revista Forense, nº 290. Rio de Janeiro: Forense, 1985, p. 12).

[29] Vide nota de rodapé 5.

[30] Jackson, Thomas H. *The Logic and Limits of Bankruptcy Law*. Cambridge: Harvard University Press, 1986, p. 14.

[31] Sobre os fundamentos e objetivos de um procedimento de execução coletiva, vide Hart, Oliver. *Different Approaches to Bankruptcy*. In Governance, Equity and Global Markets, Pro-

A previsibilidade a respeito das regras aplicáveis em caso de insolvência do devedor cria desincentivos para que os credores ajam de forma individual. Utilizando a mesma metáfora apresentada por Jackson[32] e, de acordo com o seu posicionamento, os credores prefeririam, enquanto agentes racionais, submeter-se a regras que possam reduzir a taxa de retorno do seu crédito no presente, mas que lhes confiram maior previsibilidade, a permanecer em um sistema em que o risco de receber pelo crédito integralmente é o mesmo do que o de não receber retorno algum[33].

A liquidação empresarial, enquanto alternativa clássica para os casos de insolvência do devedor, propõe a realização dos seus ativos e a distribuição do seu produto entre os credores para satisfação do passivo existente, desaparecendo do mundo empresarial, ao final deste procedimento, a figura daquele devedor específico.

Neste ponto, importante destacar que, ainda que a liquidação implique a dissolução da sociedade empresária, isso não é incompatível com a busca pela manutenção da empresa[34]. É nesse contexto que diversas legislações ao redor do mundo priorizam a venda conjunta do estabelecimento empresarial visando a manter a organização dos meios de produção de forma mais eficiente. Assim, a atividade empresarial não

ceedings of the Annual Bank Conference on Development Economics in Europe, June 21-21, 1999. Paris: La Docmentation Francaise, 2000, p. 105-114.

[32] *The Logic and Limits of Bankruptcy Law.* Cambridge: Harvard University Press, 1986, p. 11-12.

[33] "First of all, if these creditors are risk averse, assurance of receiving $12,500 is better than a 50 percent chance of $25,000 and a 50 percent chance of nothing. Even if they can diversify the risk – by lending Money to many people – it is probably preferable to eliminate it in the first place. This, then, representes a net advantage to having a collective proceeding" (Cf. *The Logic and Limits of Bankruptcy Law.* Cambridge: Harvard University Press, 1986, p. 15).

[34] Especificamente no tocante ao regime brasileiro, há estudos que expressamente discorrem sobre a preservação da empresa, mesmo nos casos de falência. Nesse sentido, vide Pugliesi, Adriana Valéria. *Direito Falimentar e Preservação da Empresa.* São Paulo: Quartier Latin, 2013. Esta premissa foi também adotada pelo legislador na Lei nº 14.112/2020 que, ao introduzir mudanças na LRF incluiu como um dos objetivos da falência, a preservação e otimização da utilização produtiva dos bens, dos ativos e dos recursos produtivos, inclusive os intangíveis (artigo 75, I, LRF).

necessariamente se encerra, mas pode ter continuidade sob a direção e propriedade de uma figura distinta do devedor original[35].

A maior sofisticação do ambiente empresarial evidenciou a necessidade de alteração da lógica para o tratamento da crise empresarial[36], na medida em que a utilização dos regimes de liquidação para toda e qualquer situação poderia prejudicar o mercado como um todo. É neste contexto que se passou a visualizar valor na manutenção da empresa e, consequentemente, na criação de regras que fossem capazes de permitir o saneamento da crise empresarial[37].

Tem-se, assim, uma mudança de paradigma nas soluções apresentadas para o problema da crise empresarial, a qual deixa de se concentrar apenas na satisfação pura e simples dos credores e passa a atentar para seu saneamento[38], também como meio a permitir o mais completo adimplemento das dívidas.

[35] Defendendo uma posição sob a óptica da análise econômica do direito, BAIRD e RASMUSSEN argumentam, inclusive, não ser necessário um procedimento de reorganização para manutenção do valor da empresa, apontando que, principalmente nas grandes corporações, a função "tradicional" do *Chapter 11* do *Bankruptcy Code*, foi desvirtuada e tal procedimento é utilizado muitas vezes com o mero objetivo de organizar de venda conjunta de ativos do devedor. (*The End of Bankruptcy*, In Stan. L. Rev. 55 (2002-2003), p. 751-789).

[36] Segundo WESTBROOK, além do transcurso do tempo, dois principais fatores explicariam o interesse de diversas jurisdições na reforma de suas legislações de insolvência, quais sejam, a "desgovernalização", que compreenderia os movimentos de desregulação e privatização dos mercados e a globalização. (*The globalisation of insolvency reform*. N.Z. L. Rev. 401, 1999).

[37] A criação de um procedimento de reorganização, alternativo à simples liquidação, foi consagrada pelo *Chapter 11* do *Bankruptcy Code* norte-americano e seguida por outros sistemas ao redor do mundo. Nesse sentido, confira WESTBROOK, Jay Lawrence. *The globalisation of insolvency reform*. N.Z. L. Rev. 401, 1999 e MARTIN, Nathalie. *The role of history and culture in developing bankruptcy and insolvency systems: the perils of legal transplantation*. 28 B. C. Int'l & Comp. L. Rev. 1 2005, discorrendo sobre a necessidade de adaptação do sistema norte-americano, importado por muitos países, tendo em vista a lógica e a cultura judicial específica de cada uma das jurisdições.

[38] Marcelo Barbosa Sacramone destaca o surgimento dos institutos de reorganização como resultado da necessária intervenção do Estado nos casos de insolvabilidade transitória do empresário, em que este, através da criação de instituições tivesse mecanismos para superar a crise econômico-financeira e não fosse necessariamente eliminado do mercado. (*Comentários à lei de recuperação de empresas e falência*. São Paulo: Saraiva, 2018, p. 42)

Tal mudança de paradigma dos sistemas de insolvência caminhou de forma paralela com as discussões sobre o interesse social e a concepção da sociedade como instituição que exerce função social[39], o que, como já visto, está diretamente relacionado com a percepção do problema da crise empresarial como um problema de natureza coletiva.

A reorganização empresarial como alternativa à liquidação tem origem no procedimento conhecido como *equity receivership*[40], originário na insolvência das ferrovias norte-americanas[41].

Tal procedimento foi utilizado por diversas instituições financeiras com o objetivo de reestruturar títulos de dívida (*bonds*) emitidos pelas companhias ferroviárias norte-americanas na Europa.

Uma vez constatada a ausência de valor na liquidação dos ativos de forma individual e desorganizada, bem como reconhecida a possibili-

[39] Para uma análise mais detalhada da questão, vide Neder Cerezetti, Sheila Christina. *A Recuperação Judicial de Sociedade por Ações – O Princípio da Preservação da Empresa na Lei de Recuperação e Falência*. São Paulo: Malheiros, 2012. A obra da autora dedica-se à interessante relação entre a teoria institucionalista e o princípio da preservação da empresa, na medida em que a teoria institucionalista baseia-se na perspectiva de que o interesse social é fruto do processo de ponderação e equilíbrio de vários interesses e o princípio da preservação da empresa decorreria do interesse comum de todos os que participam da situação de crise empresarial.

[40] Para maior detalhamento do *equity receivership* vide Baird, Douglas G.; Rasmussen, Robert K., *Control Rights, Priority Rights, and the Conceptual Foundations of Corporate Reorganizations*. In 87 Va. L. Rev. 921, 2001; Finletter, Thomas K. *Principles of Corporate Reorganization in Bankruptcy*. Charlottesville: The Michie Company, Law Publishers, 1937, p. 1-34 e George, E.Q.; Johnson, LL.B. *Bankruptcy Reorganization: Including Section 77B with forms. A practical working treatise tracing the development of equity receivership rules in federal courts to the merger of reorganization principles with bankruptcy procedure, embracing corporate, railroad, and real estate reorganizations*. Kansas City: Vernon, 1936.

[41] Para detalhamento a respeito da relação entre os procedimentos de reorganização das estradas de ferro norte-americanas e o desenvolvimento das bases do *Chapter 11*, vide Neder Cerezetti, Sheila Christina. *A Recuperação Judicial de Sociedade por Ações – O Princípio da Preservação da Empresa na Lei de Recuperação e Falência*. São Paulo: Malheiros, 2012, p. 93-104; De Forest, Billyou. *Railroad Reorganization Since Enactment of Section 77*, 96 U. Pa. L. Rev. 793 (1948); Lacerda Franco, Gustavo. *A condução da sociedade em recuperação judicial – Análise da solução brasileira à luz dos modelos globais e dos seus pressupostos*. Dissertação (Mestrado) – Faculdade de Direito da USP, São Paulo, 2018; Lubben, Stephen J. *Railroad Receiverships and Modern Bankruptcy Theory*, 89 Cornell L. Rev. 1420 (2004); Skeel Jr, David A. *Debt's Domain. A history of Bankruptcy Law in America*. Princeton University Press: Princeton Oxford, 2001, p. 21-70.

dade de maior retorno financeiro para os credores com a manutenção da atividade empresarial, os credores criaram uma forma de reestruturação do capital das companhias visando à sua preservação e maior retorno do capital investido, sendo que sem este procedimento as companhias ferroviárias seriam submetidas à liquidação, restringindo as possibilidades de retorno financeiro aos credores.

A constatação de que o valor da empresa insolvente poderia ser maximizado se esta for preservada enquanto *going concern*, em vez de simplesmente liquidada[42] norteou as principais reformas das legislações de insolvência ao redor do mundo[43], de modo a apresentar a reorganização empresarial como alternativa à simples liquidação que, até então, era a única opção para os casos de insolvência.

Enquanto procedimento alternativo, a implementação dos regimes de reorganização empresarial deve sempre estar atenta às peculiaridades da mudança de paradigma trazida pela óptica reorganizativa. Isso porque, a implementação de regras meramente sob a lógica da liquidação poderá implicar, em última análise, o esvaziamento de tal alternativa, ainda que se reconheça a importância de mecanismos que permitam transitar entre os procedimentos de liquidação e reorganização[44].

[42] Cf. McCormack, Gerard. *Corporate Rescue Law – An Anglo-American Perspective*. Cheltenham: Edward Elgar Publishing, Inc, 2008, p. 4.

[43] Jay Lawrence Westbrook afirma que reformas no sistema de insolvência foram a grande preocupação do século XIX. São apontadas as seguintes reformas ao redor do mundo: a *Insolvenzordunung* alemã, as emendas à lei canadense, novas leis promulgadas na China e na Rússia, os avanços no Japão, as revisões no *Bankruptcy Code* norte-americano em 1994 e os sinais de mudança na legislação do Reino Unido. (Cf. *The globalisation of insolvency reform*. N.Z. L. Rev. 401, 1999, p. 401-414). No mesmo sentido, Jukka Kilpi aponta para o início das reformas dos regimes de insolvência na Europa Ocidental a partir do fim da década de 1980 (Cf. *The ethics of bankruptcy*. London: Routledge, 1998, p.11).

[44] A possibilidade de transição entre procedimentos é benéfica não apenas para o sistema de insolvência, mas também para o mercado de maneira geral. Segundo Marcos de Barros Lisboa, devido à assimetria informacional existente em todos os mercados, os credores precisam ter à sua disposição a flexibilidade do sistema, além de mecanismos de transparência para que se adote soluções mais adequadas à empresa em crise. (*A Racionalidade Econômica da Nova Lei de Falências e de Recuperação de Empresas*, In Paiva, Luiz Fernando Valente de (coord.) *Direito Falimentar e a Nova Lei de Falências e Recuperação de Empresas*, São Paulo: Quartier Latin, 2005).

Sem dúvida, e diante de tal constatação, qualquer análise dos sistemas de reorganização empresarial deve se atentar para as suas peculiaridades em contraposição aos regimes liquidação.

Igualmente importante, contudo, é compreender os fundamentos do direito concursal, na medida em que a análise da sua função e objetivos permeará, necessariamente, tais variáveis[45] e, somente a partir da compreensão dos fundamentos do direito concursal, será possível apresentar qualquer análise sobre a adequação de suas regras.

De igual modo, o estudo a respeito das diferentes abordagens sobre as funções do direito da insolvência é de suma importância, na medida em que estas são determinantes para a escolha de caminhos eleitos ao seu cumprimento, isto é, além de definir as normas positivadas, constitui importante elemento para sua interpretação[46]. Nesse aspecto, assume fundamental relevância o debate existente especialmente em solo norte-americano[47] a respeito dos objetivos dos regimes de insolvência e sobre a necessidade de um regime próprio de insolvência.

1.2.1. O debate acerca dos objetivos dos sistemas de insolvência

Os movimentos de reforma dos sistemas de insolvência, com a introdução dos mecanismos de reorganização como alternativa à simples liquidação, foi pautado por diversos debates a respeito da função central do direito concursal.

O estudo de tal debate visando à compreensão das diferentes posições sobre os objetivos do direito concursal, assim como a verificação da posição ocupada pelo regime de insolvência brasileiro nesse cená-

[45] Cf. Calixto Salomão Filho, "em uma ciência valorativa e finalista como é o direito, debater os fundamentos é discutir sua função e objetivo" (*O Novo Direito Societário.* 3ª ed. São Paulo: Malheiros, 2006, p. 25).

[46] Cf. Neder Cerezetti, Sheila Christina. *A Recuperação Judicial de Sociedade por Ações – O Princípio da Preservação da Empresa na Lei de Recuperação e Falência.* São Paulo: Malheiros, 2012, p. 109.

[47] A compreensão do debate norte-americano assume fundamental importância na medida em que o referido sistema pode ser tido como o berço dos mecanismos de reorganização empresarial (Cf. Neder Cerezetti, Sheila Christina. *A Recuperação Judicial de Sociedade por Ações – O Princípio da Preservação da Empresa na Lei de Recuperação e Falência.* São Paulo: Malheiros, 2012, p. 91-107).

rio[48], busca identificar eventuais pontos em comum entre as abordagens distintas em busca de um "denominador comum", que nos permita construir a base fundamental para investigação do problema de pesquisa deste trabalho, isto é, a participação dos credores como pilar de uma solução coletiva para a empresa em crise.

Especialmente em solo norte-americano, muito se discutiu a respeito do fim último dos sistemas de insolvência, ou, em outras palavras, sobre o bem maior a ser tutelado por estes regimes[49].

De um lado, há quem defenda[50] que a preservação da empresa deveria ocupar papel central de tutela pelo direito concursal, em reconhecimento de que os interesses envolvidos na crise empresarial ultrapassariam os interesses dos credores na satisfação do crédito. De outro lado, encontram-se aqueles que atribuem este papel à tutela do crédito[51], de modo que a restrição na gama de interesses a serem tutelados pelo direito concursal sequer justificaria a existência de um regime próprio para lidar com a crise empresarial.

A preocupação com a "preservação da empresa" é, muitas vezes, equiparada com a "redistribuição de perdas" por meio do reconhecimento de uma pluralidade de interesses atingidos pela crise empresarial[52],

[48] Vide nota de rodapé 11.

[49] Sarah Paterson destaca que os objetivos a serem perseguidos na reestruturação e na liquidação de empresas seriam distintos e tal fato deveria ser reconhecido pela legislação concursal, a fim de que os interesses dos credores e demais interessados fossem devidamente tutelados em ambos os cenários (Cf. *Rethinking the Role of the Law of Corporate Distress in the Twenty-First Century*. LSE Law, Society and Economy Working Papers 27/2014. London School of Economics and Political Science, 2014).

[50] Destacam-se, nesse sentido, os seguintes autores: Elisabeth Warren (*Bankruptcy Policy*. In *University of Chicago Law Review* 54 (1987), Donald R. Korobkin (*Rehabilitating values: a jurisprudence of bankruptcy*. In *Columbia Law Review*. Vol. 91, No. 4 (May, 1991), p. 717-789, Karen Gross (*Taking community interests into account in bankruptcy: an essay*. In *Washington University Law Quarterly* 72 (1994), p. 1031-1048) e Janis P. Sarra (*Creditor Rights and the Public Interest*. Toronto: University of Toronto Press, 2003, p. 269-285).

[51] Baird, Douglas G.; Jackson, Thomas H. *Corporate Reorganizations and the Treatment of Diverse Ownership Interests: A Comment on Adequate Protection of Secured Creditors in Bankruptcy*. 51 University of Chicago Law Review 97 (1984).

[52] O sentido de "preservação da empresa" adotado neste trabalho, portanto, vincula-se a essa concepção e se distancia de qualquer tentativa no sentido de se afirmar que a manu-

enquanto a tutela do crédito é, muitas vezes, equiparada à "maximização do valor dos ativos". Embora os referidos termos sejam distintos, o estudo da literatura estrangeira revela grande aproximação entre eles na sua utilização.

Para os defensores da primeira visão, a conclusão de que o fim máximo dos regimes concursais é atingido por meio da distribuição de perdas decorrentes do estado de insolvência do devedor passa, necessariamente, pela identificação de dois cenários distintos, o do inadimplemento pontual e o do inadimplemento generalizado.

Nos casos em que o inadimplemento é pontual, tradicionalmente regulado pelas regras de direito comum[53], o objetivo destas regras é fornecer ao credor meios para a cobrança de determinada dívida inadimplida. Nesses casos, a aplicação das regras de direito comum a um determinado credor não consideraria os efeitos de tal cobrança sobre os demais credores do mesmo devedor.

Já a segunda hipótese – *i.e.*, do inadimplemento generalizado – clamaria pelo desenvolvimento de um regime específico que se atentasse para o problema da "corrida individual" e deixasse de privilegiar, necessariamente, o credor mais sofisticado na busca pela recuperação do seu crédito, o qual dispõe de melhores condições não só para buscar o cumprimento coercitivo da obrigação inadimplida com maior rapidez, mas também para suportar os custos de monitoramento da solvabilidade do devedor[54] e, assim, agir em momento mais oportuno[55].

tenção de empresa deve ser almejada em toda e qualquer situação, inclusive nos casos de inviabilidade econômico financeira da atividade empresarial.

[53] Os doutrinadores norte-americanos, ao abordarem o tema, referem-se às "*state debt collection law*(s)", na medida em que a competência legislativa para tal matéria, no direito norte-americano, é estadual.

[54] Nas hipóteses de insolvência do devedor, constatado o problema de *commom pool*, os custos de monitoramento (ou custos de agência) sempre serão impostos a todos os credores. Assim, os credores que tiverem maiores condições de suportá-los, poderão, com maior previsibilidade, antever a situação de insolvência do devedor e, assim, privilegiar-se na "corrida individual" em busca de ativos do devedor (Cf. JACKSON, Thomas H. *The Logic and Limits of Bankruptcy Law*. Cambridge: Harvard University Press, 1986, p. 15).

[55] De acordo com tal corrente, mesmo que fosse dispensável a criação de uma legislação específica para lidar com a insolvência do devedor, eventual "sistema único" deveria atentar para os dois cenários de inadimplemento distintos (pontual ou generalizado).

Elisabeth Warren, ao discorrer sobre as diferentes políticas dos sistemas de execução individual (ou contra devedores solventes) e de execução coletiva (ou contra devedores insolventes), ilustra este ponto através das regras dispostas no artigo 9º do *Uniform Commercial Code* (UCC).

O artigo 9º do UCC, instrumento de uniformização da legislação estadual norte-americana[56] elaborado a partir de iniciativa acadêmica e adotado pelos diferentes Estados[57], cada qual com as suas modificações[58], disponibiliza aos credores garantidos[59] diferentes conjuntos de regras, as quais variam de acordo com circunstâncias diversas, tais como o tipo de garantia, seu beneficiário e as prioridades existentes sobre determinado bem[60].

Para a autora, se mesmo nos cenários em que o devedor não se encontra insolvente, uma série de variáveis pode influenciar o exercício do direito dos credores garantidos, seria no mínimo incoerente assumir que as mesmas regras de direito comum seriam suficientemente adequadas para equilibrar os interesses que gravitam em torno da

[56] SIGMAN, Harry C. *Security in movables in United States – Uniform Commercial Code Article 9: a basis for comparsion.* In KIENINGEER, Eva-Maria. *Security rights in movable property in European Private Law.* Cambridge: Cambridge University Press, 2004, p. 52.

[57] Devido à competência estadual para legislar sobre matéria contratual e de direitos reais, as transações interestaduais nos Estados Unidos enfrentavam inúmeros problemas em razão da ausência de uniformização entre as legislações estaduais. Neste contexto, o modelo do artigo 9º do UCC representou importante avanço, como instrumento de uniformização.

[58] Cf. SILVA, Fábio Rocha Pinto e. *Garantias das obrigações: uma análise sistemática do direito das garantias e uma proposta abrangente para a sua reforma.* São Paulo: Editora IASP, 2017, p. 587-588 e VASCONCELOS, Luiz Miguel Pestana de. *Direito das Garantias,* 2ª ed., Coimbra: Almedina, p. 36.

[59] Note-se que, neste contexto, o termo "credores garantidos" (*secured creditors*) deve ser interpretado conforme proposto pelo artigo 9º da UCC, isto é, credores titulares de um "*security interest*", cuja definição, nos termos do §1-201, consiste em credores titulares de "um direito sobre bens móveis ou acessórios de imóveis, com escopo de assegurar o cumprimento de determinada obrigação" (tradução livre). A definição abrangente proposta pelo artigo 9º da UCC se coaduna com a proposta da referida norma de uniformizar as regras aplicáveis às garantias mobiliárias, propondo, assim, uma única forma de garantia mobiliária.

[60] WARREN, Elizabeth, *Bankruptcy Policy.* In *University of Chicago Law Review* 54 (1987), p. 783-784.

empresa em crise, quando uma nova circunstância – isto é, a insolvência do devedor – entra em cena.

Isso porque, como visto anteriormente, as premissas sobre as quais se baseiam as regras de execução individual e coletiva são fundamentalmente diferentes[61] e a aplicação das regras de direito comum para os casos de execução coletiva[62] sempre privilegiaria os credores mais sofisticados que, possivelmente, teriam maiores condições de suportar os custos da insolvência do devedor. Por outro lado, alguns interesses que gravitam em torno da empresa em crise ficariam totalmente desprotegidos e seriam os seus titulares que arcariam, em maiores proporções, com os custos da insolvência do devedor. Um regime de insolvência próprio, portanto, assumiria real função distributiva[63].

Veja-se, portanto, que, de acordo com este posicionamento, a necessidade de um regime próprio de insolvência decorreria do reconhe-

[61] Como vimos, no primeiro caso, a prioridade no acesso ao patrimônio do devedor, embora possa ser parcialmente determinada por lei, dependerá também da agilidade do credor em buscar a satisfação do seu crédito, sendo que a eventual demora de determinado credor, em nenhuma hipótese, implicará a extinção do seu direito, ainda que em razão de tal demora, não haja mais bens do devedor suficientes para satisfação daquele crédito. Já no segundo cenário, busca-se conservar o valor de determinado conjunto de bens para, em seguida, distribui-los entre os credores do devedor comum para, ao fim, extinguir aqueles direitos creditórios, possibilitando, assim, a continuidade daquela atividade empresarial pelo mesmo devedor.

[62] Sobre a instauração de execução coletiva com a insolvência do devedor, vide Vasconcelos, Luis Miguel Pestana de. *A cessão de créditos em garantia e a insolvência – em particular da posição do cessionário na insolvência do cedente.*, Coimbra: Coimbra Editora, 2007, p. 873.

[63] Nas palavras de Jukka Kilpi "The need for institutional proceedings arises from the fact that an insolvent debtor who has several creditors exposes a common pool problem: there is a limited pool of assets to which each of the claimants has an equal title. Or, to be exact, we should say that within each class of creditors the titles are equal. (...) Since the titles are equal, no one of the creditors should be able to use her superior strength or swiftness to get more of the commom pool than her just share. The substance of justice, entailed by equality, is in legislation governed by the principle of pari passu, which comes from Roman law and stands for a pro rata distribution in proportion to the relative size of the claim of each the creditors". O autor, embora mencione a função distributiva entre os credores do devedor, reconhece expressamente que a crise da empresa afeta interesses distintos e a sociedade em geral. (Cf. *The ethics of bankruptcy.* London: Routledge, 1998, p. 12-13)

cimento de que, nestes casos além da mera satisfação do crédito[64], há interesses diversos a serem tutelados, tais como os interesses dos empregados (e não necessariamente titulares de créditos), acionistas e a sociedade em geral.

Nesse contexto, a preservação da empresa como principal objetivo dos sistemas de insolvência assume fundamental importância, pois essa seria a forma mais adequada de tutelar os diversos interesses que gravitam em torno da atividade empresarial. A preservação da empresa, neste cenário, apresenta-se como fim máximo dos sistemas concursais e não apenas como meio para consecução dos seus objetivos[65].

[64] Tal afirmação não ignora, contudo, que a lógica da satisfação do crédito sempre permeará os sistemas de insolvência, ainda que tal preocupação não ocupe papel central. Isso porque, em razão de o crédito ocupar papel essencial para o desenvolvimento da economia moderna, a sua desproteção não seria tolerável (Cf. Jaeger, Nicola. *Il falimento e Le altre forme di tutela giurisdizionale*, Milão: Francesco Vallardi, 1964, p. 65). De acordo com Lorenzo Stanghellini, "nessu ordinamento giuridico moderno può tollerare, senza reagire, che le obbligazioni non vengano adempiute, pena l'inevitabile cessazione dell'attività economica o la sostituzione della forza pubblica con una 'forza' privata capace di assicurate il generale rispeto degli impegni assunti" (*Le crisi di impresa fra diritto ed economia – Le procedure di insolvenza*, Bolonha: Il Mulino, 2007, p. 15).

[65] O direito concursal francês é apontado, por alguns autores, como filiado a esta primeira corrente, ao fornecer às empresas em crise, além da liquidação (*liquidation judiciaire)*, outros quatro procedimentos às empresas em crise (Cf. Pugliesi, Adriana Valéria. *Direito Falimentar e Preservação da Empresa*. São Paulo: Quartier Latin, 2013, p. 72), embora não se desconheça que a classificação de determinado sistema jurídico como pertencente a uma determinada corrente a respeito da principal finalidade do direito concursal deve ser feita sempre de forma cautelosa. Para Neder Cerezetti a classificação de determinado ordenamento como pertencente às diferentes correntes a respeito do fim máximo dos sistemas de insolvência deverá passar por duas análises: a primeira, pautada na leitura do texto legal e exposição de motivos e, a segunda, pautada no estudo da disciplina legal dos instrumentos regulados pela legislação concursal em questão (Cf. Neder Cerezetti, Sheila Christina. *A Recuperação Judicial de Sociedade por Ações – O Princípio da Preservação da Empresa na Lei de Recuperação e Falência*. São Paulo: Malheiros, 2012, p. 114).

Para maior aprofundamento a respeito dos diferentes diplomas que regularam o direito concursal francês desde o Código Comercial até a Lei 845/2005, de 26 de julho de 2005, vide Théry, Philippe. *The Evolution of Insolvency Law in France*. In Ringe, Wolf-Georg; Gullifer, Louise; Théry, Philippe. *Current issues in European financial and insolvency law*. Oxford: Hart, 2009, p. 1-16. Para estudo a respeito das reformas entre 1984 e 2008, vide Bayle, Marcel; Tetley, Andrew. *Insolvency Law in France*. In Bader, Michael; Lobo, Otto Eduardo Fonseca. *World Insolvency Systems: a comparative study*. Toronto: Carswell, 2009, p. 197-201.

Em oposição à esta primeira abordagem, posicionam-se alguns autores[66], segundo os quais o direito da insolvência não deveria assumir nenhuma função redistributiva, mas sim exclusivamente se preocupar com a maximização do valor dos ativos do devedor – ainda que a preservação da empresa possa se apresentar como um meio de atingir este objetivo[67].

Para os adeptos desta corrente, o direito concursal deveria tão somente apresentar um aparato institucional que fosse eficiente para lidar com o problema do *common pool* e, assim, atingir o seu fim máximo de maximização do valor dos ativos do devedor. Alguns desses doutrinadores, analisando o direito da insolvência sob uma óptica de direito e economia concluem, ainda, que a existência de um direito próprio da insolvência seria dispensável[68], na medida em que os arranjos privados[69] lidariam com esta questão de forma mais eficiente e menos custosa.

Para aprofundamento das reformas ocorridas entre 2008 até a entrada em vigor da legislação atual (em vigor desde fevereiro de 2009), vide LeCorre, Pierre-Michel. *La réforme du droit des entreprises en dificulte: commentaire de l'ordonnance du 18 décembre 2008 et du décret du 12 février 2009.* Paris: Dalloz, 2009, p. 1-42.

[66] Baird, Douglas G.; Jackson, Thomas H. *Corporate Reorganizations and the Treatment of Diverse Ownership Interests: A Comment on Adequate Protection of Secured Creditors in Bankruptcy.* 51 University of Chicago Law Review 97 (1984).

[67] Para alguns autores, esta é a corrente adotada pelo direito concursal alemão (Cf. Ehlers. Eckart. *Statutory Corporate Rescue Proceedings in Germany: The Insolvenzplan Procedure.* In Gromek Broc, Kataryzna; Parry, Rebecca. *Corporate Rescue: An overview of recent developments. 2nd edition.* Alphen aan den Rijn: Kluwer Law Internat, 2006, p. 153) que não estabeleceu nenhuma preferência entre os regimes de reorganização ou de liquidação. Ao contrário, ambos os institutos estão abarcados em um único procedimento de insolvência, cabendo aos credores decidir qual será o destino da empresa insolvente, se a liquidação ou a reorganização (Cf. Dasso. Ariel Ángel. *Derecho Concursal Coparado,* v. 1. Buenos Aires: Legis Argentina, 2009, p. 9-12).

[68] "Today's investors allocate control rights among themselves though elaborate and sophisticated contracts that already anticipate financial distress. In the presence of these contracts a law of corporate reorganizations is largely unnecessary." (Cf. Baird, Douglas G., Rasmussen, Robert K., *The End of Bankruptcy,* in Stanford L. Rev. 55 (2002-2003), p. 755).

[69] Os estudos de Lo Pucki, contudo, rejeitam a ideia de que arranjos contratuais, com a dispensa de procedimentos formais de insolvência sejam suficientes para lidar com a crise empresa, já que nem todos afetados pela crise empresarial possuem a seu dispor mecanismos contratuais para defesa dos seus direitos. O autor, ao defender a *team production theory* e o *team production contract,* aponta para a necessidade de os procedimentos formais de insolvência se atentarem não só aos interesses de credores e acionistas, mas também daque-

Retomando a metáfora de Jackson para ilustração do problema da ação coletiva, o direito concursal deveria criar mecanismos para que os credores do devedor insolvente agissem como se fossem apenas um[70], incentivando, assim, condutas coordenadas e cooperativas. Tal objetivo, para Jackson, seria atingido através de um procedimento compulsório e coletivo[71], isto é, que disciplinasse o procedimento de cobrança de todos aqueles que, por alguma razão, possam se servir dos ativos do devedor e afastar a incidência de regras aplicáveis às execuções contra o devedor solvente, notadamente, da máxima *"first come, first served"*.

Baird e Jackson[72], ao discorrerem sobre o tema, convergem neste entendimento, isto é, o de que os sistemas de insolvência não deveriam se preocupar com nenhuma outra questão além da maximização de retorno financeiro aos credores do devedor em crise, por meio da criação de um regime coletivo de recuperação de crédito que permitisse organizar a divisão de recursos do devedor, diante da sua insuficiência para satisfação de todos os credores.

Na visão dos autores não caberia aos sistemas de insolvência a criação de regras específicas e, tampouco, de mecanismos de ampliação e/ou restrição de direitos diversos daqueles disponíveis aos credores do devedor quando esse não era insolvente, de modo a evitar o problema denominado por Baird de *forum shopping* – a utilização de procedimentos formais de insolvência por entes que teriam, nesse cenário, maiores direitos e garantias do que aqueles disponíveis pela legislação não concursal[73].

Interessante notar que o fato de determinados autores negarem que o direito da insolvência deva se atentar a outros objetivos que não a

les desprovidos de mecanismos contratuais para defesa dos seus direitos decorrentes de investimentos feitos na empresa. Para o autor, a proteção de tais interesses ocorreria através da delegação de poderes pelos *stakeholders* da empresa ao conselho de administração para distribuição dos benefícios econômicos gerados pela empresa – mecanismo vigente tanto durante a insolvência, como durante a vida saudável da empresa. (Cf. *A Team Production Theory of Bankruptcy Reorganization*. In 57 *Vanderbilt Law Review* 57 (2004).

[70] *The Logic and Limits of Bankruptcy Law*. Cambridge: Harvard University Press, 1986, p. 12.

[71] *The Logic and Limits of Bankruptcy Law*. Cambridge: Harvard University Press, 1986, p. 13.

[72] *Corporate Reorganizations and the Treatment of Diverse Ownership Interests: A Comment on Adequate Protection of Secured Creditors in Bankruptcy*. 51 University of Chicago Law Review 97 (1984).

[73] Baird, Douglas G., *Loss Distribution, Forum Shopping, and Bankruptcy: A Reply to Warren*, in *U. Chi. L.Rev.* 54 (1987).

maximização do valor dos ativos do devedor, não significa, contudo, que a importância da manutenção da atividade empresária seja desconsiderada. Com efeito, reconhece-se que a preservação da empresa pode, em alguns casos, apresentar-se como importante meio para atingimento do fim maior destes sistemas que, para esta corrente, é a maximização do retorno dos credores.

Sob tal perspectiva, o direito concursal, atento ao fenômeno da insolvência, seria responsável pela criação de um foro comum disponível aos credores do devedor, com o objetivo de promover um ambiente de negociação que maximize o retorno dos credores. Para tanto, além da internalização dos direitos creditórios – e, eventualmente, de outros interesses jurídicos relevantes, a depender da visão sobre o fim maior do direito concursal –, o direito da insolvência é responsável pela criação de regras que limitem o exercício dos direitos dos credores sobre o *pool* de ativos do devedor. Veja-se, portanto, que mesmo para aqueles que adotam uma abordagem mais restritiva a respeito do fim máximo do direito concursal, a internalização dos interesses creditórios em um regime coletivo é essencial na consecução dos objetivos de tal sistema.

O debate a respeito dos objetivos dos sistemas de insolvência e sobre o caminho (isto é, o conjunto de regras) a ser percorrido pelos sistemas jurídicos no atingimento destes objetivos é tão relevante que atraiu atenção de entes internacionais como a *United Nations Commission on International Trade Law* (UNCITRAL)[74] e o Banco Mundial. Tais

[74] De acordo com a UNCITRAL a divulgação de tais recomendações visa a promover "a comprehensive statement of the key objectives and principles that should be reflected in a State's insolvency laws. It is intended to inform and assist insolvency law reform around the world, providing a reference tool for national authorities and legislative bodies when preparing new laws and regulations or reviewing the adequacy of existing laws and regulations. The advice provided aims at achieving a balance between the need to address a debtor's financial difficulty as quickly and efficiently as possible; the interests of the various parties directly concerned with that financial difficulty, principally creditors and other stakeholders in the debtor's business; and public policy concerns, such as employment and taxation. The Legislative Guide assists the reader to evaluate the different approaches and solutions available and to choose the one most suitable to the local contex". Cf. UNCITRAL – UNITED NATIONS COMMISSION ON INTERNATIONAL TRADE LAW. *Legislative Guide on Insolvency Law*, p. 10-14. Último acesso em 25.5.2018. Disponível em http://www.uncitral.org/uncitral/en/uncitral_texts/insolvency.html.

entes, trabalhando em conjunto com diversas outras lideranças[75], desenvolveram princípios e recomendações gerais[76] sobre como os sistemas nacionais de insolvência deveriam ser concebidos a fim de promover a adequada tutela dos interesses de credores[77] e quais seriam os "objetivos-chave"[78] a serem perseguidos por sistemas de insolvência coesos e eficientes[79].

[75] Uttanchabdabi, Mahesh. *Insolvency, restructuring and economic development: the World Bank's benchmarking of insolvency systems.* In Larkin, Ben. *Restructuring and workouts: strategies for maximising value.* London: Globe Law and Business, 2008, p. 15-16.

[76] Outra preocupação no desenvolvimento de recomendações e princípios gerias consiste no fato de que na economia moderna, a insolvência de determinado agente do mercado pode gerar efeitos em mais de uma jurisdição e em mais de um sistema financeiro (Cf. Hagan, Sean. *Promoting Orderly and Effective Insolvency Procedures.* IMF Finance and Development Maganize, março de 2010, disponível em https://www.imf.org/external/pubs/ft/fandd/2000/03/pdf/hagan.pdf, último acesso em 6.10.2017).

[77] "Without effective procedures that are applied in a predictable manner, creditors may be unable to collect on their claims, which will adversely affect the future availability of credit. (...) the consistent application of orderly and effective insolvency procedures plays a critical role in fostering growth and competitiveness and may also assist in the prevention and resolution of financial crisis". (Cf. Legal Department, International Monetary Fund. *Orderly & effective insolvency procedures: Key Issues.* Washington: International Monetary Fund, 1999, p. 1.

[78] Assim como ocorre com a UNCITRAL, o Banco Mundial, embora mencione "*key objectives*" dos sistemas de insolvência, lista no rol de "objetivos" itens que nos parecem se aproximar de recomendações de regras procedimentais. A nosso ver, se enquadrariam nos objetivos dos sistemas de insolvência somente aqueles que responderiam a indagação sobre as razões pelas quais os sistemas de insolvência devem existir. De modo diverso, os itens que se aproximam à eventual resposta de como alcançar estes fins, não deveriam, ao menos tecnicamente ser indicados como "objetivos" dos sistemas.

[79] Para a UNCITRAL, tais objetivos seriam: (i) prover certeza jurídica ao mercado, a fim de promover estabilidade e crescimento; (ii) maximizar o valor dos ativos; (iii) equilibrar o sistema entre situações de liquidação e reestruturação; (iv) assegurar tratamento semelhante a credores na mesma situação; (v) proporcionar rápida, eficiente e imparcial solução à situação de insolvência; (vi) preservar a massa falida ou bens do devedor para permitir adequada distribuição entre os credores; (vii) ter um sistema que forneça previsibilidade e transparência de informações; (viii) reconhecer os direitos dos credores e estabelecer regras claras de prioridade entre eles e (ix) estabelecer mecanismos para lidar com situações de insolvência internacionais que gerem efeitos em diversos países.
De modo semelhante, o *Principles and Guidelines for Effective Insolvency and Creditor Rights Systems*, divulgado pelo Banco Mundial, prevê onze diferentes objetivos a serem perseguidos pelos sistemas de insolvência: (i) integrar-se ao sistema legal geral e comercial do país; (ii)

1.2.2. O regime de insolvência brasileiro

No Brasil, os procedimentos de liquidação e reorganização das empresas em crise estão disciplinados pela LRF, que, após longo processo legislativo[80], substituiu o Decreto-Lei nº 7.661, de 21 de novembro de 1945, e introduziu em nosso sistema o instituto da Recuperação Judicial, destinado às empresas que poderiam superar o estado de crise por meio de um plano de reorganização.

Importante notar que, até o advento da LRF[81], as empresas em crise brasileiras possuíam apenas duas alternativas: a falência (liquidação) ou a concordata. A primeira propunha a liquidação dos ativos do devedor e a distribuição do seu produto para satisfação do passivo, enquanto a segunda (de forma preventiva ou suspensiva) previa a concessão de um "favor legal" ao devedor, por meio do qual este teria o prazo máximo de dois anos para pagamento dos credores quirografários ou a concessão de

maximizar o valor da massa e o retorno aos credores; (iii) propiciar a rápida liquidação de empresas inviáveis ou caso esta solução gere maior retorno aos credores, bem como a reestruturação de negócios viáveis; (iv) propiciar equilíbrio entre a liquidação e a reestruturação de empresas, permitindo a rápida alteração de um procedimento a outro; (v) garantir tratamento equitativo a credores na mesma situação, incluindo credores nacionais e estrangeiros; (vi) proporcionar rápida, eficiente e imparcial solução à situação de insolvência; (vii) prevenir o uso indevido dos sistemas de insolvência; (viii) prevenir a corrida de credores contra os bens do devedor que leve ao esvaziamento da empresa; (ix) prever processo transparente que inclua e constantemente aplique regras de alocação de risco e regras que estimulem a obtenção e divulgação de informações; (x) reconhecer o direito dos credores e respeitar a prioridade dos débitos em procedimento previsível e estável e, (xi) prever mecanismos para lidar com casos de insolvência que envolvam mais de uma jurisdição, incluindo o reconhecimento de procedimentos de insolvência estrangeiros.

[80] O Projeto de Lei nº 4.376/1993 foi apresentado pelo Poder Executivo durante o Governo do Presidente Itamar Franco. Após 484 emendas e 5 substitutivos, apresentados durante os dez anos de tramitação, a matéria foi votada e aprovada pelo Plenário da Câmara dos Deputados em outubro de 2003 passando a ser tratado pelo Projeto de Lei da Câmara nº 71 de 2003. Somente em 2005, foi então aprovado o novo diploma. (Cf. Parecer 534/2004 do Relator Senador Ramez Tebet, disponível em http://redir.stf.jus.br/paginadorpub/paginador.jsp?docTP=TP&docID=580933)

[81] Para melhor compreensão da evolução histórica dos regimes de liquidação aos regimes de reorganização vide Neder Cerezetti, Sheila Christina. *A Recuperação Judicial de Sociedade por Ações – O Princípio da Preservação da Empresa na Lei de Recuperação e Falência*. São Paulo: Malheiros, 2012, p. 56-81.

desconto de 50% sobre tais valores caso o pagamento fosse feito à vista, em parcela única.

Com o passar do tempo, e, em sintonia com as tendências internacionais constatadas ao longo do século XX, verificou-se que a falência nem sempre se revelava a alternativa mais adequada para lidar com situações em que, apesar da insolvência da entidade empresária, sua manutenção seria desejável. De outro lado, a concordata preventiva, enquanto instituto "pré-falimentar"[82], em muito se distanciava de um mecanismo jurídico capaz de viabilizar a reorganização empresarial e o saneamento da crise[83].

Para Neder Cerezetti, a LRF, responsável por conferir uma nova perspectiva para o direito concursal brasileiro[84], se adequadamente interpretada e aplicada seria capaz de romper com o movimento pendular[85] que historicamente permeou os regimes de insolvência no Brasil e que tanto prejudica o cumprimento da função social da empresa[86].

Ainda que a melhor expressão de referido princípio se encontre positivada no artigo 47, LRF – artigo inaugural do Capítulo III que cuida da recuperação judicial –, podemos afirmar que o princípio da preservação da empresa permeia toda a legislação concursal brasileira e os institutos

[82] Toledo, Paulo Fernando Campos Salles de. *A disciplina jurídica das empresas em crise no Brasil: Sua Estrutura Institucional,* In Revista de Direito Mercantil, Industrial, Econômico e Financeiro, nº 122, abril-junho de 2001, p. 168-172.

[83] O distanciamento da concordata preventiva como real alternativa à liquidação enquanto mecanismo jurídico para o saneamento da empresa em crise é evidente em diversas características normativas do revogado instituto. A concordata destinava-se somente aos credores quirografários, em nenhuma hipótese afetaria a gestão da empresa em crise e sua aprovação em nada dependia de qualquer juízo de valor a respeito da viabilidade econômica da empresa.

[84] Conforme apontado por Comparato, com a entrada em vigor da LRF em substituição ao Decreto-Lei nº 7.661 houve verdadeira migração de um regime "concordata-sentença", para um regime de "recuperação-acordo" (*Aspectos Jurídicos da macroempresa,* São Paulo: Editora Revista dos Tribunais, 1970, p. 101).

[85] Comparato, Fábio Konder. *Aspectos jurídicos da macroempresa.* São Paulo: Revista dos Tribunais,1970, p. 98-101.

[86] Neder Cerezetti, Sheila Christina. *A Recuperação Judicial de Sociedades por Ações: O Princípio da Preservação da Empresa na Lei de Recuperação e Falência.* São Paulo: Malheiros, 2012, p.204.

nela disciplinados, incluindo a recuperação extrajudicial, a recuperação judicial e, até mesmo, a falência[87].

Em apertada síntese, com a positivação do princípio da preservação da empresa pelo artigo 47 da LRF, a legislação atual brasileira se preoucpou não só com a composição entre o devedor e seus credores, mas também com o oferecimento de mecanismos para a superação da crise pela empresa em atenção aos interesses da coletividade, mediante o reconhecimento do interesse social na preservação e no saneamento da empresa em crise[88].

Em outras palavras, busca-se, sobretudo, a superação da crise econômico-financeira que assola o devedor, de modo a possibilitar, além da tutela dos interesses dos credores, a manutenção da fonte produtora, a geração e a manutenção de empregos. Nesse sentido, a LRF tem por finalidade promover a preservação da empresa (tanto na recuperação judicial como na falência), sua função social e o estímulo à atividade econômica.

Na esteira da busca da preservação da empresa, destaca-se importante inovação trazida pela LRF. Trata-se do total rompimento com a proibição das tratativas extrajudiciais no âmbito das negociações coletivas entre o devedor e seus diferentes credores.[89] A LRF, além de conferir ampla liberdade para credores e devedor na negociação de dívidas, concedeu amparo legal aos processos das negociações coletivas.

[87] O próprio artigo 75, I da legislação concursal brasileira expressamente dispõe que a falência visa a "preservar e otimizar a utilização produtiva dos bens, ativos e recursos produtivos, inclusive os intangíveis, da empresa". Aqui, pode-se notar a preocupação do legislador com a preservação da empresa, enquanto atividade empresarial (Cf. Asquini, Alberto. *Profili dell'Impresa*, 1943, tradução de Fábio Konder Comparato: "Perfis da empresa", *RDM* 104/116, São Paulo: Revista dos Tribunais, 1996). Sobre a preservação da empresa na falência, vide Pugliesi, Adriana Valéria. *Direito Falimentar e Preservação da Empresa.* São Paulo: Quartier Latin, 2013; Toledo, Paulo Fernando Campos Salles de. *A preservação da empresa, mesmo na falência.* In De Lucca, Newton; Domingues, Alessandra de Azevedo (Coords). *Direito Recuperacional: Aspectos Teóricos e Práticos.* São Paulo: Quartier Latin, 2009, p. 517-534.

[88] Neder Cerezetti, Sheila Christina. *A Recuperação Judicial de Sociedades por Ações: O Princípio da Preservação da Empresa na Lei de Recuperação e Falência.* São Paulo: Malheiros, 2012, p.205.

[89] Martins, Glauco Alves, *A Recuperação Extrajudicial.* São Paulo: Quartier Latin, 2012. p. 15.

O legislador brasileiro, assim como, em certa medida, o legislador francês[90], demonstrou expressa preferência pela preservação da empresa, por meio da qual as medidas voltadas ao saneamento da crise empresarial devem ser concebidas como um fórum que permita que os diversos interesses por ela atingidos sejam adequadamente tutelados[91].

Nesse contexto, no âmbito do direito concursal pátrio, a análise de viabilidade econômico-financeira da empresa em crise é atribuída aos credores, em reconhecimento à importância de sua participação no procedimento[92], e assume fundamental relevância enquanto necessária para o juízo de adequação acerca de qual instrumento jurídico tutelaria de forma mais satisfatória tais interesses: se a recuperação judicial ou extrajudicial, com a reabilitação do devedor e manutenção da atividade sob aquela mesma gestão, ou se a falência, com a liquidação dos ativos e a possibilidade de transferência da atividade[93].

[90] Sobre a aproximação das opções do legislador brasileiro e francês, Sheila Christina Neder Cerezetti destaca que embora ambos tenham elegido a preferência pelos regimes de reorganização e não os de liquidação, (i) somente a realização prática da valorização da preservação da empresa é capaz de permitir a afirmação de que o direito brasileiro é pertencente à corrente que indica a preservação da empresa como fim dos sistemas concursais, (ii) tal constatação não decorre de qualquer semelhança entre as regras do direito concursal pátrio e do direito concursal francês. (Cf. *A Recuperação Judicial de Sociedades por Ações: O Princípio da Preservação da Empresa na Lei de Recuperação e Falência*. São Paulo: Malheiros, 2012, p. 153-154).

[91] Neder Cerezetti, Sheila Christina. *A Recuperação Judicial de Sociedades por Ações: O Princípio da Preservação da Empresa na Lei de Recuperação e Falência*. São Paulo: Malheiros, 2012, p. 153.
No mesmo sentido, vide Sacramone, Marcelo Barbosa. *Comentários à lei de recuperação de empresas e falência*. São Paulo: Saraiva, 2018, p. 41.

[92] Scalzilli, João Pedro; Tellechea, Rodrigo; Spinelli, Luis Felipe. *Recuperação de Empresas e Falência: Teoria e Prática na Lei 11.101/2005*, 2ª Ed., São Paulo: Almedina, 2017, p. 91.

[93] Nesse sentido, "O objetivo central é viabilizar a continuidade dos negócios da empresa enquanto unidade produtiva, mantendo-se assim sua capacidade de produção e de geração de empregos, oferecendo condições para que as empresas com viabilidade econômica encontrem os meios necessários para a sua recuperação, a partir de negociações com seus credores. Caso os credores entendam que a reabilitação da empresa não é possível, a lei estimula a sua venda num rito expresso, de modo a permitir que, sob uma nova administração, a empresa continue a exercer a sua função social de gerar empregos e renda. Em última instância, se o negócio não for mais viável, a lei cria condições factíveis para que haja uma

1.2.3. Os interesses creditórios como ponto em comum de tutela pelos regimes de insolvência.

Não obstante as diferentes abordagens apresentadas anteriormente a respeito de qual seria o principal objetivo a ser alcançado pelo direito concursal, a breve análise até aqui realizada nos permite identificar um ponto em comum entre todas elas: a importância da tutela dos interesses creditórios.

Interessante notar que, independentemente do viés adotado para a definição dos objetivos dos sistemas de insolvência, seja ele mais "amplo", com a internalização de uma pluralidade de interesses como defendido por WARREN[94], seja mais restrito, como proposto por BAIRD e JACKSON[95], a tutela do crédito e dos interesses dos credores permanece como objeto de atenção formando, assim, um "denominador comum" entre perspectivas tidas como contrapostas.

Em decorrência deste ponto em comum, surge também outro elemento de identidade ente as diferentes abordagens a respeito da principal função a ser desempenhada pelo direito concursal. Trata-se da necessidade de criação de um regime coletivo, com regras aptas a solucionar a falta de coordenação e cooperação entre credores que, por meio de suas ações individuais, possam desmantelar as atividades do devedor[96], diminuindo o valor do seu patrimônio e, consequentemente, prejudicando todos os atingidos pela crise empresarial. Nesse ponto, assumem fundamental importância as regras de *stay*[97], isto é, de suspensão

liquidação eficiente dos ativos, permitindo assim que se maximizem os valores realizados e, consequentemente, se minimizem as perdas gerais. Pretende-se assim estimular a recuperação da empresa, desde que obedecidas as restrições de viabilidade e eficiência" (Cf. LISBOA, Marcos de Barros; DAMASO, Otávio Ribeiro; SANTOS, Bruno Carazza dos; COSTA, Ana Carla Abrão. *A Racionalidade Econômica da Nova Lei de Falências e de Recuperação de Empresas,* In PAIVA, Luiz Fernando Valente de (coord.) *Direito Falimentar e a Nova Lei de Falências e Recuperação de Empresas,* São Paulo: Quartier Latin, 2005, p. 42-43).

94 *Bankruptcy Policy.* In *University of Chicago Law Review* 54 (1987).

95 *Corporate Reorganizations and the Treatment of Diverse Ownership Interests: A Comment on Adequate Protection of Secured Creditors in Bankruptcy.* 51 University of Chicago Law Review 97 (1984).

96 SQUIRE, Richard. *Corporate Bankruptcy and Financial Reorganization* Nova York: Wolters Kluwer, 2016, p. 12.

97 As regras de *stay,* isto é, de suspensão de atos de atingimento do patrimônio do devedor surgem em diferentes ordenamentos jurídicos como mecanismo apto a permitir que

de atos de atingimento do patrimônio do devedor e as regras de vinculação das deliberações tomadas pela maioria[98].

Assim, a despeito das diferentes visões a respeito do fim maior dos sistemas de insolvência, há verdadeira harmonia quanto à participação dos credores como um dos importantes instrumentos procedimentais[99] para atingimento de tais objetivos.

JACKSON, ao afirmar que o direito concursal visa a resolver um problema de descoordenação entre as ações individuais dos credores sobre os ativos do devedor, por meio do estabelecimento de um procedimento coletivo e compulsório[100], defende que tal procedimento deve permitir

o devedor engaje suas negociações com credores e acionistas a fim de reestruturar a sua dívida, evitando comportamentos oportunistas de determinados credores que, em detrimento de uma solução coletiva para a empresa em crise, buscariam satisfazer individualmente os seus créditos (SACRAMONE, Marcelo Barbosa. *Comentários à lei de recuperação de empresas e falência.* São Paulo: Saraiva, 2018, p. 86).

Não obstante, é importante notar que os ordenamentos divergem em certa medida quanto à algumas peculiaridades dos mecanismos de *stay*, tais como a sua extensão e os critérios para o levantamento de tais regras. Para uma visão a respeito das regras de *stay* dos sistemas norte americano e inglês, vide MCCORMACK, Gerard. *Corporate Rescue Law – An Anglo-American Perspective.* Cheltenham: Edward Elgar Publishing, Inc., 2008, p. 156-175.

98 Com efeito, a existência de credores dissidentes é pressuposto do ajuizamento de um procedimento formal de insolvência, na medida em que, havendo consenso entre os credores (ou ao menos entre um grupo de credores), o devedor sempre preferirá conduzir a sua reestruturação de forma privada. Nesse sentido, vide MCCORMACK, Gerard. *Corporate Rescue Law – An Anglo-American Perspective.* Cheltenham: Edward Elgar Publishing, Inc., 2008, p.12-13, EPSTEIN, David G. *Bankruptcy and related law in a nutshell.* St. Paul, MN: West Academic Publishing, 2017, p. 467-472 e JACKSON, Thomas H. *The Logic and Limits of Bankruptcy Law.* Cambridge, Mass: Harvard University Press, 1986. p. 17. De igual modo, Martin R. Gudgeon e Shirish A. Joshi afirmam que as reestruturações consensuais privadas ("*consensual out-of-court restructurings*") dependem da unanimidade dos stakeholders envolvidos para ser implementada (*The Restructuring and workout environment in Europe.* In LARKIN, Ben. *Restructuring and workouts: strategies for maximising value.* London: Globe Law Business, 2008, p. 7-8).

99 Fazendo referência ao regime brasileiro em particular, Luiz Fernando Valente de Paiva destaca que a participação ativa dos credores tem por objetivo otimizar o resultado dos processos de falência e de recuperação judicial (*A eliminação da assembleia de credores e a escolha de foro: duas propostas para alteração da Lei nº 11.101/2005.* In Revista do Advogado, nº 131, Ano XXXVI, out./2016 p. 124-125).

100 *The Logic and Limits of Bankruptcy Law.* Cambridge, Mass: Harvard University Press, 1986. p. 13.

que os credores trabalhem em conjunto, por meio de regras que reflitam em um arranjo contratual hipotético, o que seria negociado e celebrado entre eles *ex ante*.[101]

Lo Pucki[102], ao comentar a obra de Jackson, aponta, por meio da *team production theory* e da *team production contract*, para a necessidade de os procedimentos formais de insolvência se atentarem não só aos interesses de credores e acionistas, mas também aos desprovidos de mecanismos contratuais para defesa dos seus direitos decorrentes de investimentos feitos na empresa. Para o autor, a proteção de tais interesses ocorreria por meio da delegação de poderes pelos *stakeholders* da empresa ao conselho de administração para distribuição dos benefícios econômicos gerados pela empresa – mecanismo vigente tanto durante a insolvência, como durante a vida saudável da empresa.

Apesar de reconhecer que, nas situações de insolvência, há interesses afetados pela crise, além dos interesses creditórios, que devem ser protegidos, Warren parece reconhecer que as regras de direito concursal devem atribuir as deliberações decisivas de um processo de reorganização aos credores e ao devedor, enquanto partes imediatamente afetadas pela crise, já que "supõe-se que tomarão as decisões mais racionais a respeito da sobrevivência a longo prazo do negócio"[103].

Nota-se, assim, que independentemente da perspectiva adotada a respeito de qual seria a principal função dos sistemas de insolvência, a alocação de poderes decisórios nos credores do devedor[104], cujas deliberações se tornam vinculantes sobre a totalidade dos credores sujeitos aos procedimentos, é consensual em ambas as perspectivas. É o que

[101] *The Logic and Limits of Bankruptcy Law*. Cambridge, Mass: Harvard University Press, 1986. p. 16-17.

[102] *A Team Production Theory of Bankruptcy Reorganization*, in 57 *Vanderbilt Law Review* 57 (2004).

[103] *Bankruptcy Policymaking in an Imperfect World*. 92 Michigan. Law Review. 1993-1994. p. 355.

[104] Para Sacramone, a alocação de poderes decisórios aos credores do devedor, tanto nos institutos de reorganização das empresas em crise como nos de liquidação decorrem da sua posição como principais interessados na eficiência de ambos os institutos. (*Comentários à lei de recuperação de empresas e falência*. São Paulo: Saraiva, 2018, p. 44-45)

se denominou, na doutrina, de *"structured bargain"*, isto é, a "negociação estruturada"[105].

A noção de negociação estruturada parte da ideia de que os credores da empresa em crise possuem incentivos para negociar a respeito (i) do destino da companhia – se a liquidação ou a reorganização e, (ii) como deverão ser alocados os custos decorrentes da crise, a partir do conjunto normativo de determinado sistema. O modelo de regime coletivo baseado na negociação estruturada está presente em diversas legislações ao redor do mundo, como a norte-americana, a alemã[106] e a brasileira[107].

Se é ponto em comum entre as abordagens distintas a respeito dos objetivos dos sistemas de insolvência que a participação dos credores é aspecto fundamental para que os objetivos de tais sistemas sejam atingidos por meio de uma negociação estruturada, nos parece natural que quanto mais ampla for a gama de interesses creditórios internalizados pelos regimes de insolvência, mais coerente será o sistema em busca de uma solução coletiva para a empresa em crise[108].

É com base neste racional que, nos Estados Unidos, o conceito de "*claim*" foi sucessivamente ampliado de forma a permitir que o mais amplo conjunto de obrigações do devedor fosse reestruturável por meio

[105] Jackson, Thomas H. *Bankruptcy, Non-Bankruptcy Entitlements, and The Creditors' Bargain* (1982) 1991, Yale Law Journal, p. 857-907.

[106] Hart, Oliver. *Different Approaches to Bankruptcy.* In Governance, Equity and Global Markets, Proceedings of the Annual Bank Conference on Development Economics in Europe, June 21-21, 1999. Paris: La Docmentation Francaise, 2000.

[107] Lisboa, Marcos de Barros; Damaso, Otávio Ribeiro; Santos, Bruno Carazza dos; Costa, Ana Carla Abrão. *A Racionalidade Econômica da Nova Lei de Falências e de Recuperação de Empresas,* In Paiva, Luiz Fernando Valente de (coord.) *Direito Falimentar e a Nova Lei de Falências e Recuperação de Empresas,* São Paulo: Quartier Latin, 2005, p. 35. A internalização da ideia de negociação estruturada entre devedor e credores pelo regime brasileiro é também defendida por Eduardo Secchi Munhoz (Munhoz, Eduardo Secchi. *Anotações sobre os limites do poder jurisdicional,* In Revista de Direito Bancário e Mercado de Capitais 36, abril--junho/2007, p. 191)

[108] Fazendo referência especificamente ao sistema brasileiro, Ivo Waisberg destaca que, a seu ver, a extensa relação de créditos não sujeitos aos efeitos da recuperação judicial seria a principal patologia do sistema brasileiro, responsável pela diminuição da sua eficiência. (Cf. *O necessário fim dos credores não sujeitos à Recuperação Judicial.* In Elias, Luis Vasco. *10 anos da Lei de Recuperação de Empresas e Falência. Reflexões sobre a Reestruturação Empresarial no Brasil.* São Paulo: Quartier Latin, 2015, p. 199-109).

dos procedimentos formais de insolvência. De igual modo, mesmo após a reforma de 1978 e a positivação da definição deste conceito a jurisprudência norte americana desempenhou relevante papel na interpretação da definição do artigo 101(5) do *Bankruptcy Code*[109] e na ampliação do referido conceito de modo a atingir o mais amplo número de credores (em sentido amplo) do devedor[110]. Para a doutrina norte americana, a adoção de um conceito restrito de *claims* retiraria do devedor a possibilidade do *fresh start* e eliminaria a possibilidade de efetivo soerguimento da empresa em crise[111].

Identificada a ampla abrangência de créditos como ponto em comum das diferentes abordagens a respeito do principal objetivo do direito concursal, é de suma importância aprofundar, ainda que sem esgotar o tema, o estudo sobre a participação dos credores na reorganização empresarial[112], enquanto relevante meio para atingimento destes obje-

[109] O artigo 101(5) do *Bankruptcy Code* estabelece que "the term "claim" means: (A) right to payment, whether or not such right is reduced to judgment, liquidated, unliquidated, fixed, contingent, matured, unmatured, disputed, undisputed, legal, equitable, secured, or unsecured; or (B) right to an equitable remedy for breach of performance if such breach gives rise to a right to payment, whether or not such right to an equitable remedy is reduced to judgment, fixed, contingent, matured, unmatured, disputed, undisputed, secured, or unsecured".

[110] Para maior detalhamento a respeito (1) das sucessivas reformas normativas a respeito do conceito de *"claims"* e da flexibilização de requisitos para a sujeição de um *"claim"* aos procedimentos formais de insolvência desde o *Bankruptcy Act* de 1898 até a reforma de 1978 e, (2) do papel desempenhado pela jurisprudência norte americana no mesmo sentido, vide Epstein, David G.; Nickles, Steve H.; White, James J. *Bankruptcy*. St. Paul: West Group, 1993, p. 782-786.

[111] Epstein, David G.; Nickles, Steve H.; White, James J. *Bankruptcy*. St. Paul: West Group, 1993, p. 782.

[112] Importante notar que a relevância dos mecanismos de reorganização empresarial e das reformas legislativas ocorridas a partir da década de 1980 até aqui apresentadas não advoga no sentido de que a reorganização sempre será preferível à liquidação. Rejeita-se, desde logo, qualquer afirmação nesse sentido. A reorganização empresarial é remédio destinado às empresas viáveis, na medida em que a utilização do instituto por empresas inviáveis conduziria a um resultado indesejável e prejudicial à coletividade. Nesse sentido, aponta Neder Cerezetti "há que se esclarecer, desde logo, que a criação das recuperações judicial e da extrajudicial não significa que elas devam ser os caminhos privilegiados em todos os casos de crise econômico-financeira. Na verdade, tão relevante quanto a recuperação de empresas viáveis apresenta-se a célere liquidação das inviáveis" (*A Recuperação Judicial de*

tivos. Dito de outro modo, importa investigar como a internalização dos interesses dos credores pelos sistemas de insolvência deve ser estruturada a fim de permitir que, por meio da *"structured bargain"*, os objetivos de tais sistemas sejam alcançados.

Embora tanto na liquidação como na reorganização empresarial os credores possuam papel bastante relevante, o tratamento a ser conferido a tais interesses, deve ser distinto em ambos os procedimentos em atenção às diferentes bases sobre as quais a liquidação e a reorganização empresarial foram desenvolvidas.

Nos procedimentos de liquidação, a principal preocupação sempre esteve alocada na satisfação dos credores e na extinção das dívidas do devedor por meio da realização dos seus ativos, ainda que para isso o devedor fosse eliminado no mundo empresarial. Isso porque, nestes procedimentos é instituído um concurso universal de credores sobre o patrimônio realizável do devedor[113], de modo que a principal função do instituto consistiria na liquidação eficiente dos ativos com vistas à satisfação do passivo, sempre observando as regras de prioridade da legislação concursal.

Assim, nos procedimentos de liquidação, os credores ocupam o papel de principais interessados já que, nestes casos, esta é a última alternativa para o recebimento dos seus créditos. Nada mais natural, portanto, que seja conferido a eles o poder decisório para deliberações sobre a forma de realização dos ativos do devedor, por exemplo.

Nestes casos, as deliberações tomadas nos processos de liquidação ocorrem a partir da organização dos credores em grupos (ou classes), cujo critério de organização consiste na natureza do crédito. A organização dos credores nestas classes, nos processos de liquidação, visa a garantir, além da sua participação na tomada de decisões relevantes, a observância de uma ordem de prioridade de pagamentos com os recursos obtidos com a realização do ativo do devedor, a partir das variadas opções legislativas quanto à distribuição do ônus da insolvência entre os credores do devedor insolvente.

Sociedade por Ações – O Princípio da Preservação da Empresa na Lei de Recuperação e Falência. São Paulo: Malheiros, 2012, p. 80).

[113] Carvalho De Mendonça, J. X. *Tratado de direito comercial brasileiro*. V. VII, 5. ed. Rio de Janeiro: Freitas Bastos, 1954, p. 19-20.

Por outro lado, os processos de reorganização empresarial possuem como fundamento a superação da crise e a manutenção da atividade empresarial[114], seja como principal objetivo da reorganização empresarial, seja como instrumento para maximização do retorno dos credores. Diferentemente do que ocorre na liquidação, na reorganização empresarial, os ativos do devedor não serão necessariamente realizados para distribuição do seu produto entre os credores. Nestes casos, a organização dos credores em classes visa justamente a promover a chamada negociação estruturada de modo a que as deliberações, ao satisfazerem os interesses da maioria, vinculem uma minoria dissidente (ou ausente) e admitam, assim, a tentativa de superação da crise enfrentada pelo devedor[115].

[114] Conforme já explorado neste capítulo, não há consenso sobre a preservação da empresa como objetivo dos sistemas de reorganização. As diferentes visões, contudo, reconhecem a sua importância, seja como principal objetivo dos sistemas de reorganização, seja como um dos meios para maximização do valor dos ativos do devedor.

[115] Nos casos de insolvência, a vinculação das deliberações tomadas pela maioria à minoria dissidente visa a superar o problema da ação coletiva que permaneceria existente caso os credores dissidentes continuassem com a possibilidade de acessar livremente o patrimônio do devedor.

Não deve haver, portanto, qualquer confusão com os fundamentos para vinculação da minoria às deliberações tomadas pela maioria no direito societário. Conforme apontado por Marcelo Vieira von Adamek, neste último caso, a vinculação das deliberações tomadas pela maioria é tradicionalmente explicada pela observação de que os votos proferidos pelos sócios "transfundem-se em deliberação da sociedade, que passa a ser ato da própria sociedade, vinculando a todos os seus membros", de modo que a minoria não estaria sujeita aos votos da maioria, mas "à deliberação que, por efeito destes, é formada e juridicamente imputada à sociedade" (Cf. *Abuso de minoria em Direito Societário.* São Paulo: Malheiros, 2014, p. 47).

No mesmo sentido, vide Souza Junior, Francisco Satiro de. *Autonomia dos credores na aprovação do plano de recuperação judicial.* In De Castro, Rodrigo R. Monteiro (org.). *Direito Empresarial e Outros Estudos em Homenagem ao Professor José Alexandre Tavares Guerreiro.* São Paulo: Quartier Latin, 2013, explicando que os credores não se submetem ao contrato plurilateral, como fazem os sócios.

Estes últimos se submetem à vontade da maioria por força de regras intrínsecas à própria estrutura da sociedade, em que o rumo da coletividade é decidido pela maioria dos sócios e/ou acionistas. Assim, ainda que nos contratos plurilaterais, o consentimento seja elemento essencial para a sua formação (como nos contratos em geral), durante o decurso da vida da sociedade as decisões podem ser tomadas pela maioria, desde que respeitados o método assemblear e demais regras deliberativas.

Interessante notar que, ainda que alguns regimes de insolvência tenham se atentado para a proteção de interesses além dos interesses creditórios[116], o direito de voto é, em regra, conferido aos credores do devedor que deliberam sobre o plano de reorganização e, ainda, sobre a viabilidade econômico-financeira daquela atividade empresarial.

Nesse sentido, pode-se afirmar que nos regimes de reorganização empresarial, não são atribuídos aos credores do devedor quaisquer direitos sobre o seu patrimônio. As regras de prioridade e as condições de pagamento de cada crédito não são necessariamente determinadas pela legislação, como ocorre na liquidação, mas sim acordadas entre os credores e o devedor através de um negócio jurídico[117] celebrado no curso do procedimento.

Se é o negócio jurídico celebrado no curso no procedimento de reorganização entre credores e devedor que determinará aspectos cruciais da reestruturação do devedor, incluindo a adequação do procedimento (se liquidação ou reorganização) e a distribuição dos ônus da insolvência entre credores, parece-nos totalmente contra intuitivo que em alguns sistemas jurídicos, como é o caso do brasileiro, somente uma parcela dos

[116] Nesse sentido vide Warren, Elizabeth, *Bankruptcy Policy*. In *University of Chicago Law Review* 54 (1987), e LoPucki, Lynn. *A Team Production Theory of Bankruptcy Reorganization*. 57 Vand. L. Rev. 741, 2004.

[117] Importante destacar que, embora a doutrina não seja unânime quanto à caracterização dos planos de pagamento típicos dos regimes de reorganização como negócio jurídico bilateral ou plurilateral, há relativo consenso quanto à sua caracterização como negócio jurídico. Nesse sentido, vide Campinho, Sérgio, *Falência e recuperação de empresa: o novo regime de insolvência empresarial*, 7ª edição, Rio de Janeiro: Renovar, 2015, p. 123 e Souza Junior, Francisco Satiro de. *Autonomia dos Credores na Aprovação do Plano de Recuperação Judicial*, in De Castro, Rodrigo Rocha Monteiro; Warde Junior, Walfrido Jorge; Guerreiro, Carolina Dias Tavares (coord.), *Direito Empresarial e outros estudos de Direito em homenagem ao Professor José Alexandre Tavares Guerreiro*, São Paulo: Quartier Latin, 2013, p. 109-110.
Sobre a caracterização do plano de reestruturação como negócio jurídico plurilateral, posicionam-se Rachel Sztajn e Vera Helena de Mello Franco: "o plano é um negócio de cooperação celebrado entre devedor e credores, homologado pelo juiz. No que diz respeito ao negócio de cooperação, assemelha-se ao contrato plurilateral; no que diz respeito à homologação, pode-se considerar forma de garantia do cumprimento das obrigações assumidas, com o que reduzem custos de transação dada a coercitividade que dela, homologação, resulta" (*Falência e recuperação da empresa em crise*, Rio de Janeiro: Editora Elsevier, 2008, p. 234).

credores do devedor participe do procedimento coletivo e das negociações.

1.3. Os credores garantidos

O item anterior do presente trabalho apresentou breves apontamentos sobre os fundamentos do direito da insolvência e identificou na participação dos credores uma das bases dos mecanismos de reorganização empresarial, tanto para aqueles que atribuem à preservação da empresa o principal objetivo dos sistemas de insolvência, como para os adeptos da corrente segundo a qual o maior objetivo de tais regimes seria promover a maximização do valor dos ativos do devedor. Verificou-se, assim, que os regimes de reorganização empresarial, incluindo o brasileiro, visam a oferecer uma solução para a crise empresarial, por meio de uma negociação estruturada, para que sejam alcançados os objetivos de tal sistema.

Nesse cenário e, considerando que o presente trabalho se propõe a investigar se a não sujeição dos créditos garantidos por propriedade fiduciária aos efeitos da recuperação judicial fere a solução coletiva para a crise empresarial, o estudo acerca do tratamento conferido aos credores garantidos na insolvência empresarial e os fundamentos para tanto é de suma importância. Somente a partir de então será possível verificar, sob a perspectiva do direito brasileiro, em que medida a não sujeição de credores titulares de determinada espécie de garantia, como é o caso da propriedade fiduciária, aos efeitos da recuperação judicial é justificável à luz da solução coletiva para a crise empresarial.

1.3.1. Delimitação terminológica

Embora o presente trabalho trate dos credores titulares da posição de proprietário fiduciário e a sua não sujeição aos efeitos da recuperação judicial, este capítulo não restringe o conceito de "credores garantidos", mas sim busca apresentá-lo por meio de uma perspectiva funcional.

Com efeito, a doutrina destaca que, especialmente no direito brasileiro, o ponto de partida para o estudo das garantias tem sido a natureza do direito atribuído ao credor (real ou pessoal), ignorando-se elementos comuns identificáveis como típicos de um contrato de garantia. De acordo com esta perspectiva, o excesso de tipologias fechadas de garantias[118],

[118] Tais como penhores gerais e especiais, hipoteca, propriedade fiduciária, etc.

que se diferenciam por aspectos exclusivamente formais, contribui para que o sistema de garantias como um todo seja pouco coeso e extremamente casuístico[119].

Sem pretender traçar um panorama crítico geral sobre os sistemas de garantia das obrigações em geral[120], busca-se tão somente apresentar (i) o estudo dos credores garantidos, enquanto titulares de interesses semelhantes na crise empresarial do devedor e, (ii) os argumentos que, em tese, justificariam a exclusão de determinados credores garantidos dos efeitos da recuperação judicial. De início, contudo, importa apresentar o que, afinal, entende-se por "credores garantidos", neste trabalho[121].

1.3.1.1. Esclarecimentos iniciais: Garantia como elemento de reforço do crédito

O termo "garantia" pode assumir diferentes significados. Em primeiro lugar, pode ser empregado em contexto de reforço do crédito ou como mecanismo de proteção de riscos em geral, como é o caso, por exemplo, das garantias, no sentido de assegurar contra vícios das coisas ou dos serviços[122].

Para fins do presente trabalho, interessa somente o estudo das garantias sob a perspectiva da sua função de reforço do crédito, pois é neste contexto que se insere a propriedade fiduciária que, conforme se verá adiante, constitui o uso impróprio da propriedade, porquanto sua cons-

[119] Cf. SILVA, Fábio Rocha Pinto e. *Garantias das obrigações: uma análise sistemática do direito das garantias e uma proposta abrangente para a sua reforma.* São Paulo: Editora IASP, 2017, p. 1-2.

[120] Para tanto, recomenda-se SILVA, Fábio Rocha Pinto e. *Garantias das obrigações: uma análise sistemática do direito das garantias e uma proposta abrangente para a sua reforma.* São Paulo: Editora IASP, 2017. A obra do autor dedica-se ao estudo sistemático das garantias obrigacionais e reais, civis e comerciais e à proposta de completa reforma do atual direito positivo.

[121] Sobre a função da palavra em relação aos seus significados e a necessidade de precisão terminológica, vide PENTEADO, Luciano de Camargo. *Direito das Coisas.* São Paulo: Revista dos Tribunais, 2008, p. 153-158.

[122] SILVA, Fábio Rocha Pinto e. *Garantias das obrigações: uma análise sistemática do direito das garantias e uma proposta abrangente para a sua reforma.* São Paulo: Editora IASP, 2017, p. 26. Também nesse sentido, a garantia corresponderia "ao conjunto de providências coercitivas, postas à disposição do titular activo de uma relação jurídica, em ordem a obter satisfação do seu direito, lesado por um obrigado que o infringiu ou ameaça infringir" (Cf. MOTA PINTO, Carlos Alberto da. *Teoria geral do direito civil.* 3ª ed. Coimbra: Coimbra Editora, 1991. p. 182-183).

tituição sempre se dá com o escopo de garantia e não com o escopo de propriedade.

No ordenamento brasileiro, embora inexista uma definição ou conceito de garantias[123], o emprego da palavra "garantia" e das diferentes flexões do verbo "garantir" predominantemente se dá em conexão com a sua finalidade de assegurar o adimplemento das obrigações, ou seja, de forma vinculada ao direito de crédito[124].

De igual modo, para a doutrina portuguesa, embora haja debate acerca da existência de um conceito representativo das garantias[125], é relevante o entendimento segundo o qual sua definição é estrita às chamadas garantias especiais, cuja finalidade é sempre relacionada ao reforço do crédito[126].

Por outro lado, para o ordenamento francês, a vinculação da "garantia" à noção estrita de reforço de crédito não ocorre pela adjetivação do termo, como sucede nos ordenamentos brasileiro e português, mas sim pela criação de um novo termo, sem equivalente direto em língua portuguesa, as *sûretés,* que se diferenciam do termo *garantie.* Este último abrange qualquer elemento utilizado com a finalidade de garantir o seu

[123] Arnoldo Wald, por exemplo, apresenta uma classificação geral das garantias sem, contudo, defini-las. Para o autor, as garantias "podem ser agrupadas, conforme a finalidade visada, em medidas que reforçam o vínculo obrigacional, medidas simplesmente conservatórias e medidas de execução" (Cf. *Direito Civil, vol. 2 – Direito das Obrigações e Teoria Geral dos Contratos*, 19ª ed. São Paulo: Saraiva, 2010, p. 171-172).

[124] Cf. Silva, Fábio Rocha Pinto e. *Garantias das obrigações: uma análise sistemática do direito das garantias e uma proposta abrangente para a sua reforma.* São Paulo: Editora IASP, 2017, p. 32-33.

[125] De acordo com Luis Manuel Teles De Menezes Leitão, as garantias constituem o "resultado ou o fim específico de assegurar a realização dos direitos do credor" (Cf. *Garantia das Obrigações*, 7ª ed. Coimbra: Almedina, 2012, p. 14).

[126] Para Luis Miguel Pestana de Vasconcelos, as garantias "consistem sempre num reforço, ou numa via de privilégio, que é conferido ao crédito, de formas diversas, face aos outros créditos sobre o mesmo devedor que têm que se contentar com a garantia geral (ou, talvez melhor: com os bens penhoráveis que num dado momento – em regra o da execução – integram o património do devedor desse sujeito", de modo que "a expectativa da sua satisfação é imediatamente ampliada" (Cf. *Direito das Garantias,* 2ª ed. Coimbra: Almedina, 2017, p. 47).

titular, enquanto o primeiro está restrito apenas às garantias que são acrescentadas à relação obrigacional garantida[127].

Em outras palavras, as *sûretés* do direito francês consistem na afetação de um bem, de um conjunto de bens ou de um patrimônio à satisfação de um credor, por meio da criação de um direito adicional, acessório ao direito de crédito, que confere ao credor, o reforço da sua situação jurídica base, isto é, do seu direito de satisfação do crédito por meio do patrimônio geral do devedor[128].

Assim, adotando a mesma perspectiva dos direitos brasileiro, português e francês, o presente trabalho sempre se referirá aos credores garantidos como aqueles titulares de alguma garantia, no sentido de reforço de crédito, seja de forma ampla, designando o patrimônio geral do devedor ou de seus garantidores (garantias pessoais, tradicionalmente), seja de forma mais restrita, para designar os bens destacados do patrimônio do devedor ou do garantidor, sobre os quais incidirá (i) a prioridade na excussão em caso de inadimplemento, e (ii) o direito de sequela[129].

[127] Aynès, Laurent; Crocq, Pierre. *Les Sûretés – La Publicité Foncière*, 8ª ed. Paris: Defrénois lextenso éditions, 2014, p. 1-2.

[128] Nas palavras de Laurent Aynès e Pierre Crocq, "une sûreté est l'affectation à la satisfaction du créancier d'un bien, d'un ensemble de biens ou d'un patrimoine, par l'adjonction aux droits résultant normalement pour lui du contrat de base, d'un droit d'agir, accessoire e son droit de créance, qui améliore sa situation juridique en remédiant aux insuffisances de son droit de gage général, sans être pour autant une source de profit, et dont la mise en œuvre satisfait le créancier en éteignant la créance en tout ou partie, directement ou indirectement" (Cf. *Les Sûretés – La Publicité Foncière*, 8ª ed. Paris: Defrénois lextenso éditions, 2014, p. 2).

[129] A doutrina distingue os direitos reais em garantia e os direitos reais de garantia. Em comum, ambos vinculam o cumprimento de determinada obrigação a um ou mais bens do devedor ou do garantidor. Nos direitos reais de garantia, confere-se ao credor determinado bem como garantia de determinada obrigação, permanecendo o referido bem na esfera patrimonial do devedor (i.e., penhor e hipoteca, no direito brasileiro). Já nos direitos reais em garantia, o bem conferido ao credor como garantia de determinada obrigação é transferido para a esfera patrimonial do credor. Por tratar-se de propriedade resolúvel, o bem retorna à esfera patrimonial do devedor, uma vez adimplida a obrigação garantida. Para maior aprofundamento acerca desta distinção vide Coelho, Fabio Ulhôa. *A trava bancária*. In Revista do Advogado, n. 105, set. 2009, p. 62.

1.3.1.2. Crise da visão clássica: garantias reais e garantias pessoais

Tradicionalmente, as garantias da obrigação costumam ser classificadas entre reais e pessoais, a partir de uma perspectiva formal acerca do vínculo existente entre a garantia e o credor.

Nessa seara, as garantias pessoais, cujas figuras típicas no direito brasileiro são a fiança e o aval, caracterizam-se pela existência de um vínculo entre a totalidade do patrimônio disponível do garantidor e a obrigação garantida[130].

Por serem vinculadas à totalidade do patrimônio disponível do garantidor, as garantias pessoais estão sempre sujeitas ao risco de diminuição de tal patrimônio, ainda que não se desconheça a existência de mecanismos de proteção ao credor. Nesse contexto, inexistindo a vinculação de bens específicos à obrigação garantida, os titulares de garantias pessoais são classificados como quirografários e não gozam de nenhum privilégio nos procedimentos de insolvência destinados à liquidação[131]. Nesse sentido, o benefício conferido aos credores titulares de garantias pessoais, em suma, consistirá na possibilidade de exercício do seu direito de crédito contra mais de um patrimônio: o do devedor principal e o do garantidor.

As garantias reais, por sua vez, não incidem de forma indiscriminada sobre o patrimônio do garantidor, mas se caracterizam pela constituição de um direito preferencial real sobre o valor de um bem específico, que pode pertencer ao patrimônio do próprio devedor ou de um terceiro garantidor[132].

[130] Lopes, Miguel Maria de Serpa. *Curso de Direito Civil, vol. II – Obrigações em Geral*, 5ª ed. Rio de Janeiro: Freitas Bastos, 1989, p. 389.

[131] No direito brasileiro, por exemplo, o pagamento de créditos quirografários somente terá lugar após o pagamento dos créditos trabalhistas, com garantia real e tributários, nos termos do artigo 83, LRF.

[132] Muito embora a garantia real possa ser dada pelo devedor principal ou terceiro, para fins do direito de insolvência, entende-se que a adequada aplicação da LRF à luz de seus objetivos deve restringir a classificação do credor à luz da relação existente entre o credor e o devedor em crise. Em setembro de 2021, contudo, o STJ, ao julgar o Recurso Especial nº 1.938-706 entendeu que "o fato de o bem imóvel alienado fiduciariamente não integrar o acervo patrimonial da devedora não tem o condão de afastar a regra disposta no § 3º do art. 49 da Lei 11.101/05". O referido entendimento, a nosso ver, afasta a LRF do seu objetivo de oferecer uma solução coletiva para o devedor em crise já que amplia (ainda mais) o rol de credores não sujeitos ao procedimento ao excluir do ambiente de negociação coletiva alme-

Se, por um lado, as garantias pessoais são sempre oferecidas por terceiros, as garantias reais podem ser outorgadas pelo próprio devedor. Neste caso, o bem oferecido em garantia, embora já garantisse a obrigação enquanto integrante do patrimônio do devedor, torna-se a ela afetado, sujeito aos regimes de preferência e sequela, conforme aplicável[133].

O modelo tradicional de classificação das garantias, contudo, torna-se insuficiente[134] com o advento das chamadas "propriedades garantias"[135], dentre as quais está a propriedade fiduciária, a qual, conforme veremos adiante, não possui natureza de propriedade, se analisada sob uma perspectiva funcional, tal como proposto no presente trabalho.

1.3.1.3. A propriedade fiduciária como garantia real e não como propriedade

O uso da propriedade como garantia não tem caráter de novidade. O próprio direito romano já previa a *fidúcia cum creditore*, forma de

jado pela recuperação judicial determinados credores, com base em aspectos de uma relação (de garantia) existente não apenas entre o credor e o devedor em crise, mas sim entre o credor e um terceiro que não socorreu à recuperação judicial.

[133] Silva, Fábio Rocha Pinto e. *Garantias das obrigações: uma análise sistemática do direito das garantias e uma proposta abrangente para a sua reforma.* São Paulo: Editora IASP, 2017, p. 110.

[134] Nesse cenário, diferentes propostas de um novo modelo de classificação de garantias foram estudas por doutrinadores a redor do mundo. No direito francês, por exemplo, Pierre Crocq sugere uma classificação das garantias em quatro grupos distintos, cujo principal aspecto para diferenciação seria a preferência: as garantias preferenciais especiais, as garantias preferenciais gerais, as garantias pessoais e a propriedade garantia (Cf. *Propriété et garantie.* Paris: LGDJ, 1995, p. 270). Já no direito português, Luis Manuel Teles De Menezes Leitão propõe uma nova classificação das garantias em seis gêneros distintos: as garantias reais, as garantias pessoais, a utilização da propriedade como garantia, as garantias sobre universalidades, as garantias especiais sobre direitos e as garantias especiais atípicas (Cf. *Garantia das Obrigações*, 7ª ed. Coimbra: Almedina, 2012, p. 16).

[135] Fábio Rocha Pinto e Silva destaca também a insuficiência da divisão clássica quanto às garantias pessoais. Para o autor, "as garantias incidentes sobre a totalidade do patrimônio, ditas pessoais, não se resumem mais aos conceitos estáticos de fiança e aval, tal como positivados, seja porque (i) a fiança permite diversas aplicações verdadeiramente distintas; (ii) a regulamentação legal da fiança, em grande parte, tem caráter reconhecidamente dispositivo; ou (iii) surgem novas garantias incidentes sobre a totalidade do patrimônio, que não possuem as mesmas características da fiança típica, tais como as garantias autônomas (...)"(Cf. *Garantias das obrigações: uma análise sistemática do direito das garantias e uma proposta abrangente para a sua reforma.* São Paulo: Editora IASP, 2017, p. 107-108).

transferência de propriedade ao credor, enquanto ele não fosse pago[136].

Mesmo com o advento dos direitos reais de garantia[137], a utilização da propriedade como instrumento de garantia, por meio do uso impróprio da propriedade[138], nunca abandonou a realidade[139]. De outro lado, contudo, houve um movimento recente de utilização de formas próprias de garantias (porquanto positivadas), pautadas na propriedade.

Admitindo-se a propriedade em seu conceito mais restrito do direito positivo, como um dos direitos reais, do qual decorrem as faculdades inerentes ao domínio[140], e buscando classificar a propriedade fiduciária pela oposição entre a propriedade e as garantias reais, veremos que, especialmente sob uma visão funcional, a propriedade fiduciária tem natureza de garantia real e não de propriedade.

[136] Pontes de Miranda, Francisco Cavalcanti. *Tratado de Direito Privado.* Tomo XX – Direito das Coisas/ Direitos Reais de Garantia (atualizado por Nelson Nery Jr. e Luciano de Camargo Penteado). São Paulo: Revista dos Tribunais, 2012, p. 61-62; Zwalve, Willem J. *A labyrinth of creditors: a short introduction to the history of security interests in goods.* In Kieningeer, Eva-Maria. *Security rights in movable property in European Private Law.* Cambridge: Cambridge University Press, 2004, p. 39.

[137] Vide nota de rodapé 129.

[138] Trata-se da utilização da propriedade plena como garantia. Este movimento, mais comum para a doutrina estrangeira, inclui a utilização de mecanismos como a cláusula de retrovenda, o contrato de fidúcia ou *trust*, o *leasing* e a reserva de domínio, com finalidade de garantia. Tais mecanismos, não receberam no Brasil, nenhum tratamento destinado à sua utilização como garantia. Tratam-se de utilizações impróprias de institutos concebidos para outra finalidade, razão pela qual, muitas vezes são tidos como negócios simulados (Cf. Silva, Fábio Rocha Pinto e. *Garantias das obrigações: uma análise sistemática do direito das garantias e uma proposta abrangente para a sua reforma.* São Paulo: Editora IASP, 2017, p. 469).

[139] A título exemplificativo, assim como o ordenamento brasileiro, diversos outros, tais como o alemão, francês, austríaco, italiano, holandês e inglês, há muito admitem o uso impróprio da propriedade para fins de garantia, autorizando a venda com reserva de domínio. Para análise comparativa sobre a reserva de domínio como garantia nestes ordenamentos vide Kieningeer, Eva-Maria. *Security rights in movable property in European Private Law.* Cambridge: Cambridge University Press, 2004, p. 246-284 e Williems, Marcel (*Coord*). *Retention of title in and out insolvency.* Woking: Globe Law and Business Ltd., 2015.

[140] Esclareça-se que os diferentes conceitos de propriedade e o profundo debate sobre a possibilidade de estabelecimento de um "conteúdo mínimo" de tal conceito não são ignorados. Tal debate, contudo é estranho ao objeto do presente trabalho e, por tal razão não será aqui apresentado. Para aprofundamento sobre o tema, vide Penteado, Luciano de Camargo. *Direito das Coisas.* São Paulo: Revista dos Tribunais, 2008, p. 158-172.

1.3.1.3.1. Breve apresentação sobre o negócio fiduciário com escopo de garantia

Sobre o negócio fiduciário com escopo de garantia, Chalhub esclarece que, a partir da Revolução Industrial, passou-se a notar uma série de deficiências das garantias de hipoteca, penhor e anticrese, para o fim de proteção do crédito com a criação de incentivos para o adimplemento das obrigações vinculadas às respectivas garantias[141]. Deste modo, sustenta o autor que, a partir de então, notou-se a demanda pela revisão do sistema existente a fim de se criar um novo modelo de excussão de garantias que fosse compatível com a circulação de riquezas, característica esta, inerente ao desenvolvimento do capitalismo financeiro[142].

É neste contexto que surge o negócio fiduciário com escopo de garantia, inspirado na fidúcia do direito romano[143], no penhor germânico e no *trust* anglo-saxão[144], pelo qual o devedor fiduciante transmitiria a propriedade ou titularidade de determinado bem ou direito ao credor fiduciário em garantia de determinada obrigação[145]. Com o adim-

[141] Chalub, Melhim Namem. *Negócio Fiduciário.* 4ª ed. rev. e atual. Rio de Janeiro: Renovar, 2009, p. 31-32. No mesmo sentido, Azevedo, Álvaro Villaça. *Alienação fiduciária em garantia de bem móvel e imóvel.* Revista da Faculdade de Direito da Fundação Armando Alvares Penteado – FAAP, São Paulo, v. 01, n. 01, 2002, p. 62.

[142] Chalub, Melhim Namem. *Negócio Fiduciário.* 4ª ed. rev. e atual. Rio de Janeiro: Renovar, 2009, p. 31-32.

[143] Farhi, Sara. *Fiducie-sûreté et droit des entreprises en dificulte: étude de l'efficacité du mécanisme.* Paris: LGDJ, 2016, p. 4-6.

[144] Para aprofundamento a respeito da evolução histórica da fidúcia romana e germânica, incluindo a análise do *trust* anglo-saxão vide Chalhub, Melhim Namem. *A fidúcia no sistema de garantias reais do direito brasileiro.* In Revista de Direito Bancário e do Mercado de Capitais, São Paulo, v. 01, n. 02, p. 113-139, mai./ago. 1998 e Teixeira, Fernanda dos Santos. *Cessão fiduciária de crédito e o seu tratamento nas hipóteses de recuperação judicial e falência do devedor-fiduciante.* 2010. Dissertação (Mestrado em Direito) – Universidade de São Paulo. São Paulo, 2010.

[145] Fábio Rocha Pinto e Silva destaca que, embora a propriedade fiduciária brasileira possa ter sido inspirada no negócio fiduciário ou na garantia romana da *fidúcia cum creditore,* o instituo concebido não possui qualquer caráter de fidúcia. Isso porque, diferente do que ocorria na modalidade romana, em que a entrega do bem ocorria com base na confiança, na propriedade fiduciária brasileira a transmissão da propriedade é feita com base na lei. De igual modo, para o autor, as únicas semelhanças entre a propriedade fiduciária e o *trust* estariam restritas (1) à ideia de transmissão de uma propriedade limitada pelo direito real de um terceiro e, (2) à concepção de que o bem afetado à garantia não pode ser penhorado por

plemento da obrigação garantida, a propriedade ou titularidade do bem e/ou direito gravado retornaria à esfera patrimonial ou de direitos do devedor fiduciante. Objetiva-se, assim, a vinculação de um bem ao cumprimento de determinada obrigação.

Consoante ASCARELLI[146], o efeito de direito real do negócio fiduciário em garantia, decorrente da transmissão da propriedade, é parcialmente neutralizado pela convenção existente entre as partes de que a propriedade fiduciária somente será aproveitada pelo credor para o fim específico de garantia.

O negócio fiduciário com escopo de garantia é dotado de algumas características essenciais. A primeira delas consiste na sua função de garantia, ou seja, acessória ao direito material de crédito ou à obrigação garantida. De igual modo, nos negócios fiduciários é possível também identificarmos os dois principais sujeitos: (a) o fiduciante, que transmite a propriedade resolúvel do bem ao fiduciário em garantia a determinada obrigação própria ou de terceiros e, (b) o fiduciário, que adquire a propriedade resolúvel sobre a qual é constituída a garantia, obrigando-se a restitui-la ao fiduciante em caso de adimplemento da obrigação garantida[147].

No Brasil, a propriedade fiduciária em garantia pode recair sobre bens de natureza distinta[148]. Neste passo, importante destacar a diferença terminológica entre a propriedade fiduciária, modalidade de

dívidas do fiduciário, que detém a propriedade em caráter transitório, ou em benefício de outrem. (Cf. *Garantias das obrigações: uma análise sistemática do direito das garantias e uma proposta abrangente para a sua reforma*. São Paulo: Editora IASP, 2017, p. 471-475).

[146] *Problemas das Sociedades Anônimas e Direito Comparado*, 2ª ed. São Paulo: Saraiva, 1969, p. 96-97

[147] As figuras do fiduciante e fiduciário podem, muitas vezes coincidir com as figuras do devedor e do credor, respectivamente, razão pela qual as expressões "devedor fiduciante" e "credor fiduciário" são frequentemente utilizadas.

[148] No direito brasileiro, a propriedade fiduciária sobre bens móveis (incluindo os direitos creditórios) foi inicialmente prevista no artigo 66-B da Lei nº 4.728, de 14 de julho de 1965 ("Lei de Mercado de Capitais"), com a redação conferida pela Lei nº 10.931, de 2 de agosto de 2004. Mais de trinta anos depois, o ordenamento pátrio passou a admitir a constituição de propriedade fiduciária sobre bens imóveis, com o advento da Lei nº 9.514, de 20 de novembro de 1997.

Por fim, o Código Civil de 2002 incluiu, em seus artigos 1.361 a 1.368, a propriedade fiduciária no livro destinado ao direito das coisas, entre as espécies de propriedade.

garantia, da alienação fiduciária que é o contrato que lhe serve de título[149].

No direito brasileiro, a propriedade fiduciária, enquanto modalidade de garantia, está prevista nos artigos 1.361 a 1.368 do Código Civil. Nos termos do artigo 1.361, do Código Civil a propriedade fiduciária se caracteriza como a propriedade resolúvel de coisa móvel infungível que o devedor, com escopo de garantia, transfere ao credor.

O referido diploma, portanto, disciplina a propriedade fiduciária de coisa móvel e infungível, em sentido amplo, permanecendo cada uma das espécies de propriedade fiduciária disciplinada por suas leis especiais, na medida em que, conforme estabelece o artigo 2º, §2º da Lei de Introdução às Normas do Direito Brasileiro, a lei nova que estabelecer disposições gerais ou especiais a par das já existentes, não revogará nem modificará a lei anterior[150].

Assim, pode-se afirmar que a entrada em vigor do Código Civil e a criação de uma disciplina geral sobre a propriedade fiduciária ampliaram o alcance das garantias de tal natureza, além de estabelecerem o regramento geral da garantia fiduciária sobre bens móveis e seus requisitos de existência[151], validade[152] e eficácia.

[149] Moreira Alves, José Carlos. *Da alienação fiduciária em garantia.* Rio de Janeiro: Forense, 1979, p. 32.

[150] O mesmo entendimento é disposto pelo artigo 1.368-A do Código Civil, segundo o qual "as demais espécies de propriedade fiduciária ou de titularidade fiduciária submetem-se à disciplina específica das respectivas leis especiais, somente se aplicando as disposições deste Código naquilo que não for incompatível com a legislação especial". No mesmo sentido, se posiciona Restiffe Neto em *Alienação Fiduciária e o Fim da Prisão Civil,* São Paulo: Revista dos Tribunais, 2007, p. 16.

[151] Para Marcos Bernardes de Mello, "no plano da existência não se cogita de invalidade ou eficácia do fato jurídico, importa apenas a realidade da existência. Tudo, aqui, fica subscrito a saber se o suporte fático suficiente se compôs, dando ensejo à incidência. Naturalmente, se há falta, no suporte fático, de elemento nuclear, mesmo completante do núcleo, o fato não tem entrada no plano da existência, donde não haver fato jurídico" (*Teoria do Fato Jurídico – Plano da Existência.* São Paulo: Saraiva, 2003, p. 96).

[152] Marcos Bernardes de Mello ensina que o plano da validade é próprio dos negócios jurídicos, tal como é o negócio fiduciário, na medida em que todo negócio jurídico depende da declaração de vontade das partes. Nesse sentido, o autor afirma que que "se o fato jurídico existe e é daqueles em que a vontade humana constitui elemento nuclear do suporte fático (ato jurídico stricto sensu e negócio jurídico) há de passar pelo plano da validade" (*Teoria do Fato Jurídico – Plano da Existência.* São Paulo: Saraiva, 2003, p. 97).

1.3.1.3.1.1. Propriedade fiduciária sobre bens móveis

A propriedade fiduciária sobre bens móveis foi introduzida no ordenamento jurídico brasileiro pela Lei nº 4.728/65 ("Lei de Mercado de Capitais") que, conforme redação original do seu artigo 66 estabelecia que até a liquidação da dívida garantida, o credor teria o domínio da coisa móvel alienada fiduciariamente em garantia.

Com a entrada em vigor do Decreto-Lei nº 911, de 1 de outubro de 1969, o referido dispositivo teve sua redação alterada e passou a estabelecer que na alienação fiduciária, o domínio resolúvel e a posse indireta do bem móvel alienado fiduciariamente seriam transferidos ao credor, independentemente da tradição do bem, tornando-se o devedor (ou alienante) o possuidor direto e depositário do bem oferecido em garantia.

Nesse sentido, de acordo com CHALHUB, a alienação fiduciária em garantia se caracteriza como o negócio jurídico[153] pelo qual o devedor (e fiduciante) contrata, com o objetivo de constituição de garantia, a transferência da propriedade resolúvel da coisa alienada fiduciariamente ao credor (e fiduciário). Com a constituição da garantia, a posse sobre o bem se desdobraria, ficando o credor com a posse indireta do bem e o devedor com a posse direta[154].

O Decreto-Lei nº 911/69, além de regular questões específicas a respeito da excussão da garantia de alienação fiduciária sobre bens móveis, também disciplinou os seguintes aspectos referentes aos seus requisitos de existência, validade e eficácia: (a) necessidade de prova por escrito e obrigatoriedade de registro no Registro de Títulos e Documentos do domicílio do credor, sob pena de não produzir efeitos contra terceiros, (b) necessidade de o instrumento de alienação fiduciária prever o total

[153] MOREIRA ALVES destaca que, embora a Lei de Mercado de Capitais e o Decreto-Lei nº 911/69 não mencionem expressamente o termo contrato para qualificar a alienação fiduciária em garantia, possui todos os elementos de negócio jurídico bilateral, semelhante àqueles previstos no Código Civil e que versam sobre a constituição de outras garantias, como a hipoteca e penhor. Nesse sentido, vide *Da Alienação Fiduciária em Garantia*. Rio de Janeiro: Forense, 1979, p. 51-53).

[154] A exceção é feita para os casos em que títulos de crédito são objeto da garantia fiduciária, quando, em regra o credor permanece com a posse direta e indireta do bem, salvo disposição contratual em contrário. Nesse sentido, vide CHALUB, Melhim Namem. *Negócio Fiduciário*. 4ª ed. rev. e atual. Rio de Janeiro: Renovar, 2009, p. 148.

da dívida garantida (ou sua estimativa), o local e a data de pagamento, a taxa de juros, a cláusula penal, o índice de correção monetária e a descrição do bem alienado fiduciariamente, além de todos os elementos necessários à sua identificação, (c) nulidade da cláusula que permitir que o credor permaneça com a coisa oferecida em garantia caso a dívida não seja paga no seu vencimento (vedação ao pacto comissório) e (d) necessidade de registro da alienação fiduciária de veículo no certificado de Registro, a que se refere o artigo 52 do Código de Trânsito Nacional.

Até a entrada em vigor da Lei nº 10.931, de 2 de agosto de 2004, a doutrina[155] era bastante crítica quanto à possibilidade de alienação fiduciária sobre bens móveis fungíveis. A principal razão para tanto decorria da exigência de descrição de todos os elementos necessários à identificação do bem alienado fiduciariamente, ainda que o parágrafo 3º do artigo 66 da Lei de Mercado de Capitais (com a redação conferida pelo Decreto-Lei nº 911/69) originalmente estabelecesse que se a coisa alienada fiduciariamente não for passível de identificação por números, marcas e sinais, caberá ao credor fiduciário o ônus da prova contra terceiros, da identidade dos bens que se encontrarem em poder do devedor, sobre os quais recai a sua garantia.

[155] Para Azevedo, por exemplo, a alienação fiduciária sobre bens fungíveis não seria admitida pelo direito brasileiro "mesmo com a alusão feita no §3º do invocado artigo 66, dado que, ante a impossibilidade da coisa identificar-se por número, marcas e sinais indicados no instrumento da alienação fiduciária, ao proprietário fiduciário caberá o ônus da prova, junto a terceiros, da identidade do mesmo objeto fiduciado". (*Alienação fiduciária em garantia de bem móvel e imóvel.* Revista da Faculdade de Direito da Fundação Armando Alvares Penteado – FAAP, São Paulo, v. 01, n. 01, p. 61-84, 2002, p. 65).
No mesmo sentido, Restiffe Neto e Restife afirmam que "não caberia apropriadamente garantia real fiduciária sobre coisa fungível", pois "é próprio dos negócios de garantia real ter como objeto coisas infungíveis, em face da própria natureza da obrigação de restituir, a qual somente pode ser cumprida eficazmente em face de coisas suscetíveis de serem conservadas para retorno, sem substituição por outras do mesmo gênero". (*A alienação fiduciária em garantia e a lei de sociedade anônimas: lei 6.404, de 15.12.1976.* São Paulo: Revista dos Tribunais, v. 88, n. 764, p. 60-74, jun. 1999, p. 66).
Por sua vez, Moreira Alves, embora entendesse que, a rigor, a alienação fiduciária sobre bens móveis fungíveis não devesse ser admitida, sustentava que o artigo 66, com a redação conferida pelo Decreto-Lei nº 911/69, "de certa forma e ilogicamente" admitiu tal modalidade. (*Da Alienação Fiduciária em Garantia.* Rio de Janeiro: Forense, 1979, p. 89-90).

Com a entrada em vigor da Lei nº 10.931/04 e a consequente derrogação dos artigos 66 e 66-A da Lei de Mercado de Capitais e inclusão do artigo 66-B, esta discussão foi parcialmente mitigada. Isso porque, o referido dispositivo, especificamente em seu §3º[156], passou a regular a alienação fiduciária no âmbito do mercado financeiro e de capitais, assim como a sua abrangência para créditos previdenciários e fiscais.

Estrutura semelhante à propriedade fiduciária sobre bens móveis, disciplinada no direito brasileiro, possui a *Sicherungsübereignung* do direito alemão[157], que, embora não expressamente prevista no Código Civil daquele país (*Bürgerliches Gesetzbuch* ou BGB), passou a ser admitida por meio de construção jurisprudencial[158], pautada nos princípios gerais daquele diploma, especialmente em razão das suas formalida-

[156] "Art. 66-B. O contrato de alienação fiduciária celebrado no âmbito do mercado financeiro e de capitais, bem como em garantia de créditos fiscais e previdenciários, deverá conter, além dos requisitos definidos na Lei nº 10.406, de 10 de janeiro de 2002 – Código Civil, a taxa de juros, a cláusula penal, o índice de atualização monetária, se houver, e as demais comissões e encargos.
(...)
§ 3º É admitida a alienação fiduciária de coisa fungível e a cessão fiduciária de direitos sobre coisas móveis, bem como de títulos de crédito, hipóteses em que, salvo disposição em contrário, a posse direta e indireta do bem objeto da propriedade fiduciária ou do título representativo do direito ou do crédito é atribuída ao credor, que, em caso de inadimplemento ou mora da obrigação garantida, poderá vender a terceiros o bem objeto da propriedade fiduciária independente de leilão, hasta pública ou qualquer outra medida judicial ou extrajudicial, devendo aplicar o preço da venda no pagamento do seu crédito e das despesas decorrentes da realização da garantia, entregando ao devedor o saldo, se houver, acompanhado do demonstrativo da operação realizada.
(...)"

[157] Para maior detalhamento a respeito da *sicherungsübereignung*, vide Thiele, Anna Catharina Francisca Gregoria. *Collective security arrangements – A comparative study of Dutch, English and German Law.* Deventer: Kluwer Legal Publication, 2003, p. 189-192.

[158] Interessante notar que a única garantia sobre bem móvel expressamente prevista pela legislação alemã é o penhor. Contudo, antes mesmo da entrada em vigor do Código Civil atual, a *Reichsgericht* (Suprema Corte Civil e Criminal no Reich Alemão, de 1879 a 1945) já havia aceitado como válida transferência de propriedade com escopo de garantia em decisão de junho de 1890 (Cf. Kieningeer, Eva-Maria. *Security rights in movable property in European Private Law.* Cambridge: Cambridge University Press, 2004, p. 440).

des para constituição de garantia de penhor e da vedação para que bens empenhados permanecessem em posse do empenhante[159].

Se, na Alemanha, a propriedade fiduciária sobre bens móveis é há muito admitida pelo ordenamento jurídico, na França, tal possibilidade passou a ser admitida apenas em meados de 2007, quando o conceito de fidúcia foi expressamente introduzido no Código Civil Francês, por meio da *Loi* nº 2007-211, de 19 de fevereiro daquele ano. Interessante notar, contudo, que a fidúcia não era totalmente desconhecida neste ordenamento, na medida em que a própria doutrina francesa[160] destaca que a legislação já previa negócios jurídicos de natureza fiduciária[161], de modo que a transferência da propriedade de bens pautada na confiança já era, há muito, uma realidade prática das operações de crédito realizadas naquele país[162].

1.3.1.3.1.1.1. Alienação fiduciária de ações

No direito brasileiro, a Lei nº 6.404, de 15 de dezembro de 1976 ("Lei das S.A."), previu, em seu artigo 40[163], a alienação fiduciária[164] como um dos ônus que podem recair sobre as ações, ficando reservada aos artigos

[159] THIELE, Anna Catharina Francisca Gregoria. *Collective security arrangements – A comparative study of Dutch, English and German Law.* Deventer: Kluwer Legal Publication, 2003, p. 175-178.

[160] FARHI, Sara. *Fiducie-sûreté et droit des entreprises en difficulté: étude de l'efficacité du mécanisme.* Paris: LGDJ, 2016, p. 9-10.

[161] Importante destacar que a referência a tais negócios jurídicos é feita relacionada ao aspecto de "confiança" dos negócios fiduciários, que, como vimos não permeia necessariamente as propriedades fiduciárias em garantia. Nesse sentido, vide nota de rodapé 145.

[162] CALBRILLAC, Michel. *Droit des sûretes*, 9ª ed. Paris: LexisNexis Litec, 2010, p. 430.

[163] "Art. 40. O usufruto, o fideicomisso, a alienação fiduciária em garantia e quaisquer cláusulas ou ônus que gravarem a ação deverão ser averbados:
I – se nominativa, no livro de "Registro de Ações Nominativas";
II – se escritural, nos livros da instituição financeira, que os anotará no extrato da conta de depósito fornecida ao acionista
Parágrafo único. Mediante averbação nos termos deste artigo, a promessa de venda da ação e o direito de preferência à sua aquisição são oponíveis a terceiros".

[164] Em nosso entendimento, o correto seria dizer a "propriedade fiduciária" e não a "alienação fiduciária", na medida em que o legislador faz referência ao ônus, isto é, à garantia (Cf. MOREIRA ALVES, José Carlos. *Da alienação fiduciária em garantia.* Rio de Janeiro: Forense, 1979, p. 32).

100, I[165] e 113, parágrafo único[166], do mesmo diploma, a regulamentação a respeito da constituição da garantia e do exercício de direito de voto do acionista cujas ações estejam gravadas com o referido ônus.

Em relação ao exercício do direito de voto, a Lei das S.A. esclarece que, uma vez constituída a alienação fiduciária sobre as ações, o direito de voto continuará a ser exercido pelo alienante e não pelo credor fiduciário[167]. Para RESTIFFE NETO e RESTIFFE o devedor fiduciante (ou o alienante, no caso de a alienação fiduciária ser constituída para garantia de obrigação assumida por terceiro) mantém a condição de acionista, embora não seja proprietário pleno (e sim proprietário sob condição suspensiva) das ações alienadas fiduciariamente ao credor fiduciário, o qual, por sua vez, seria proprietário das ações alienadas, mas sob condição resolutiva[168].

A constituição da garantia fiduciária de ações prescinde da averbação do ônus no livro de Registro de Ações Nominativas, se as ações forem nominativas registradas (artigos 31, 40, I e 100, I, *f*, da Lei das S.A.) e nos livros da instituição financeira que mantém a conta de depósito das ações, se estas forem nominativas escriturais (artigos 34 e 40, II, da Lei das S.A.).

[165] "Art. 100. A companhia deve ter, além dos livros obrigatórios para qualquer comerciante, os seguintes, revestidos das mesmas formalidades legais:
I – o livro de Registro de Ações Nominativas, para inscrição, anotação ou averbação:
a) do nome do acionista e do número das suas ações;
b) das entradas ou prestações de capital realizado;
c) das conversões de ações, de uma em outra espécie ou classe;
d) do resgate, reembolso e amortização das ações, ou de sua aquisição pela companhia;
e) das mutações operadas pela alienação ou transferência de ações;
f) do penhor, usufruto, fideicomisso, da alienação fiduciária em garantia ou de qualquer ônus que grave as ações ou obste sua negociação".

[166] "Art. 113. O penhor da ação não impede o acionista de exercer o direito de voto; será lícito, todavia, estabelecer, no contrato, que o acionista não poderá, sem consentimento do credor pignoratício, votar em certas deliberações.
Parágrafo único. O credor garantido por alienação fiduciária da ação não poderá exercer o direito de voto; o devedor somente poderá exercê-lo nos termos do contrato".

[167] Importante ressaltar, contudo, que o direito de voto pelo alienante estará sujeito ao que for pactuado no contrato que constitui a garantia fiduciária. Assim, por exemplo, é possível que as partes convencionem que o direito de voto embora seja exercido pelo alienante fiduciante deverá observar as orientações do credor fiduciário.

[168] RESTIFFE NETO, Paulo; RESTIFFE, Paulo Sérgio. *A alienação fiduciária em garantia e a lei de sociedade anônimas: lei 6.404, de 15.12.1976*. In Revista dos Tribunais – impressa, São Paulo, v. 88, n. 764, p. 60-74, jun. 1999, p. 67.

1.3.1.3.1.1.2. Cessão fiduciária de direitos creditórios

No direito brasileiro, a cessão fiduciária de direitos creditórios foi originalmente prevista pela Lei nº 9.514/97, em seus artigos 17 a 20[169], os quais preveem, como modalidade de garantia fiduciária, no âmbito do

[169] "Art. 17. As operações de financiamento imobiliário em geral poderão ser garantidas por:
I – hipoteca;
II – cessão fiduciária de direitos creditórios decorrentes de contratos de alienação de imóveis;
III – caução de direitos creditórios ou aquisitivos decorrentes de contratos de venda ou promessa de venda de imóveis;
IV – alienação fiduciária de coisa imóvel.
§ 1º As garantias a que se referem os incisos II, III e IV deste artigo constituem direito real sobre os respectivos objetos.
§ 2º Aplicam-se à caução dos direitos creditórios a que se refere o inciso III deste artigo as disposições dos arts. 789 a 795 do Código Civil.
§ 3º As operações do SFI que envolvam locação poderão ser garantidas suplementarmente por anticrese.
Art. 18. O contrato de cessão fiduciária em garantia opera a transferência ao credor da titularidade dos créditos cedidos, até a liquidação da dívida garantida, e conterá, além de outros elementos, os seguintes:
I – o total da dívida ou sua estimativa;
II – o local, a data e a forma de pagamento;
III – a taxa de juros;
IV – a identificação dos direitos creditórios objeto da cessão fiduciária.
Art. 19. Ao credor fiduciário compete o direito de:
I – conservar e recuperar a posse dos títulos representativos dos créditos cedidos, contra qualquer detentor, inclusive o próprio cedente;
II – promover a intimação dos devedores que não paguem ao cedente, enquanto durar a cessão fiduciária;
III – usar das ações, recursos e execuções, judiciais e extrajudiciais, para receber os créditos cedidos e exercer os demais direitos conferidos ao cedente no contrato de alienação do imóvel;
IV – receber diretamente dos devedores os créditos cedidos fiduciariamente.
§ 1º As importâncias recebidas na forma do inciso IV deste artigo, depois de deduzidas as despesas de cobrança e de administração, serão creditadas ao devedor cedente, na operação objeto da cessão fiduciária, até final liquidação da dívida e encargos, responsabilizando-se o credor fiduciário perante o cedente, como depositário, pelo que receber além do que este lhe devia.
§ 2º Se as importâncias recebidas, a que se refere o parágrafo anterior, não bastarem para o pagamento integral da dívida e seus encargos, bem como das despesas de cobrança e de

Sistema Financeiro Imobiliário, a cessão fiduciária dos direitos creditórios decorrentes dos contratos de alienação dos imóveis financiados.

No âmbito do mercado financeiro e do mercado de capitais, a cessão fiduciária de direitos creditórios é disciplinada pelos parágrafos 3º e 4º do artigo 66-B da Lei de Mercado de Capitais, aplicando-se a tal modalidade o quanto disciplinado nos artigos 18 a 20 da Lei nº 9.514/97.

Assim como ocorre nos demais casos de propriedade fiduciária em garantia[170], na cessão fiduciária de direitos creditórios, a propriedade resolúvel do bem dado em garantia (no caso, dos direitos creditórios) é transferida ao credor fiduciário (ou cessionário), e se resolve, retornando à esfera de direitos e patrimonial do cedente fiduciante (que pode ou não coincidir com a figura do devedor), em caso de adimplemento da obrigação garantida. Com a cessão fiduciária, o cessionário fica investido da condição de credor do direito creditório cedido fiduciariamente[171], não podendo, contudo, utilizar o produto do direito creditório, mas apenas retê-lo até o adimplemento da obrigação garantida[172].

Havendo o adimplemento da obrigação garantida, deverá o credor fiduciário restituir ao cedente o direito creditório cedido fiduciariamente, ficando o credor fiduciário autorizado a utilizar os créditos cedidos para liquidação e/ou amortização da dívida em caso de inadimplemento.

Quanto à constituição da propriedade fiduciária sobre direitos creditórios no direito brasileiro, a referida garantia deve ser prevista em contrato escrito e conter, além dos requisitos do Código Civil, as informações

administração daqueles créditos, o devedor continuará obrigado a resgatar o saldo remanescente nas condições convencionadas no contrato.
Art. 20. Na hipótese de falência do devedor cedente e se não tiver havido a tradição dos títulos representativos dos créditos cedidos fiduciariamente, ficará assegurada ao cessionário fiduciário a restituição na forma da legislação pertinente.
Parágrafo único. Efetivada a restituição, prosseguirá o cessionário fiduciário no exercício de seus direitos na forma do disposto nesta seção".

170 A cessão fiduciária de direitos creditórios nada mais é do que a garantia de propriedade fiduciária sobre um direito creditório. Nesses casos, a cessão fiduciária é o negócio jurídico que lhe serve de título. Conforme ensina Campinho, "quando a alienação fiduciária em garantia tiver por objeto direito creditório, esta passará a ser, por lei, denominada de cessão fiduciária". (*Falência e Recuperação de Empresa*. 7ª ed. São Paulo: Renovar, 2015, p. 391).

171 Oliva, Milena Donato. Do negócio fiduciário à fidúcia. São Paulo: Atlas, 2014, p. 46.

172 Chalhub, Melhim Namen. *Negócio Fiduciário*. 4ª ed. rev. e atual. Rio de Janeiro: Renovar, 2009, p. 51.

previstas no artigo 18 da Lei nº 9.514/97[173]. Ainda sobre a constituição, doutrina[174] e jurisprudência[175] divergem quanto à natureza do seu regis-

[173] "Art. 18. O contrato de cessão fiduciária em garantia opera a transferência ao credor da titularidade dos créditos cedidos, até a liquidação da dívida garantida, e conterá, além de outros elementos, os seguintes:
I – o total da dívida ou sua estimativa;
II – o local, a data e a forma de pagamento;
III – a taxa de juros;
IV – a identificação dos direitos creditórios objeto da cessão fiduciária".

[174] Para Restiffe e Restiffe Neto, tratando-se de cessão fiduciária, o registro do título no cartório de títulos e documentos no domicílio do devedor, a teor do artigo 1.361, §1º do Código Civil não é elemento de constituição da garantia, mas visa somente a dar publicidade a terceiros. Segundo os autores a Lei de Mercado de Capitais – que não inclui o registro como requisito de constituição da garantia – se sobrepõe à regra do Código Civil já que é especial. (*A alienação fiduciária em garantia e a lei de sociedade anônimas: lei 6.404, de 15.12.1976*. In Revista dos Tribunais, São Paulo, v. 88, n. 764, p. 60-74, jun. 1999, p. 64-66). Por outro lado, Loureiro defende que não cumprimento do artigo 1.361, §1º do Código Civil para as garantias de cessão fiduciária de direitos creditórios implica a inexistência da garantia. (In Peluzo, Cezar (Coord). *Código Civil Comentado: doutrina e jurisprudência*, 3ª ed. São Paulo: Manole, 2009, p. 1242).

[175] Nos Tribunais, o tema também é controverso. O STJ, recentemente, considerou que o registro da cessão fiduciária era dispensável inclusive para fins de reconhecimento da extraconcursalidade do crédito na recuperação judicial:
"Recurso especial. Recuperação judicial. Cessão fiduciária sobre direitos sobre coisa móvel e sobre títulos de crédito. Credor titular de posição de proprietário fiduciário sobre direitos creditícios. Não sujeição aos efeitos da recuperação judicial, nos termos do §3º do art. 49 da lei n. 11.101/2005. Matéria pacífica no âmbito das turmas de direito privado do STJ. Pretensão de submeter aos efeitos da recuperação judicial, como crédito quirografário, os contratos de cessão fiduciária que, à época do pedido de recuperação judicial, não se encontravam registrados no cartório de títulos e documentos do domicílio do devedor, com esteio no § 1º do art. 1.361-a do código civil. Insubsistência. Recurso especial provido.
1. Encontra-se sedimentada no âmbito das Turmas que compõem a Segunda Seção do Superior Tribunal de Justiça a compreensão de que a alienação fiduciária de coisa fungível e a cessão fiduciária de direitos sobre coisas móveis, bem como de títulos de créditos (caso dos autos), justamente por possuírem a natureza jurídica de propriedade fiduciária, não se sujeitam aos efeitos da recuperação judicial, nos termos do § 3º do art. 49 da Lei n. 11.101/2005.
2. O Código Civil, nos arts. 1.361 a 1.368-A, limitou-se a disciplinar a propriedade fiduciária sobre bens móveis infungíveis.
Em relação às demais espécies de bem, a propriedade fiduciária sobre eles constituída é disciplinada, cada qual, por lei especial própria para tal propósito. Essa circunscrição nor-

mativa, ressalta-se, restou devidamente explicitada pelo próprio Código Civil, em seu art. 1.368-A (introduzido pela Lei n. 10.931/2004), ao dispor textualmente que "as demais espécies de propriedade fiduciária ou de titularidade fiduciária submetem-se à disciplina específica das respectivas leis especiais, somente se aplicando as disposições desse Código naquilo que não for incompatível com a legislação especial".

2.1 Vê-se, portanto, que a incidência subsidiária da lei adjetiva civil, em relação à propriedade/titularidade fiduciária sobre bens que não sejam móveis infungíveis, regulada por leis especiais, é excepcional, somente se afigurando possível no caso em que o regramento específico apresentar lacunas e a solução ofertada pela "lei geral" não se contrapuser às especificidades do instituto por aquela regulada.

3. A exigência de registro, para efeito de constituição da propriedade fiduciária, não se faz presente no tratamento legal ofertado pela Lei n. 4.728/95, em seu art. 66-B (introduzido pela Lei n. 10.931/2004) à cessão fiduciária de direitos sobre coisas móveis, bem como de títulos de crédito (bens incorpóreos e fungíveis, por excelência), tampouco com ela se coaduna.

3.1. A constituição da propriedade fiduciária, oriunda de cessão fiduciária de direitos sobre coisas móveis e de títulos de crédito, dá-se a partir da própria contratação, afigurando-se, desde então, plenamente válida e eficaz entre as partes. A consecução do registro do contrato, no tocante à garantia ali inserta, afigura-se relevante, quando muito, para produzir efeitos em relação a terceiros, dando-lhes a correlata publicidade.

3.2 Efetivamente, todos os direitos e prerrogativas conferidas ao credor fiduciário, decorrentes da cessão fiduciária, devidamente explicitados na lei (tais como, o direito de posse do título, que pode ser conservado e recuperado 'inclusive contra o próprio cedente'; o direito de 'receber diretamente dos devedores os créditos cedidos fiduciariamente', a outorga do uso de todas as ações e instrumentos, judiciais e extrajudiciais, para receber os créditos cedidos, entre outros) são exercitáveis imediatamente à contratação da garantia, independente de seu registro.

3.3 Por consectário, absolutamente descabido reputar constituída a obrigação principal (mútuo bancário, representado pela Cédula de Crédito Bancário emitida em favor da instituição financeira) e, ao mesmo tempo, considerar pendente de formalização a indissociável garantia àquela, condicionando a existência desta última ao posterior registro.

3.4 Não é demasiado ressaltar, aliás, que a função publicista é expressamente mencionada pela Lei n. 10.931/2004, em seu art. 42, ao dispor sobre cédula de crédito bancário, em expressa referência à constituição da garantia, seja ela fidejussória, seja ela real, como no caso dos autos. O referido dispositivo legal preceitua que essa garantia, "para valer contra terceiros", ou seja, para ser oponível contra terceiros, deve ser registrada. De se notar que o credor titular da posição de proprietário fiduciário sobre direitos creditícios (excluído dos efeitos da recuperação judicial, segundo o §3º do art. 49 da Lei n. 11.101/2005) não opõe essa garantia real aos credores da recuperanda, mas sim aos devedores da recuperanda, o que robustece a compreensão de que a garantia sob comento não diz respeito à recuperação judicial. Assentado que está que o direito creditício sobre o qual recai a propriedade fiduciá-

tro, isto é, se este teria natureza constitutiva da garantia ou se somente serviria como requisito de eficácia perante terceiros.

1.3.1.3.1.2. Propriedade fiduciária sobre bens imóveis

Segundo ensinamentos de Chalhub, o ordenamento jurídico brasileiro não atendia às necessidades dos negócios modernos, já que os processos de execução, na maioria das vezes, eram consideravelmente morosos.

Nesse contexto, se, por um lado, a Lei de Mercado de Capitais foi responsável pela introdução da propriedade fiduciária sobre bens móveis no ordenamento jurídico brasileiro, por outro, não fez qualquer menção à possibilidade de constituição da referida garantia sobre bens imóveis, deixando, assim, de conferir, quando da sua entrada em vigor, incentivos eficientes para a destinação de recursos para o setor imobiliário[176].

ria é de titularidade (resolúvel) do banco fiduciário, este bem, a partir da cessão não compõe o patrimônio da devedora fiduciante – a recuperanda, sendo, pois, inacessível aos seus demais credores e, por conseguinte, sem qualquer repercussão na esfera jurídica destes.
Não se antevê, por conseguinte, qualquer frustração dos demais credores da recuperanda que, sobre o bem dado em garantia (fora dos efeitos da recuperação judicial), não guardam legítima expectativa.
4. Mesmo sob o enfoque sustentado pelas recorrentes, ad argumentandum, caso se pudesse entender que a constituição da cessão fiduciária de direitos creditícios tenha ocorrido apenas com o registro e, portanto, após o pedido recuperacional, o respectivo crédito, também desse modo, afastar-se-ia da hipótese de incidência prevista no caput do art. 49 da Lei n. 11.101/2005, in verbis: " Estão sujeitos à recuperação judicial todos os créditos existentes na data do pedido, ainda que não vencidos".
5. Recurso especial provido, para restabelecer a decisão de primeiro grau que acolheu a impugnação apresentada pelo Banco recorrente, para excluir dos efeitos da recuperação judicial seu crédito, garantido pela cessão fiduciária".
(STJ, REsp 1412529/SP, Rel. Ministro Paulo de Tarso Sanseverino, Rel. p/ Acórdão Ministro Marco Aurélio Bellizze, Terceira Turma, j. em 17.12.2015).
Em sentido contrário a este posicionamento, vide, por exemplo, TJSP, Agravo de Instrumento nº 2157741-16.2016.8.26.0000, 1ª Câmara Reservada de Direito Empresarial, Rel. Des. Cesar Ciampolini, j. em 22.2.2017 e TJSP, Agravo de Instrumento nº 2115253-46.2016.8.26.0000, 1ª Câmara Reservada de Direito Empresarial, Rel. Des. Cesar Ciampolini, j. em 20.10.2016.

[176] Esta teria sido uma das grandes razões para que fosse concebida a alienação fiduciária sobre bens imóveis (Cf. Silva, Fábio Rocha Pinto e. *Garantias das obrigações: uma análise sis-*

Tal lacuna legislativa foi posteriormente suprimida pela entrada em vigor da Lei nº 9.514 de 20 de novembro de 1997, que, ao dispor sobre o Sistema de Financiamento Imobiliário, dentre outras providências, instituiu no Brasil a alienação fiduciária sobre bens imóveis[177] e a securitização de créditos imobiliários.

Em linhas gerais, a Lei nº 9.514/97 adotou os mesmos conceitos anteriormente previstos na Lei de Mercado de Capitais, especialmente quanto à natureza jurídica e elementos do contrato de alienação fiduciária em garantia[178], com as devidas especificidades relacionadas com a natureza do bem imóvel dado em garantia[179].

Uma distinção relevante entre as garantias de propriedade fiduciária sobre bens móveis e imóveis reside no procedimento de excussão. Em caso de inadimplemento do devedor, enquanto na propriedade fiduciária de bem móvel caberá ao credor ajuizar uma ação de busca e apreensão visando à retomada do bem[180], nos casos em que a referida garantia recai sobre bem imóvel, o procedimento de excussão é integral-

temática do direito das garantias e uma proposta abrangente para a sua reforma. São Paulo: Editora IASP, 2017, p. 481-482).

[177] Sobre este ponto, Fábio Rocha Pinto e Silva destaca o caráter casuístico da Lei nº 9.514/97 e os problemas da alienação fiduciária sobre bens imóveis, os quais abrangem questões de responsabilidade do credor fiduciário como problemas gerais da utilização da propriedade como garantia. Para aprofundamento, vide *Garantias das obrigações: uma análise sistemática do direito das garantias e uma proposta abrangente para a sua reforma.* São Paulo: Editora IASP, 2017, p. 481-497.

[178] Tanto os artigos 22 e 24 da Lei nº 9.514/97, como o antigo artigo 66 da Lei nº 4.728/65 preveem a transferência da propriedade ao credor como elemento central da garantia de alienação fiduciária. Do mesmo modo, ambas as legislações estabelecem que o contrato que institui o negócio fiduciário deve prever, além de outros elementos, o valor principal da dívida, a taxa de juros e encargos e a cláusula de constituição da propriedade fiduciária.

[179] A título exemplificativo, a constituição da propriedade fiduciária sobre bem imóvel se dá quando do registro do instrumento a matrícula do imóvel onerado, justamente em razão da natureza do bem gravado.

[180] O acionamento judicial poderá ser dispensado nos casos em que o contrato que instituir a garantia prever formas extrajudiciais de excussão. De todo modo, o bom funcionamento de tais mecanismos contratuais pressupõe que haja cooperação entre devedor/garantidor e credor, o que nem sempre se verifica na realidade. De todo modo, nos casos em que o cenário para a excussão da garantia não seja cooperativo, o acionamento do judiciário será indispensável para fins de *enforcement*.

mente extrajudicial e conduzido pelo respectivo Oficial de Registro de Imóveis[181].

Esta característica pode ser tida, dentre outros fatores, como um dos incentivos para a ampla aceitação do instituto pelo mercado já que, diferentemente do que ocorre com a hipoteca, que demanda o ajuizamento de ação judicial, a excussão extrajudicial da garantia de alienação fiduciária sobre bem imóvel e consequente quitação da dívida[182], pode oferecer maior celeridade à recuperação do crédito pelos agentes financiadores.

181 Para maiores detalhes acerca do procedimento de excussão da garantia, vide artigos 26 e seguintes da Lei nº 9.514/97.

182 Nos termos do artigo 27, §5º da Lei nº 9.514/97, se no segundo leilão para alienação do bem imóvel, o maior lance oferecido não for igual ou superior ao valor da dívida garantida, considerar-se-á extinta a dívida. Em outras palavras, a dívida será considerada quitada, ainda que por valor inferior.

Muito se discute, em sede doutrinária e jurisprudencial, a aplicabilidade do artigo. 27, §5º da Lei nº 9.514/97 às garantias de alienação fiduciária de bens imóveis constituídos no âmbito de contratos empresariais.

Para os adeptos de uma interpretação mais funcional do sistema de garantias, deve-se ter constantemente em mente que a Lei nº 9.514/97 ao ampliar o escopo da garantia de alienação fiduciária também para bens imóveis, o fez sob no contexto da criação do Sistema de Financiamento Imobiliário – SFI, cuja finalidade era regular o financiamento imobiliário habitacional, o que é evidenciado pelas diversas alterações legislativas que previram a garantia de alienação fiduciária sobre bens imóveis de forma ampla, para as mais diversas operações financeiras, inclusive aquelas contratadas fora do âmbito do SFI (i.e. o artigo 22 da Lei nº 9.514/97 e, especialmente o artigo 51 da Lei nº 10.931/04, que autorizaram o emprego da alienação fiduciária de bem imóvel para garantia de qualquer obrigação).

Nesse sentido, a regra do artigo 27, §5º da Lei nº 9.514/97 seria de aplicação restrita, porquanto concebida para os casos em que a origem da dívida garantida residia na aquisição do próprio imóvel objeto da garantia, ensejando a preocupação do legislador para não permitir que o mutuário do financiamento (já "apenado" com a expropriação do seu imóvel em razão da excussão da garantia) continuasse obrigado por eventual saldo remanescente. Tal premissa não existiria nos demais casos de contratação da referida garantia, sendo da natureza das garantias reais que o devedor permaneça obrigado, na hipótese de o seu produto não bastar para a satisfação integral do crédito.

Duas exceções à esta regra foram previstas pela legislação após a edição da Lei nº 9.514/97. A primeira, foi feita pelo artigo 14, §6º da Lei nº 11.795/08 quanto à garantia oferecida pelo consorciado, em benefício dos demais participantes do grupo de consórcio, quando utilizado o crédito antes do adimplemento de todas as parcelas do contrato de participação. A segunda, encontra-se prevista no artigo 9º da Lei nº 13.476/17 quando a garantia for cons-

1.3.1.3.2. Conclusão parcial: a propriedade fiduciária como garantia real e não como propriedade

A apresentação antes exposta, acerca da estrutura e função da propriedade fiduciária nas suas mais diversas modalidades admitidas pelo direito brasileiro demonstra que a propriedade fiduciária apresenta-se, sob a perspectiva funcional, como instituto muito mais próximo das garantias reais do que da propriedade.

A nosso ver, a descaracterização da propriedade fiduciária como propriedade decorre de uma série de características presentes na sua estrutura e função.

Em primeiro lugar, a propriedade fiduciária é limitada e não representa um fim em si mesma. O credor, ao adquirir a propriedade fiduciária, visa tão somente a reforçar a probabilidade de ter o seu crédito adimplido[183]. O negócio jurídico em nenhuma hipótese é celebrado com escopo de propriedade porquanto o credor não deseja se tornar proprietário pleno do referido bem, mas angariar maior segurança ao adimplemento de seu crédito[184].

De igual modo, o proprietário fiduciário é totalmente desprovido do direito de uso e da fruição. A sua disposição sobre o bem onerado é limitada aos direitos inerentes às garantias, isto é, à sequela e à preferência, ficando o credor, em regra, impedido de tomar para si o bem onerado com a garantia, devendo promover a sua venda e aplicar o seu produto na satisfação da dívida garantida e das despesas decorrentes da realização da garantia, devolvendo o excedente ao devedor[185].

tituída no âmbito de contratos de abertura de crédito, celebrados com instituições financeiras.

[183] Gijsbers, Charles. *Sûretés réelles et droit des biens* (these), Paris, Univ. Panthéon-Assas, 2012, p. 93-94.

[184] Sob esta perspectiva, a aquisição da propriedade fiduciária se caracterizaria como um negócio jurídico indireto quando, em face da interpretação funcional, é utilizado um negócio jurídico para alcançar um fim ulterior prático (efeito econômico) (Cf. Ascarelli, Tullio. *Problemas das Sociedades Anônimas e Direito Comparado*, 2ª ed. São Paulo: Saraiva, 1969, p. 156)

[185] Exceção à esta regra é feita pelo artigo 27, §4º a 6 da Lei nº 9.514/97 que prevê que, sendo frustradas as tentativas de venda do imóvel em leilão e, permanecendo o bem no patrimônio do credor, será operada quitação recíproca entre credor e devedor quanto ao montante da dívida e ao valor do imóvel. A consequência da quitação recíproca consiste na ausência de obrigação do credor de devolver ao devedor eventual diferença entre o valor

O elemento de diferenciação entre a propriedade fiduciária e as demais garantias reais como o penhor e a hipoteca seria tão somente a forma de preferência, constituindo algo como um penhor ou uma hipoteca exclusivos[186]. A compreensão da propriedade fiduciária como garantia real, que empresta da propriedade apenas o seu caráter exclusivo, longe de buscar a modificar radicalmente as bases de estudo da propriedade fiduciária, visa tão somente lhe conferir sentido conforme a sua estrutura-função, especialmente para a análise dos fundamentos que, ao menos em tese, justificariam a não sujeição dos créditos garantidos por esta modalidade aos efeitos da recuperação judicial.

O fato de o Código Civil ter positivado a propriedade fiduciária junto ao título destinado às propriedades em nada altera este raciocínio.

Embora em um primeiro momento o fato possa parecer indicar que o legislador brasileiro buscava estabelecer a propriedade fiduciária como espécie de propriedade mesmo que o proprietário fiduciário não fosse provido dos mesmos direitos do proprietário pleno, o argumento, se levado ao seu limite, permitiria que o proprietário fiduciário se tornasse responsável por ônus e obrigações reais e fosse também atingido pela responsabilidade civil do proprietário do imóvel, de cunho objetivo[187].

Este não nos parece ser o caso já que, nesta hipótese, em última análise, o recebimento de determinada garantia poderia colocar o credor em situação pior do que aquela em que se encontrava antes de se tornar proprietário fiduciário de determinado bem. Quem, em sã consciência receberia em garantia algo que, ao invés de lhe servir como segurança, representasse um risco em potencial, com prejuízos incalculáveis?

Esta possibilidade foi parcialmente afastada com o advento da Lei nº 13.043, de 1 de novembro de 2014, que, ao introduzir o artigo 1.367 no

da dívida e o valor do imóvel. De outro lado, a referida regra também exonera o devedor quanto à eventual parcela da dívida não coberta pelo valor da garantia. A regra, com origem no microssistema dos Sistema de Financiamento Imobiliário, é apontada pela doutrina como uma das falhas do procedimento contido na Lei nº 9.514/97 (Cf. Silva, Fábio Rocha Pinto e. *Garantias imobiliárias em contratos empresariais: hipoteca e alienação fiduciária*. São Paulo: Almedina, 2014, p. 188-189).

186 Silva, Fábio Rocha Pinto e. *Garantias das obrigações: uma análise sistemática do direito das garantias e uma proposta abrangente para a sua reforma*. São Paulo: Editora IASP, 2017, p. 477.

187 Silva, Fábio Rocha Pinto e. *Garantias imobiliárias em contratos empresariais: hipoteca e alienação fiduciária*. São Paulo: Almedina, 2014, p. 137-145.

Código Civil[188] esclareceu que (i) são aplicáveis à propriedade fiduciária as disposições reservadas ao regime comum das garantias reais tradicionais e que (ii) a propriedade fiduciária não se equipara, para todos os efeitos à propriedade plena a que se refere o artigo 1.231 do mesmo diploma. Com isso, evidente que a propriedade fiduciária se afasta da noção de propriedade e se aproxima das garantias reais tradicionais.

1.3.1.4. Nomenclatura proposta: garantias reais preferenciais e garantias reais exclusivas

Diante no exposto nos itens anteriores, parece evidente que a concepção tradicional que divide as garantias entre reais e pessoais se mostra insuficiente para lidar com o advento da propriedade fiduciária, ensejando, assim, diversas propostas de reforma[189] para tal classificação.

Para os fins do presente trabalho e, especialmente considerando que não se busca aqui traçar um panorama crítico sobre a disciplina geral das garantias, mas tão somente identificar se a exclusão de determinados credores garantidos da negociação estruturada da recuperação judicial é coerente com a lógica da solução coletiva da crise empresarial, propõe-se uma primeira classificação dos credores entre (i) os credores garantidos por uma universalidade de bens e, (ii) os credores garantidos por uma universalidade limitada de bens.

No primeiro grupo, encontram-se os credores garantidos pela totalidade de bens disponíveis do devedor ou do garantidor. Como já visto, nesses casos inexiste qualquer vinculação de bens específicos à obrigação garantida. Neste grupo, estariam abarcados, portanto, os credores tradicionalmente classificados como titulares de garantias pessoais.

[188] "Art. 1.367. A propriedade fiduciária em garantia de bens móveis ou imóveis sujeita-se às disposições do Capítulo I do Título X do Livro III da Parte Especial deste Código e, no que for específico, à legislação especial pertinente, não se equiparando, para quaisquer efeitos, à propriedade plena de que trata o art. 1.231."

[189] Para maior detalhamento sobre diferentes propostas de reclassificação das garantias, vide Crocq, Pierre. *Propriété et garantie*, Paris, LGDJ, 1995, p. 270; Leitão, Luís Manuel Teles de Menezes. *Garantia das Obrigações*, 7ª ed. Coimbra: Almedina, 2012, p. 16; Vasconcelos, Luiz Miguel Pestana de. *Direito das Garantias*, 2ª ed., Coimbra: Almedina, p. 59; Silva, Fábio Rocha Pinto e. *Garantias das obrigações: uma análise sistemática do direito das garantias e uma proposta abrangente para a sua reforma*. São Paulo: Editora IASP, 2017, p. 122-140.

Já no segundo grupo estariam todos os credores garantidos por uma universalidade limitada de bens do devedor ou do garantidor, que pode corresponder a um bem específico ou a um conjunto de bens destacados do seu patrimônio para satisfação da obrigação garantida. Aqui estariam as garantias de penhor, hipoteca e também a propriedade fiduciária.

As primeiras podem ser denominadas de garantias preferenciais, porquanto tais modalidades de garantia estabelecem que o produto do valor do bem gravado em garantia seja utilizado, com preferência, para a satisfação da obrigação garantida.

Já a propriedade fiduciária poderia ser denominada de garantia exclusiva já que, nestes casos, nenhum outro credor, por mais privilegiado que seja, poderá se beneficiar do bem dado em garantia antes de satisfeita a obrigação a ele atrelada.

Ambas as modalidades de garantias sobre uma universalidade limitada de bens (preferenciais ou exclusivas) correspondem à ampla categoria que tradicionalmente foi composta pelas garantias reais, dentre as quais, como vimos anteriormente, está a propriedade fiduciária, cuja estrutura função é muito mais próxima de uma garantia real do que de uma espécie de propriedade.

1.3.2. Fundamentos para exclusão de determinados credores garantidos da negociação estruturada e sua necessária revisão

No período que antecedeu a entrada em vigor da LRF era frequente o discurso, por parte do setor financeiro[190] e do governo, de que a referida reforma era imprescindível para a solução da estagnação econômica no país e redução da taxa de juros, sempre apontada como fator preponderante para o baixo crescimento da economia brasileira[191].

Em linhas gerais, o raciocínio preponderante era o de que as altas taxas de juros no país eram decorrentes da baixa recuperação do cré-

[190] Lisboa, Marcos de Barros; Damaso, Otávio Ribeiro; Santos, Bruno Carazza dos; Costa, Ana Carla Abrão. *A Racionalidade Econômica da Nova Lei de Falências e de Recuperação de Empresas,* In Paiva, Luiz Fernando Valente de (coord.) *Direito Falimentar e a Nova Lei de Falências e Recuperação de Empresas,* São Paulo: Quartier Latin, 2005, p. 41-43

[191] Mello, Marcello Vieira. *A situação dos créditos dotados de garantia na Recuperação Judicial.* In Castro, Moema A.S. de.; Carvalho, William Eustáquio de. (Coord.). *Direito Falimentar Contemporâneo.* Porto Alegre: Sergio Antonio Fabris, 2008, p. 85.

dito das instituições financeiras nos casos em que o devedor entrava em concordata ou tinha sua falência decretada, o que ensejava a elevação do custo do crédito.

Nesse contexto, a conferência de um tratamento privilegiado aos credores financeiros titulares de determinadas garantias[192] poderia reduzir o custo do crédito no país, contribuindo para o crescimento da economia. É nesse contexto que se inseriu a elaboração da LRF que, ao introduzir em nosso ordenamento o instituto da recuperação judicial excluiu de tal procedimento os créditos garantidos por propriedade fiduciária, sob dois principais argumentos[193]: (i) o de que, por se tratar de credor proprietário, o credor fiduciário não poderia ficar impedido de reaver o seu bem e (ii) o de que a medida contribuiria para a redução da taxa de juros no país.

Conforme se verá adiante, tais argumentos são bastante frágeis, revelando, assim, que a exclusão dos créditos garantidos por propriedade fiduciária da recuperação judicial decorre tão somente de opção legislativa, podendo, portanto, ser revista a qualquer tempo, à luz de novos valores propostos.

1.3.2.1. A propriedade fiduciária não é propriedade

A ausência de aproximação entre a propriedade fiduciária como modalidade de propriedade já foi apresentada, embora a doutrina brasileira mantenha o posicionamento tradicional de que a propriedade fiduciária constitui espécie de propriedade, de modo que as garantias de hipoteca

[192] É por esta razão que, conforme observa Manoel Justino Bezerra Filho, a LRF passou a ser referida como "Lei de Recuperação do Crédito Bancário", ou, ainda, "Lei Febraban" (*Lei de recuperação de empresas e falência – Lei 11.101/2005 – Comentada artigo por artigo.* 13ª ed. São Paulo: Revista dos Tribunais, 2018, p. 67).

[193] Nesse sentido, o Parecer 534/2004 do Relator Senador Ramez Tebet, dispõe que "Por outro lado, não se pode negar aos credores proprietários o direito de reaver seus bens, sob pena de se comprometer a segurança que caracteriza esses contratos e, assim, reduzir a efetividade de instrumentos que, reconheça-se, têm proporcionado, nas modalidades de crédito com garantia mais segura, como a alienação fiduciária, taxas de juros bastante inferiores à média praticada no País." (disponível em http://redir.stf.jus.br/paginadorpub/paginador.jsp?docTP=TP&docID=580933).

e penhor constituiriam um direito real sobre a coisa alheia e a propriedade fiduciária consistiria no direito do credor sobre a coisa própria[194].

Como visto anteriormente, contudo, embora positivada no direito brasileiro como espécie de propriedade, limitações intrínsecas à sua função de garantia bem como aspectos relativos à sua estrutura evidenciam a falta de identificação completa entre o instituto e a ideia de propriedade plena, exclusiva, perpétua e composta de uso, fruição e disposição[195]. A propriedade fiduciária é, portanto, espécie de garantia real e não de propriedade.

1.3.2.2. A exclusão dos créditos garantidos por propriedade fiduciária dos efeitos da recuperação judicial não necessariamente reduzirá o custo do crédito

Embora muito se tenha afirmado ao longo dos anos que a não sujeição dos créditos garantidos por propriedade fiduciária aos efeitos da recuperação judicial seja um importante elemento de redução do custo crédito financeiro no país desde a entrada em vigor da LRF[196], não se tem conhecimento de qualquer estudo científico[197] elaborado com o intuito

[194] Chalub, Melhim Namem. *Negócio Fiduciário*. 4ª ed. rev. e atual. Rio de Janeiro: Renovar, 2009, p. 222.

[195] Silva, Fábio Rocha Pinto e. *Garantias das obrigações: uma análise sistemática do direito das garantias e uma proposta abrangente para a sua reforma*. São Paulo: Editora IASP, 2017, p. 477.

[196] Scalzilli, João Pedro; Tellechea, Rodrigo; Spinelli, Luis Felipe. *Recuperação de Empresas e Falência: Teoria e Prática na Lei 11.101/2005*, 2ª. Ed, São Paulo: Almedina, 2017, p. 92.

[197] Os impactos positivos à economia brasileira gerados pela LRF são inegáveis, principalmente levando em consideração o regime anterior que vigorava no país. Diversos estudos avaliam os efeitos da LRF sobre o crescimento da economia, mas nenhum isola a variável de não sujeição dos créditos garantidos por propriedade fiduciária à recuperação judicial, de modo a atribuir a este fator os avanços identificados. Vide, por exemplo, Souza, Mateus Clovis de; Funchal, Bruno; Baptista, Ézio. *Nova Lei de Falências: Efeitos na Estrutura de Capital das Empresas Brasileiras*. Disponível em http://www.fucape.br/_public/producao_cientifica/2/Mateus%20-%20Nova%20lei%20de%20falencias.pdf último acesso em 8.1.2019 e Benicá, Estevão Prates; Funchal, Bruno; Beiruth, Azis Xavier. *O Poder de Reforma na Lei de Falênias sobre firmas com restrição de crédito*. In Revista de Estudos Contábeis, v. 7, n. 12, 2016, disponível em http://www.uel.br/revistas/uel/index.php/rec/article/view/26267/22800 último acesso em 8.1.2019.

Interessante notar também que o Indicador do Custo do Crédito – ICC, elaborado pelo Banco Central do Brasil – Bacen, ao longo dos últimos cinco anos não sofreu redu-

de comprovar tal afirmação, que, apesar de muitas vezes dada como "fato incontroverso", é bastante questionável[198].

Ainda que a ausência de estudos científicos a respeito da relação entre redução do crédito e extraconcursalidade dos créditos garantidos por propriedade fiduciária na recuperação judicial já fosse suficiente para afastar, ou ao menos relativizar, o referido fundamento, a abordagem das garantias de propriedade fiduciária como garantia real exclusiva conduz à conclusão de que, ao menos em certa medida, a ampla utilização de tal modalidade de garantia pode implicar a limitação do crédito e não sua ampliação.

Ao examinarmos o surgimento das garantias fiduciárias no direito brasileiro, verificamos que a sua ampla aceitação foi atribuída à baixa efi-

ção expressiva, ao passo que a taxa de juros (um dos componentes do ICC) sofreu constante aumento no mesmo período, conforme dados divulgados pelo Bacen (vide https://www.bcb.gov.br/conteudo/home-ptbr/TextosApresentacoes/ICC%20divulga%C3%A7%C3%A3o%2020_4_2017.pdf último acesso em 9.1.2019). A ausência de correlação direta entre a regra do artigo 49, §3º da LRF e a redução do custo do crédito no Brasil também não é apurável pelos Relatórios de Economia Bancária elaborados pelo Bacen, disponíveis em https://www.bcb.gov.br/publicacoes/relatorioeconomiabancaria/cronologicos

198 Scalzilli, João Pedro; Tellechea, Rodrigo; Spinelli, Luis Felipe. *Objetivos e Princípios da Lei de Falências e Recuperação de Empresas.* In Revista Síntese, Direito Empresarial, Ano V, n. 26, mai. / jun., 2012, p. 24; *A situação dos créditos dotados de garantia na Recuperação Judicial.* In Castro, Moema A.S. de.; Carvalho, William Eustáquio de. (Coord.). *Direito Falimentar Contemporâneo.* Porto Alegre: Sergio Antonio Fabris, 2008, p. 85-86.
No mesmo sentido, em entrevista concedida em 2009, anos após a entrada em vigor da LRF, pelo então Ministro da Fazenda, Guido Mantega ao Jornal Estadão, este afirmou: "O bode na sala é o spread. As instituições financeiras dizem que querem se garantir contra a inadimplência, mas abusam. Fora os períodos de crise, quando ela aumenta mesmo, nossa inadimplência é normal. Mas ela é superestimada pelas instituições financeiras. (...) O custo financeiro no Brasil continua muito alto. É uma distorção em relação ao que acontece em outros países. A grande anormalidade é que os spreads (diferença entre o custo que o banco paga na captação do dinheiro e o juro que cobra do cliente) são muito altos no País. O consumidor brasileiro paga juros absurdos". (entrevista concedida em 21/6/2009, disponível em https://economia.estadao.com.br/noticias/geral,o-bode-na-sala-e-o-spread,390511), último acesso em 31.7.2018.

cácia material e processual[199] das garantias reais tradicionais de penhor e hipoteca.

Contudo, a criação de uma nova modalidade de garantia para solução do problema ao invés do debate a respeito de eventual mudança de regulamentação das garantias existentes visando a lhes conferir maior eficácia (material e processual) nos parece uma solução paliativa, na medida em que a garantia exclusiva, como é o caso da propriedade fiduciária, necessariamente possuirá menor flexibilidade e adequação à dívida do que as modalidades preferenciais[200]. Isso porque as garantias preferenciais, como é o caso do penhor e da hipoteca, não constituem uma "*garantia sobre o bem*", mas uma "*garantia sobre o valor do bem*"[201].

As garantias reais exclusivas, como é o caso da propriedade fiduciária, implicam a afetação daquele bem ao cumprimento de determinada obrigação, sem que haja necessariamente uma correspondência exata entre o valor da obrigação garantida e o valor do bem. De igual modo, à medida que a obrigação garantida é parcialmente cumprida, com a redução do seu valor, o excedente sobre o valor do bem onerado não se torna imediatamente disponível ao devedor para oferecimento em garantia de novas operações de crédito[202]. Por outro lado, as garantias

[199] A eficácia material de determinada garantia está relacionada à certeza do credor de que seu crédito será pago enquanto a eficácia processual está relacionada ao tempo necessário para o pagamento. (Cf. Vasconcelos, Luiz Miguel Pestana de. *Direito das Garantias*, 2ª ed., Coimbra: Almedina, p. 53-55)

[200] Silva, Fábio Rocha Pinto e. *Garantias das obrigações: uma análise sistemática do direito das garantias e uma proposta abrangente para a sua reforma*. São Paulo: Editora IASP, 2017, p. 698--699.

[201] Nesse aspecto, para alguns doutrinadores franceses, a utilização da propriedade com função de garantia, representaria verdadeiro retrocesso do direito (Cf. Mestrre, Jacques; Putman, Emmanuel; Billiau, Marc. *Droit Commun des Sûretés Réeles Théorie Générale*. Paris: LGDJ, 1996, p. 47-48).

[202] Sobre este ponto, pode-se argumentar que o direito expectativo do devedor sobre a diferença do valor do bem e do valor da obrigação garantida possa também ser dado em garantia, equivalendo a uma garantia de segundo grau. No entanto, tal prática não está imune a diversos questionamentos que perpetuam a insegurança jurídica: a garantia sobre o direito expectativo estaria sujeita à mesma forma de publicidade que o bem gravado? Estabelecida uma garantia sobre o direito expectativo, uma eventual terceira garantia poderia ser criada em novo grau de prioridade, sobre qual objeto? Sendo o bem vendido ou a garantia excutida para pagamento do primeiro credor, há norma que determine a entrega do eventual valor que sobejar ao credor garantido pelo direito expectativo?

preferenciais permitem a multiplicidade de garantias sobre o mesmo bem, evitando o "desperdício de crédito" decorrente da oneração de bens com valor superior ao das obrigações garantidas.

Sob tal perspectiva, portanto, a ampla utilização da propriedade fiduciária, enquanto modalidade de garantia real exclusiva pode, ao contrário do que normalmente se argumenta, ser tida como um elemento de redução de crédito e não de sua ampliação. Do mesmo modo, os problemas de distorção e de insegurança jurídica decorrentes da aplicação do artigo 49, §3º, LRF que serão apresentados no capítulo seguinte colocam em dúvida a afirmação de que a garantia fiduciária é necessariamente mais eficaz do ponto de vista material e processual, de modo a ser possível questionar a afirmação, muitas vezes tida como um "dado incontroverso" de que a extraconcursalidade dos créditos garantidos por tal modalidade de garantia está relacionada à redução do custo do crédito financeiro e sempre permitirá a recuperação do crédito com maior celeridade.

1.3.3. A extraconcursalidade dos créditos garantidos por propriedade fiduciária como resultado de opção legislativa

Como visto acima, os argumentos tradicionalmente utilizados como fundamentos da extraconcursalidade dos créditos garantidos por propriedade fiduciária na recuperação judicial parecem não se justificar de maneira suficientemente adequada. Parece-nos, assim, que a referida regra deriva de opção legislativa e não de características intrínsecas à propriedade fiduciária que inviabilizariam a sujeição dos créditos garantidos por esta modalidade de garantia à recuperação judicial.

Nesse contexto, parece-nos que não há qualquer óbice à revisão da referida opção legislativa à luz de novos valores (como o de respeito ao modelo coletivo de solução da crise da empresa, aqui apresentado), especialmente quando os argumentos utilizados para fundamentar a escolha que culminou com o modelo atual não se sustentam.

Com efeito, o processo de negociação de uma legislação de insolvência, como é o caso da LRF (e assim como ocorre em outros processos legislativos) é permeado por extensa negociação entre grupos de interesses distintos.

Se, como dissemos acima, o ajuizamento de um procedimento formal de insolvência, a princípio, traria todos os credores do devedor a um mesmo ambiente de negociação, a ser realizada de maneira estruturada, parece-nos natural que o mesmo ocorra na negociação acerca de quais serão as "regras do jogo" de tais procedimentos[203]. A este processo de negociação, damos o nome de "meta-barganha"[204], que será melhor apresentado no terceiro capítulo do presente trabalho, à luz da experiência norte-americana de meta-barganha que envolveu a reforma da legislação de insolvência em 1978 no país[205].

O estudo dos debates que antecederam a entrada em vigor da LRF no Brasil parece indicar que a regra contida no atual artigo 49, §3º, LRF é resultado de uma opção legislativa realizada durante o processo de meta-barganha entre os mais diversos interesses.

Nos termos da "Subemenda Substitutiva às Emendas de Plenário ao Substitutivo adotado pela Comissão Especial ao PL nº 4.376-B/1993",

[203] "In principle, every player in the organization network is at the bankruptcy table. All their interests are manifest, as each vies for a piece of a pie that will be too small to satisfy them all. (...). Secondly, if a corporate bankruptcy brings all creditors simultaneously into a bargaining situation, a comprehensive reappraisal of a nation's bankruptcy laws simultaneously places all these interests on the legislative table to decide what should be the rules of the game that governs corporate death and resurrection." (CARRUTHERS, Bruce G.; HALLIDAY, Terence C. *Rescuing Business: The Making of Corporate Bankruptcy Law in England and the United States.* Clarendon Press: Oxford, 1998, p. 8).

[204] Bruce G. Carruthers e Terence C. Halliday adotam a referida terminologia e esclarecem que o procedimento de "barganha" entre credores (aqui fazendo referência à ideia de *creditor's bargaining* ou negociação estruturada) sempre correrá em à luz determinado aparato legislativo-institucional (*legal framework*). De outro lado a barganha (aqui em referência aos processos de negociação em geral) poderá ocorrer sobre o próprio ambiente legislativo-institucional. Nas palavras dos autores "meta-bargaining occurs at a different level than bargaining, and sets the context for the later". (*Rescuing Business: The Making of Corporate Bankruptcy Law in England and the United States.* Clarendon Press: Oxford, 1998, p. 15-16).

[205] A experiência norte-americana parece demonstrar a importância do procedimento de meta-barganha ocorrido neste país para regular os direitos dos credores garantidos nos casos de ajuizamento de processos de reorganização. Tal procedimento é de extrema importância pois somente com a participação dos credores garantidos nos procedimentos de insolvência e a limitação dos seus direitos no curso do procedimento (em contrapartida à outras garantias conferidas a estes credores) é que a reorganização empresarial se tornaria viável. Tendo em vista que a ampliação da base de credores participantes no procedimento de recuperação judicial no Brasil dependeria, necessariamente, de revisão legislativa, a experiência norte-americana será apresentada no terceiro capítulo deste trabalho, que tratará da proposta de reforma do direito brasileiro.

imediatamente antecedente ao texto do projeto de lei de reforma da Lei de Falências, a redação do artigo 48 (correspondente ao atual artigo 49, após renumeração) continha previsão diametralmente oposta à do dispositivo atual correspondente. Segundo o referido dispositivo, em relação aos credores titulares da posição de proprietário fiduciário "prevalecerão os direitos de propriedade sobre a coisa e as condições contratuais, observada a legislação respectiva, podendo ainda o plano de recuperação judicial prever outras condições de cumprimento do contrato na forma do art. 50, I".

Relatos indicam que as modificações à redação do antigo artigo 48 para o atual artigo 49 foram realizadas às pressas em atenção a interesses particulares de credores financeiros[206], havendo um distanciamento conceitual entre as previsões originais do projeto de 1993 a 2000 e as alterações realizadas à redação original a partir de 2000[207], sob o argumento de que ao conferir um tratamento mais privilegiado aos credores financeiros, a LRF incentivaria a redução da taxa de juros, inclusive na concessão de novos financiamentos pelas instituições financeiras às empresas em recuperação judicial[208].

O argumento parece não se sustentar, seja porque o problema do financiamento das empresas em crise (e especialmente a falta dele) é equação complexa e cuja solução depende de uma série de variáveis[209], seja porque não há qualquer sinal de que o privilégio conferido aos créditos financeiros pela LRF tenha servido de incentivo para a ampliação

[206] KATUDJIAN, Elias. *Pela (Re) Inclusão dos Créditos Excluídos da Recuperação.* In DE LUCCA, Newton; DOMINGUES, Alessandra de Azevedo; ANTONIO, Nilva M. Leonardi (Coord.). *Direito Recuperacional: Aspectos Teóricos e Práticos, vol.2.* São Paulo: Quartier Latin, 2012, p. 70.

[207] BEZERRA FILHO, Manoel Justino. *Lei de recuperação de empresas e falência – Lei 11.101/2005 – Comentada artigo por artigo.* 13ª ed. São Paulo: Revista dos Tribunais, 2018, p. 66-67.

[208] BEZERRA FILHO, Manoel Justino. *Lei de recuperação de empresas e falência – Lei 11.101/2005 – Comentada artigo por artigo.* 13ª ed. São Paulo: Revista dos Tribunais, 2018, p. 67.

[209] Ao debruçar-se sobre a matéria, Leonardo Adriano Ribeiro Dias identificou, dentre outros, como principais obstáculos ao financiamento das empresas em crise (a) a assimetria informacional e a perpetuidade da gestão, (b) a majoração do risco de crédito, (c) o risco de a operação de financiamento ser anulada por caracterização de fraude contra credores, (d) a concorrência do financiador com outros créditos pré-existentes, (e) a ausência de um mercado secundário de créditos concedidos às empresas em crise, e (f) o estigma das empresas em dificuldade e a desconfiança do credor. (*Financiamento na Recuperação Judicial e na Falência.* São Paulo: Quartier Latin, 2014, p. 265-301).

do financiamento aos empresários insolventes. Em sentido contrário, o problema da falta de financiamento ao devedor em crise é problema atual[210] e demanda, assim, estudo aprofundado[211].

Assim, o estudo dos argumentos que supostamente justificariam a extraconcursalidade dos créditos garantidos por propriedade fiduciária na recuperação judicial, bem como do processo de meta-barganha da reforma que culminou com a entrada em vigor da LRF, demonstra que o conteúdo normativo do artigo 49, §3º, LRF não deriva de uma construção teórica sólida a respeito de características excepcionais de tais créditos ou de seus titulares, que justifiquem a sua não participação no processo coletivo de negociação estruturada, mas sim de opção legislativa, construída às pressas e, ao que tudo indica, em divergência com os termos debatidos durante o longo processo legislativo que culminou na LRF.

1.4. A solução da crise como uma solução coletiva

O estudo apresentado no presente capítulo buscou identificar as bases sobre as quais as reformas dos regimes de insolvência, inclusive a reforma do brasileiro, foram desenvolvidas.

Identificadas diferentes visões a respeito de qual seria o fim maior dos sistemas de insolvência, é possível observar que todas elas incluem, em grau de maior ou menor importância, o interesse dos credores como objeto de tutela pelos regimes concursais.

A caracterização da insolvência como a impossibilidade de o devedor fazer frente às suas dívidas[212] e, ainda, a existência de uma gama de interesses diversos atingidos pela crise empresarial evidenciam que esta se configura, necessariamente, como um problema de natureza coletiva,

210 Nas palavras de Eduardo Secchi Munhoz "o direito concursal brasileiro tem um longo caminho a percorrer na criação de um ambiente seguro e estável que permita o desenvolvimento do mercado de investimento e de financiamento para a empresa em crise, fator crucial para viabilizar a recuperação da empresa". (Munhoz, Eduardo Secchi. *Financiamento e Investimento na Recuperação Judicial*. In Neder Cerezetti, Sheila Christina.; Maffioletti, Emanuelle Urbano. *Dez anos da Lei nº 11.101/2005: Estudos sobre a Lei de Recuperação e Falência*. São Paulo: Almedina, 2015, p. 288).

211 Para estudo aprofundado da matéria, vide Dias, Leonardo Adriano Ribeiro. *Financiamento na Recuperação Judicial e na Falência*. São Paulo: Quartier Latin, 2014.

212 Vide nota de rodapé 7.

independentemente das divergências existentes a respeito dos objetivos dos regimes concursais.

Não é por outra razão que os regimes de reorganização empresarial ao redor do mundo preveem como alternativa para a superação da crise procedimentos coletivos de reorganização que visam a criar um ambiente cooperativo de negociação estruturada entre credores e devedor. Este é um dos pilares fundamentais dos sistemas de reorganização empresarial para a consecução dos seus objetivos, seja qual for a corrente adotada a respeito de quais são eles, se a maximização do retorno dos credores ou a preservação da empresa, no sentido atribuído pelo presente trabalho[213].

Os institutos de recuperação empresarial, portanto, configuram-se como um instrumento de solução coletiva[214] para a crise empresarial. Ainda que a participação e a autonomia da vontade dos credores sejam verificadas em maior ou menor grau em sistemas jurídicos distintos, enquanto solução coletiva, os regimes de reorganização empresarial, tal como a recuperação judicial no Brasil, demandam a mais ampla participação dos credores no processo de negociação estruturada para a consecução dos seus objetivos.

No contexto de apresentar uma solução coletiva para a empresa em crise por meio da recuperação judicial, o estudo das bases teóricas que a princípio justificariam a exclusão dos credores garantidos por propriedade fiduciária da solução coletiva revelou além da fragilidade desta base teórica, verdadeira contradição entre a lógica da solução coletiva para a crise da empresa – valor fundamental dos sistemas de reorganização empresarial – e a regra do artigo 49, §3º, LRF.

Conforme ensina Salomão Filho, a interpretação a que deve se propor o acadêmico é aquela que busque organizar um sistema, mediante o enquadramento de normas em um grupo de valores e prin-

213 Vide nota de rodapé 52.

214 Cf. Buschinelli, Gabriel Saad Kik. *Cessão de Crédito na Recuperação Judicial.* In Neder Cerezetti, Sheila Christina.; Maffioletti, Emanuelle Urbano. *Dez anos da Lei nº 11.101/2005: Estudos sobre a Lei de Recuperação e Falência.* São Paulo: Almedina, 2015, p.311. A ideia de "solução coletiva" é aqui apresentada como a existência de um fórum para composição dos interesses afetados pela crise empresarial em busca de um remédio para a crise.

cípios, em busca da coerência da lei com o sistema de valores[215]. É a essa tarefa que o presente trabalho se propõe nos próximos capítulos, sob duas perspectivas distintas.

O segundo capítulo buscará fornecer nortes interpretativos para a regra contida no artigo 49, §3º, LRF, já que, a nosso ver, a correta interpretação e aplicação da lei certamente mitigaria alguns problemas de distorção na aplicação do referido dispositivo, verificados na realidade. Já o terceiro capítulo, reconhecendo que a mais adequada solução para o problema enfrentado demandaria necessariamente alterações legislativas, buscará apresentar propostas de reforma para a legislação atualmente em vigor.

[215] *Recuperação de Empresas e Interesse Social*. In SOUZA JUNIOR, Francisco Satiro de; PITOMBO, Antônio Sérgio A. de Moraes (coords.). *Comentários à Lei de Recuperação de Empresas e Falência – Lei 11.101/2005 – Artigo por Artigo*, 2ª ed., São Paulo: Revista dos Tribunais, 2007, p. 43

CAPÍTULO 2

OS CRÉDITOS GARANTIDOS POR PROPRIEDADE FIDUCIÁRIA NA RECUPERAÇÃO JUDICIAL – O QUE SIGNIFICA SER EXTRACONCURSAL?

O primeiro capítulo deste trabalho visou a apresentar a solução da crise empresarial pelo direito da insolvência como uma resposta de natureza coletiva, bem como identificar em que medida a busca por uma solução coletiva foi internalizada como um dos objetivos do atual sistema de insolvência brasileiro.

Sem ignorar as diferentes posições doutrinárias a respeito dos objetivos dos sistemas de insolvência, buscou-se identificar a existência de um núcleo comum irredutível dos propósitos de tais sistemas e, especificamente, o pano de fundo em que o instituto da recuperação judicial se insere no ordenamento jurídico brasileiro.

A partir desta tarefa, verificamos que, independentemente da visão adotada acerca do fim maior dos sistemas de insolvência, incluindo os regimes de reorganização empresarial – se a maximização do retorno dos credores ou a preservação da empresa – a participação dos credores é pilar fundamental para o atingimento de tais fins. Como consequência lógica desta constatação, quanto mais amplo o rol de credores participantes do regime coletivo da recuperação judicial, maior a probabilidade do instituto e, o sistema de insolvência como um todo, atingir os seus objetivos.

Se por um lado é verdade que a mais ampla participação dos credores permitiria, com maior facilidade, o atingimento dos objetivos dos sistemas de reorganização empresarial, por outro, não se ignora que no regime brasileiro nem todos os credores do devedor participam do procedimento. Como já mencionado ao longo do presente trabalho, este estudo analisará a exclusão de determinados credores do procedimento à luz da solução coletiva para a empresa em crise, somente no tocante aos credores titulares da posição de proprietário fiduciário, conforme regra prevista no artigo 49, §3º da LRF[216].

O presente capítulo não mais questionará os fundamentos da exclusão de tais credores do regime de reorganização empresarial – a esta tarefa se dedicou o primeiro capítulo deste trabalho – mas sim buscará apresentar alguns problemas decorrentes da aplicação do artigo 49, §3º, LRF e propor nortes interpretativos para a aplicação da regra. Trata-se, portanto, de tarefa que se guiará pelo direito posto.

Isso porque, embora se tenha confirmado a hipótese de que a exclusão dos credores titulares da posição de proprietário fiduciário não se coaduna com a entrega de uma solução coletiva para a empresa em crise, acredita-se que, sob a perspectiva do direito brasileiro, parte da solução poderia ser alcançada pela precisa aplicação da regra do artigo 49, §3º, LRF, evitando-se, assim, alguns dos problemas de distorção e de insegurança jurídica que serão a seguir apresentados.

Assim, sem ignorar eventual proposta de alteração legislativa para a inclusão dos credores titulares da posição de proprietário fiduciário no procedimento de reorganização empresarial regido pelo direito brasileiro (que será abordada no terceiro capítulo), este capítulo busca, a partir da apresentação de alguns problemas decorrentes da aplicação do artigo 49, §3º, LRF, conferir ao referido dispositivo a interpretação que se entende mais adequada, à luz da solução coletiva para a crise empresarial e do princípio da preservação da empresa[217].

[216] Art. 49. Estão sujeitos à recuperação judicial todos os créditos existentes na data do pedido, ainda que não vencidos.
(...)
§ 3º Tratando-se de credor titular da posição de proprietário fiduciário de bens móveis ou imóveis, de arrendador mercantil, de proprietário ou promitente vendedor de imóvel cujos respectivos contratos contenham cláusula de irrevogabilidade ou irretratabilidade, inclusive em incorporações imobiliárias, ou de proprietário em contrato de venda com reserva de domínio, seu crédito não se submeterá aos efeitos da recuperação judicial e prevalecerão os direitos de propriedade sobre a coisa e as condições contratuais, observada a legislação respectiva, não se permitindo, contudo, durante o prazo de suspensão a que se refere o § 4º do art. 6º desta Lei, a venda ou a retirada do estabelecimento do devedor dos bens de capital essenciais a sua atividade empresarial.

[217] Neder Cerezetti, ao analisar o tratamento concedido aos interesses envolvidos pelas sociedades por ações em recuperação judicial identifica que a adequada proteção de tais

Não se trata de conferir ao texto legislativo interpretação diversa daquela que textualmente foi apresentada pelo legislador[218], mas sim analisar o que de fato dispõe o referido dispositivo legal, isto é, o que significa "não ter o seu crédito sujeito aos efeitos da recuperação judicial" com a prevalência dos "direitos de propriedade sobre a coisa e as condições contratuais, observada a legislação respectiva, não se permitindo, contudo, durante o prazo de suspensão a que se refere o §4º do art. 6º (...) [da LRF], a venda ou a retirada do estabelecimento do devedor dos bens de capital essenciais a sua atividade empresarial".

2.1. Os créditos sujeitos e não sujeitos à recuperação judicial

No regime brasileiro, pode-se afirmar que a sujeição de um crédito à recuperação judicial é determinável por meio de dois critérios: o primeiro, pautado em uma visão temporal, diz respeito ao momento de surgimento do crédito (se antes ou depois do ajuizamento do pedido) enquanto o segundo, pautado em uma análise material, diz respeito às características do crédito, que determinam a sua sujeição ao procedimento[219].

Dizer que um crédito é sujeito à recuperação judicial significa que ele poderá ter as suas características alteradas pelo plano de recuperação judicial e que sua exigibilidade, em face do devedor em recuperação judicial, estará suspensa durante o procedimento.

2.1.1. A regra geral do artigo 49, *caput*, LRF

A regra geral, prevista no artigo 49, *caput* da LRF dispõe que estarão sujeitos aos efeitos da recuperação judicial todos os créditos existentes

interesses, muitas vezes depende apenas "do desenvolvimento de uma interpretação das regras vigentes, com vistas à efetivação do princípio declarado no art. 47 do mesmo diploma" (*A Recuperação Judicial de Sociedade por Ações – O Princípio da Preservação da Empresa na Lei de Recuperação e Falência*. São Paulo: Malheiros, 2012, p. 427-428).

[218] Conforme Maximiliano, a título de "justiça social", não pode o Poder Judiciário, por meio do Estado-Juiz, ignorar a lei. Para o autor, deve a jurisprudência verificar qual comando o sistema jurídico produz àquela situação e aplicar a norma de acordo com o ideal buscado pelo legislador. (*Hermenêutica e aplicação do direito*. Rio de Janeiro: Forense, 2007, p. 65).

[219] Scalzilli, João Pedro; Tellechea, Rodrigo; Spinelli, Luis Felipe. *Recuperação de Empresas e Falência: Teoria e Prática na Lei 11.101/2005*, 2ª. Ed, São Paulo: Almedina, 2017, p. 240.

na data do pedido, ainda que não vencidos. Do ponto de vista temporal, estabelece-se, na data do pedido, um retrato do endividamento do devedor existente[220] naquele momento e que será reestruturado pelo procedimento.

Naturalmente, portanto, todos os créditos cujo fato gerador tenha ocorrido após a ajuizamento do pedido de recuperação judicial estarão excluídos dos efeitos do procedimento e, assim, deverão ser adimplidos normalmente pelo devedor. Trata-se de consequência lógica da recuperação judicial, que embora vise a conferir uma solução para o endividamento do devedor, pressupõe que, com a negociação da dívida anterior ao pedido, este tenha condições de dar continuidade à suas atividades, enquanto ente societário vivo, inclusive mediante o adimplemento de novas obrigações que venham a ser contraídas.

2.1.2. Exceção material à regra geral: Créditos garantidos por propriedade fiduciária

Como já afirmado ao longo deste trabalho, a LRF exclui dos efeitos da recuperação judicial e, consequentemente, da negociação estruturada coletiva, parcela relevante do passivo do devedor, tais como os débitos com origem em adiantamentos de contrato de câmbio, os tributários, os decorrentes de contratos de compra e venda com reserva de domínio, entre outros.

Sem adentrar nos fundamentos que justificariam a exclusão de cada um destes exemplos dos efeitos da recuperação judicial, o presente trabalho foca tão somente nos créditos garantidos pela propriedade fidu-

[220] Interessante notar que o critério adotado pelo legislador e confirmado pela jurisprudência é focado no momento da existência do crédito, isto é, do seu surgimento. Observa-se, assim, o "fato gerador" do crédito, ainda que o seu reconhecimento, por declaração judicial ou arbitral, ou a sua liquidação sejam posteriores à data do pedido. Nesse sentido, Cássio Cavalli e Luiz Roberto Ayoub sustentam que "se o crédito existe ao tempo do pedido, de regra, sujeita-se ele à recuperação judicial, mesmo que a ele não se tenha acrescido a eficácia da pretensão, nem da ação, consonante pode ler-se pela parte final do caput do art. 49 da LRF" (*A construção jurisprudencial da recuperação judicial de empesas*.2ª ed. Rio de Janeiro: Forense, 2016, p. 37-40). O mesmo entendimento foi firmado no julgamento dos seguintes recursos: STJ, AgRg na RCDESP na MC 17669, 4ª Turma, Rel. Min. Isabel Gallotti, j. em 16.6.2011 e TJSP, Agravo de Instrumento nº 2074695-66.2015.8.26.0000, 1ª Câmara Reservada de Direito Empresarial, Rel. Des. Francisco Loureiro, j. em 24.6.2015, dentre tantos outros.

ciária de bens móveis e/ou imóveis e cuja extraconcursalidade sempre estará limitada ao valor da garantia, em razão da própria lógica da extraconcursalidade e da caracterização da propriedade fiduciária como garantia exclusiva, segundo a qual o credor teria o seu direito de crédito satisfeito pelo bem[221].

Interessante notar que, durante alguns anos após a entrada em vigor da LRF, muito se discutiu a respeito da sujeição ou não sujeição dos créditos garantidos pela alienação fiduciária sobre direitos creditórios (ou cessão fiduciária) aos efeitos da recuperação judicial. A referida controvérsia, em suma, tem origem na dúvida (atualmente superada pela jurisprudência do STJ[222]) acerca da caracterização dos direitos creditórios como bem móvel, para fins do artigo 49, §3º, LRF, na medida em que o referido dispositivo não menciona de forma expressa o credor titular da posição de proprietário fiduciário sobre direitos creditórios, mas somente o titular da posição de "proprietário fiduciário de bens móveis ou imóveis".

A caracterização dos direitos creditórios como um bem móvel e, consequentemente, a exclusão dos efeitos da recuperação judicial dos créditos garantidos por cessão fiduciária foi resolvida à luz de lições de direito civil[223], inclusive tendo em vista o disposto no artigo 83 do Código Civil

[221] Nesse sentido, o enunciado 51 da 1ª Jornada de Direito Comercial dispõe que "o saldo do crédito não coberto pelo valor do bem e/ou da garantia dos contratos previstos no § 3º do art. 49 da Lei n. 11.101/2005 é crédito quirografário, sujeito à recuperação judicial".

[222] Nesse sentido, vide os seguintes julgados: STJ, REsp nº 1.263.500, Quarta Turma, Min. Rel. Maria Isabel Gallotti, j. em 5.2.2013; STJ, REsp nº 1.202.918, Terceira Turma, Min. Rel. Ricardo Villas Bôas Cueva, j. em 7.3.2013; TJSP, Agravo de Instrumento nº 0020330-43.2008.8.26.0000, Câmara Especial de Falências e Recuperações Judiciais, Rel. Des. Romeu Ricupero, j. em 19.11.2008; TJSP, Agravo de Instrumento nº 0035828-48.2009.8.26.0000, Rel. Des. Romeu Ricupero, j. em 9.6.2009; TJSP, Agravo de Instrumento nº 9025267-06.2009.8.26.0000, Rel. Des. Romeu Ricupero, j. em 28.7.2009; TJSP, Agravo de Instrumento nº 0338551-64.2009.8.26.0000, Rel. Des. Romeu Ricupero, j. em 27.10.2009; TJSP, Agravo de Instrumento nº 9037061-24.2009.8.26.0000, Rel. Des. Pereira Calças, j. em 15.12.2009, dentre outros.

[223] Sobre o tema, Caio Mario da Silva Pereira destaca que "Em sentido estrito, porém, o objeto da relação jurídica, o bem jurídico, pode e deve, por sua vez, suportar uma distinção, que separa os bens propriamente ditos das coisas. Os bens, especificamente considerados, distinguem-se das coisas, em razão da materialidade destas: as coisas são materiais ou concretas, enquanto que se reserva para designar os imateriais ou abstratos o nome bens, em

que, em seus incisos II e III caracteriza como móveis, os direitos reais sobre objetos móveis e ações correspondentes, bem como os direitos pessoais de caráter patrimonial e respectivas ações.

Ainda que à luz do direito civil não nos pareça que haveria outra interpretação a ser conferida pela jurisprudência à exclusão dos créditos garantidos por cessão fiduciária de direitos creditórios dos efeitos da recuperação judicial, tal conclusão, bem como os efeitos dela decorrentes, não foram inicialmente previstos pelo legislador, quando da redação da LRF.

Primeiro porque a própria redação do artigo 49, §3º, LRF prevê que "prevalecerão os direitos de propriedade sobre a **coisa**", e, ao modular os efeitos da não sujeição dos créditos garantidos por propriedade fiduciária aos efeitos da recuperação judicial dispõe que ficará vedada "a **venda ou a retirada do estabelecimento** do devedor dos **bens de capital** essenciais a sua atividade empresarial" (grifos nossos).

A regra, tal como redigida, parece indicar que o legislador buscou[224] excluir da regra geral apenas os créditos garantidos pela propriedade fiduciária sobre bens (móveis ou imóveis), mas não sobre direitos, de modo que, também por se tratar de uma regra de exceção, limitadora de direitos "a boa hermenêutica exige que a referida norma seja interpretada restritivamente, sendo incabível qualquer forma de presunção, analogia ou ampliação"[225].

sentido estrito. Uma casa, um animal de tração são coisas, porque concretizado cada um em uma unidade material e objetiva, distinta de qualquer outra. Um direito de crédito, uma faculdade, embora defensável ou protegível pelos remédios jurídicos postos à disposição do sujeito em caso de lesão, diz-se, com maior precisão, ser um bem. Sob o aspecto de sua materialidade é que se faz a distinção entre a coisa e o bem
(Ruggiero, Teixeira de Freitas, Windscheid, Endemann)". (*Instituições de Direito Civil*, 19ª ed., Rio de Janeiro: Forense, 1999, vol. I, p. 253).
O Tribunal de Justiça de São Paulo também consolidou o seu entendimento sobre a matéria por meio da edição da súmula 59, segundo a qual "Classificados como bens móveis, para os efeitos legais, os direitos creditórios podem ser objeto de cessão fiduciária".

[224] Friederich Karl Von Savigny destaca que a interpretação da lei deve ser pautada na análise do pensamento ali contido. O intérprete deve, portanto, "se localizar no ponto de vista do legislador e, assim, produzir artificialmente seu pensamento" (*Metodologia jurídica* [tradução Heloísa Buratti], 1ª ed. São Paulo: Rideel, 2005, p. 25.

[225] Voto vencido da Min. Nancy Andrighi, nos autos do REsp nº 1.202.918/SP, j. em 7.3.2013. No mesmo sentido, Sergio Campinho anota que "a cessão fiduciária de direitos creditórios

Da mesma forma, considerando que a LRF é posterior à Lei nº 10.931/04, parece-nos que, caso tivesse sido a intenção do legislador, a menção aos créditos garantidos por cessão fiduciária teria sido feita de forma expressa[226].

Ainda, a menção expressa a "bens de capital"[227] e à sua "retirada do estabelecimento do devedor" não parece conviver com a ideia de que a garantia fiduciária sobre direitos creditórios foi prevista pelo legislador como integrante do gênero de propriedade fiduciária sobre bens móveis, para fins da regra prevista no artigo 49, §3º, LRF, porquanto incompatível com a natureza dos direitos creditórios, que são incorpóreos[228].

se submete aos efeitos da recuperação por não estar prevista dentre as exceções capituladas no §3º do artigo 49, seguindo, por isso, o mesmo curso dos créditos em geral, nos termos do caput do indigitado preceito. Isto porque o §3º aponta como exceção o credor titular da posição de proprietário fiduciário de bens móveis ou imóveis. Apesar de os títulos de crédito, em gênero, poderem ser enquadrados na categoria de bens móveis, o certo é que o legislador, que não se vale de palavras vãs, contemplou a posição de proprietário, que traduz, portanto, a existência de um direito real sobre a coisa. Ora, na cessão fiduciária de direitos creditórios, a posição do credor é a de titular de um direito pessoal e não real. Assim, como a regra do §3º é de exceção, deve ser interpretada de forma restrita" (*Falência e Recuperação de Empresa*, Rio de Janeiro: Renovar, 7ª ed., 2015, p. 154)

226 O mesmo argumento foi sustentado pelo Deputado Federal Carlos Bezerra ao apresentar o Projeto de Lei (PL nº 4.586/2009) que propõe nova redação ao *caput* do artigo 49, LRF, para prever que os créditos garantidos por cessão fiduciária estão sujeitos aos efeitos da recuperação judicial (disponível em http://www.camara.gov.br/proposicoesWeb/prop_mostrarintegra?codteor=631077&filename=PL+4586/2009, último acesso em 1.9.2018).

227 O conceito de bens de capital está definido no Dec. nº 2.179/97, que dispõe sobre incentivos fiscais para o desenvolvimento regional e especifica produtos, prevendo o seu artigo 2º, inciso I que são bens de capital "*as máquinas, equipamentos, inclusive de testes, ferramental, moldes e modelos para moldes, instrumentos e aparelhos industriais e de controle de qualidade, novos, bem como os respectivos acessórios, sobressalentes e peças de reposição, utilizados no processo produtivo e incorporados ao ativo permanente*"

228 No mesmo sentido, Marcelo Barbosa Sacramone destaca que os recursos financeiros, como o crédito cedido fiduciariamente, ainda que seja importante para a manutenção da atividade que se busca preservar não podem ser considerados bens de capital dada a sua natureza, de modo que a recuperação judicial do devedor não impediria a amortização de dívida pelo credor garantido por esta modalidade de garantia, desde que regularmente constituída. (*Comentários à lei de recuperação de empresas e falência*. São Paulo: Saraiva, 2018, p. 211).

Em sentido contrário, posiciona-se Eduardo Secchi Munhoz, segundo o qual não admitir que os direitos creditórios cedidos fiduciariamente em garantia sejam classificados como

A dificuldade em compatibilizar a natureza incorpórea dos direitos creditórios, objeto de garantias de natureza fiduciária e as regras que versam sobre os créditos garantidos por propriedade fiduciária na LRF é responsável por parte dos problemas de distorção e de insegurança jurídica na aplicação do artigo 49, §3º, LRF, que serão exploradas no tópico seguinte.

2.2. Problemas de distorção e de insegurança jurídica na aplicação da regra do artigo 49, §3º, LRF

Verificada a incompatibilidade existente entre a ideia de mais ampla participação dos credores nos regimes de reorganização empresarial como importante instrumento para o atingimento dos objetivos dos sistemas de insolvência e a existência de regra que exclui parte destes credores do processo de negociação estruturada com o devedor, parece-nos intuitivo que o surgimento de questões decorrentes da aplicação da referida regra à luz dos princípios norteadores da LRF seja inevitável[229].

O presente item busca, além de apresentar as referidas questões e, quem sabe assim permitir a reflexão acerca de eventual mudança legislativa a este respeito, propor padrões interpretativos da regra contida no artigo 49, §3º, LRF visando a maior aproximação dos seus efeitos com aqueles que, a nosso ver, foram almejados pelo legislador, quando da redação da LRF.

A seleção dos problemas de distorção e insegurança jurídica decorrentes da aplicação da regra do artigo 49, §3º, LRF partiu da análise de questões verificadas em casos concretos, a partir de levantamento jurisprudencial realizado em alguns tribunais brasileiros.

bens de capital, para o fim da aplicação da regra contida na parte final do artigo 49, §3º, LRF, representaria interpretação excessivamente apegada à literalidade da lei e desvinculada da sua finalidade. (*Cessão fiduciária de direitos de crédito e recuperação judicial de empresa.* In Revista do Advogado, Ano XXIX, n. 105, 2009, p. 44).

[229] Para Judith Martins Costa, mesmo fora do contexto de insolvência, o negócio fiduciário apresenta desafios inerentes à sua existência na medida em que tem sua origem em outros sistemas jurídicos (especialmente o germânico, como já apontado no primeiro capítulo) e é facilmente confundido com outros institutos de tratamento tradicional do direito brasileiro, como o negócio indireto e o negócio simulado (*Os Negócios Fiduciários – considerações sobre a possibilidade de acolhimento do trust no Direito Brasileiro.* In Revista dos Tribunais, v. 657, jul./1990, p. 37.

Destaca-se, desde logo, que as questões que serão a seguir apresentadas, e o levantamento jurisprudencial realizado não têm como objetivo conferir à presente pesquisa qualquer valor quantitativo ou estatístico. Buscou-se tão somente ilustrar pontos que, à luz da experiência, merecem atenção na aplicação da regra do artigo 49, §3º, LRF e que muitas vezes são fontes de distorção na sua aplicação e de insegurança jurídica aos jurisdicionados. Assim, ainda que não se busque conferir caráter quantitativo às informações a seguir apresentadas, objetiva-se iluminar algumas questões para reflexão.

A partir do levantamento jurisprudencial realizado foram identificadas as seguintes questões que, neste tópico serão apresentadas:

(1) As consequências de eventual esvaziamento da garantia do credor;
(2) A eventual renúncia à extraconcursalidade ou à garantia, em razão do ajuizamento de ação de execução e/ou penhora sobre outros bens do devedor;
(3) A extensão do *stay period* aos bens oferecidos em garantia;
(4) A competência para decidir sobre a constrição, destinação e/ou a essencialidade dos bens do devedor e,
(5) O "princípio da preservação da empresa" como fundamento para relativização da regra do artigo 49, §3º, LRF

O levantamento jurisprudencial foi realizado no STJ[230], TJSP e TJRJ[231].

[230] A escolha pelo STJ se justifica na medida em que as decisões proferidas por este Tribunal possuem menor probabilidade de terem o seu mérito alterado em relação aos demais Tribunais brasileiros, cujas decisões ainda são passíveis de diversos recursos, pela sistemática processual vigente. Ademais, é notório o fato de que as decisões proferidas pelo Tribunal em questão, de alguma forma, servem como paradigma para os Tribunais Estaduais, podendo influenciar as decisões a serem proferidas por estes últimos.
Adicionalmente, o STJ é o Tribunal competente para julgar conflitos de competência entre juízos de diferentes Estados da Federação. Nesse sentido, imaginou-se que eventuais debates sobre a extraconcursalidade dos créditos garantidos por propriedade fiduciária poderiam ser levados ao STJ no caso, por exemplo, de o processo de recuperação judicial do devedor e a ação individual movida contra ele tramitarem em comarcas localizadas em Estados distintos.

[231] A escolha pelos Tribunais de Justiça dos Estados de São Paulo e do Rio de Janeiro justifica-se na medida em que tais Estados apresentam-se como os Estados de maior pode-

Além da delimitação dos Tribunais, o levantamento jurisprudencial sofreu também uma delimitação temporal. Foram selecionadas decisões cuja data de julgamento tenha ocorrido entre 9 de junho de 2005, data em que a LRF entrou em vigor e 30 de junho de 2018 (inclusive)[232].

Por fim, o levantamento jurisprudencial se pautou por critérios de busca pré-estabelecidos. A escolha de tais critérios foi feita de modo a abarcar o maior número de decisões possível e a evitar que, em razão dos termos de busca utilizados, o levantamento jurisprudencial perdesse sua neutralidade.

Os termos de busca utilizados em cada um dos tribunais foram "fiduciária" e "recuperação judicial" e "extraconcursal", o que inicialmente

rio econômico do Brasil, sendo locais de elevado número de impetrações de Recuperações Judiciais, observado critério de competência para processamento da recuperação judicial do devedor, previsto no artigo 3º da Lei nº 11.101/05. Em ranking elaborado em 2015 pelo Qatar Financial Centre, foram elencadas 82 cidades no mundo, a partir de cinco critérios distintos: ambiente de negócios, desenvolvimento do setor financeiro, infraestrutura, capital humano e fatores gerais e de reputação. As únicas duas cidades brasileiras que foram mencionadas no referido ranking foram São Paulo e Rio de Janeiro, em 43º e 47º lugar, respectivamente. Vide: http://exame.abril.com.br/economia/album-de-fotos/os-20-centros-financeiros-mais-importantes-do-mundo-em-2015.

Nesse sentido, um estudo encomendado pela Secretaria de Assuntos Legislativos do Ministério da Justiça à Fundação Getúlio Vargas revelou que o TJSP e o TJRJ são, conjuntamente, responsáveis por pelo julgamento de mais de 70% de todos os julgados encontrados nos 27 Estados da Federação, envolvendo a aplicação do artigo 49, §3º da Lei nº 11.101/05 (Cf. Relatório Final de Pesquisa do Projeto Pensando o Direito: Avaliação da Nova Lei de Falências (Lei nº 11.101/2005), disponível em http://pensando.mj.gov.br/publicacoes/?pub_id=6829, último acesso em 20.5.2015).

De igual modo, quando comparado a outros Tribunais Estaduais, o TJSP e o TJRJ destacam-se pela quantidade de informações passíveis de acesso pelos seus sites institucionais, cabendo destacar ainda que o TJSP foi pioneiro na criação de Câmaras Reservadas à Falência e Recuperação Judicial, ainda que atualmente tais órgãos julguem outras matérias afetas ao direito empresarial.

[232] No tocante ao corte temporal do levantamento jurisprudencial, importante destacar que foram coletados os julgados cujo inteiro teor encontravam-se disponíveis nos sites institucionais dos Tribunais até o dia 27 de agosto de 2018. Assim, é possível que alguns julgados, ainda que datados entre a data de corte estabelecida nesta pesquisa, tenham sido excluídos da análise, por não estarem disponíveis nos sites dos Tribunais quando da conclusão do levantamento jurisprudencial.

resultou um total de mil seiscentas e uma decisões (incluindo-se decisões monocráticas e acórdãos), conforme tabela abaixo:

Tribunal	Total de Decisões
STJ	312
TJSP	1112
TJRJ	176

Após o levantamento das decisões nos Tribunais selecionados, utilizando como parâmetro os termos de busca mencionados, foram excluídas todas as decisões que não se relacionavam com o objeto da presente pesquisa[233], bem como as decisões que analisavam apenas questões processuais. Realizada a exclusão de julgados conforme estes critérios, chegou-se ao total de quinhentas e quarenta e quatro decisões[234], conforme abaixo:

Tribunal	Total de Decisões após aplicação dos critérios de exclusão
STJ	98
TJSP	407
TJRJ	39

Uma vez estabelecido o número de decisões que seriam objeto de estudo, cada uma delas foi classificada e analisada de acordo com formu-

[233] A título exemplificativo, foram excluídas decisões de recursos que não tiveram o seu mérito julgado e decisões cujo objeto não se relacionavam com o objeto da pesquisa, mas que foram encontradas no levantamento jurisprudencial porque citavam ementas de decisões que continham os termos de busca utilizados.

[234] Para relação completa das decisões encontradas para os termos de busca em cada Tribunal, e das decisões que foram excluídas da pesquisa empírica por não se relacionarem com o objetivo da presente pesquisa e/ou por tratarem apenas questões processuais, vide Apêndice A.

lário próprio[235], de modo a sistematizar se, e como as decisões encontradas tratavam das questões levantadas[236].

[235] O Apêndice B do presente trabalho apresenta um modelo de preenchimento do formulário de análise, utilizado para estudo das decisões que compuseram o levantamento jurisprudencial. O formulário devidamente preenchido com informações de todas as decisões analisadas na elaboração do presente trabalho estão em poder da autora e à disposição do leitor que as queira consultar.

[236] O preenchimento do formulário de análise foi feito com base na leitura integral dos acórdãos e decisões monocráticas que compõe o universo de julgados levantados, na medida em que uma análise preliminar demonstrou que o conteúdo da ementa de diversos julgados não necessariamente refletia o inteiro teor das decisões. Foram estabelecidos os seguintes critérios de preenchimento dos formulários:

(a) Identificação do acórdão: Dados acerca do Recurso julgado, número de recurso, Tribunal, Órgão Julgador e data de julgamento, para que caso o leitor deseje consiga encontrar a mesma decisão analisada no *site* do respectivo Tribunal.
(b) Votação Unânime?: Busca verificar se houve voto divergente no julgamento. As possíveis respostas para esta pergunta são "sim" ou "não".
(c) Processo de origem: Busca identificar se a decisão analisada tem origem recurso interposto contra decisão proferida em processo de recuperação judicial, em ação individual ou em ambos os processos no caso, por exemplo, de conflitos de competência. As possíveis respostas para este item são "RJ", "Ação Individual" ou "RJ e Ação individual" (Conflito de Competência).
(d) Tipo de garantia fiduciária: Busca identificar a modalidade de garantia fiduciária conferida ao credor no caso concreto. As possíveis respostas para este item são: "alienação fiduciária de bens móveis", "alienação fiduciária de bens imóveis", "alienação fiduciária de participação societária" ou "cessão fiduciária de direitos creditórios", com a possibilidade de menção a mais de um tipo de garantia fiduciária, conforme aplicável.
(e) Ao menos uma questão na aplicação do artigo 49, §3º, LRF é mencionada?: Busca identificar se, ao menos uma das questões seguintes foi mencionada/enfrentada pela decisão. A inclusão dessa coluna revelou-se necessária especialmente para a eventual aplicação de filtros na planilha em excel. As possíveis respostas para esta pergunta são "sim" ou "não".
(f) A competência para decidir sobre a constrição, destinação e/ou essencialidade dos bens do devedor é mencionada? As possíveis respostas para esta pergunta são "sim" ou "não".
(g) A extensão do *stay* aos bens oferecidos em garantia à luz da essencialidade dos bens é mencionada? As possíveis respostas para esta pergunta são "sim" ou "não".
(h) A eventual renúncia à garantia em razão do ajuizamento de execução/ penhora sobre outros bens é mencionada? As possíveis respostas para esta pergunta são "sim" ou "não".

Estas foram as premissas e critérios adotados para a realização do levantamento jurisprudencial.

Em razão do reconhecimento das diversas limitações do levantamento jurisprudencial realizado, sobretudo limitações a respeito dos critérios de busca utilizados e sob o aspecto territorial, reitera-se que não se pretendeu com o levantamento jurisprudencial, assim como não se pretende com a menção às decisões neste capítulo, conferir-lhes qualquer roupagem de pesquisa empírica quantitativa e estatística. Também não se pretende exaurir, mas sim exemplificar, por meio das decisões levantadas, questões importantes decorrentes da aplicação do artigo 49, §3º, LRF, para estudo à luz da dogmática jurídica.

Dessa forma, a menção às decisões judiciais com o objetivo de ilustrar problemas extraídos da realidade não busca esgotar as questões relevantes do estudo do tema, mas ilustrar algumas das dificuldades com as quais a prática se depara para a devida reflexão, na medida em que a simples existência de um posicionamento jurisprudencial acerca de

(i) Há menção ao "princípio da preservação da empresa"/ prejuízo à manutenção da atividade? As possíveis respostas para esta pergunta são "sim" ou "não".

O preenchimento dos itens da planilha de excel indicados nos tópicos (d) a (i), acima, foram a partir do inteiro teor da decisão, incluindo outros votos que não o do Desembargador Relator, nos casos em que um ou mais integrantes das Turmas Julgadoras optaram por declarar o seu voto, seja ele divergente ou convergente com o voto do relator. Adicionalmente, foram criadas três colunas para a inclusão de trechos relevantes da decisão analisada que justificasse a resposta das colunas anteriores, isto é, dos itens (d) a (i) acima.

A primeira coluna foi preenchida com trechos relevantes do voto do Desembargador Relator. Nos casos em que uma ou mais questões acima descritas foram enfrentadas pelo tribunal, a referida cédula foi preenchida com o trecho relevante que justifique a resposta anterior. Nos casos em que nenhuma nas questões foram analisadas, a referida cédula foi preenchida com "N/A" (Não aplicável).

A segunda e a terceira coluna, do mesmo modo, foram preenchidas com trechos relevantes dos votos do Desembargador Revisor e Desembargador Vogal (ou outros integrantes da Turma Julgadora), respectivamente, nos casos em que ao menos um deles tenha declarado seu voto (seja sele convergente ou divergente com o voto do Desembargador Relator). Nos casos de decisões monocráticas ou em que nenhuma nas questões foram analisadas, a referida cédula foi preenchida com "N/A" (Não aplicável) e, nos casos em que não houve nenhuma manifestação expressa dos demais integrantes da Turma Julgadora (isto é, a decisão colegiada é composta apenas pelo voto do Desembargador Relator) a cédula foi preenchida com "Acompanhou o relator".

determinada questão não deve significar que tal posicionamento é o correto ou que esteja livre de questionamentos[237].

2.2.1. Os limites da extraconcursalidade: Acesso à garantia

Uma das questões verificadas na aplicação prática do artigo 49, §3º, LRF e que, a nosso ver, merece atenção consiste no que denominamos de "limites da extraconcursalidade", isto é, até onde vai o direito de o credor titular da posição de proprietário fiduciário receber o seu crédito frente ao devedor em recuperação judicial.

Neste primeiro ponto, ainda não abordaremos a parte final do artigo 49, §3º, LRF que veda a retirada de bens de capital essenciais do estabelecimento do devedor durante o *stay period*. Dito de outra forma, importa entender os limites do exercício do direito de crédito do credor, mesmo assumindo que os bens sobre os quais recai a sua garantia fiduciária não sejam considerados bens de capital essenciais ao exercício da atividade do devedor e, portanto, não se enquadrem na exceção prevista na parte final do §3º do artigo 49, LRF.

A questão pode ser desdobrada em duas provocações verificadas pelo levantamento jurisprudencial. A primeira a respeito do eventual esvaziamento da garantia fiduciária (ou redução do seu valor frente ao das obrigações garantidas) e a segunda a respeito da eventual renúncia à garantia nos casos em que o credor busca a satisfação do seu crédito por meio da constrição de bens diversos daqueles sobre os quais recai a sua garantia.

Quando mencionamos o eventual esvaziamento da garantia fiduciária, podemos imaginar, por exemplo, situações em que o bem alienado fiduciariamente teve o seu valor deteriorado pelo seu uso e os casos em que o credor possui garantia de cessão fiduciária sobre créditos futuros[238] que ainda não foram performados quando do ajuizamento do pedido de recuperação judicial.

[237] Queiroz, Rafael Mafei Rabelo; Feferbaum, Marina Feferbaum (coords.), *Metodologia jurídica: um roteiro prático para trabalhos de conclusão de curso*, São Paulo: Saraiva, 2012, p. 141.

[238] Importante distinguir aqui a ideia de "crédito futuro" (quando a existência do crédito ainda é incerta e depende de evento futuro) de "crédito certo com vencimento futuro" (quando o crédito existe, mas ainda terá seu vencimento diferido no tempo, em razão da própria ideia de "crédito"). A referida distinção é bem ilustrada por Francisco Satiro de

Em nosso entendimento, nesses casos, não há outra classificação a ser conferida ao crédito no contexto da recuperação judicial se não a de crédito quirografário[239], seja pelo valor total do crédito (quando o valor da garantia é igual a zero), seja pelo saldo do crédito não coberto pelo valor da garantia (quando o valor da garantia é inferior ao valor do crédito garantido).

A conclusão decorre da própria estrutura-função das garantias fiduciárias apresentada no primeiro capítulo que, enquanto garantia real exclusiva, vincula determinado bem ou direito ao cumprimento de certa obrigação. Se o bem ou direito onerado com a garantia fiduciária não mais existe ou tem o seu valor igual a zero, evidente que nada mais diferencia este credor daqueles que não possuem garantia desta natureza[240].

O mesmo racional se aplica aos casos em que a garantia fiduciária recai sobre bem que não pertence ao patrimônio do devedor em recuperação judicial. Nesta hipótese, não há garantia real exclusiva outorgada pelo devedor em crise ao credor. Em outras palavras, o credor não terá a sua obrigação satisfeita pelo devedor por meio da vinculação de um bem do seu patrimônio à satisfação daquela obrigação.

Na análise das relações entre credor e devedor em crise, que deve pautar a classificação dos créditos nos processos de insolvência, nada

Souza Junior através de exemplo em que uma empresa oferece, em garantia os futuros aluguéis devidos pelo locatário de bem de sua propriedade, isto é, os direitos de crédito decorrentes do contrato de locação. Nesta hipótese, admitindo-se que o contrato de locação tenha sido celebrado por tempo indeterminado e admita a possibilidade de denúncia imotivada, é evidente que o crédito cedido fiduciariamente só passa a existir mediante a manutenção da vigência do contrato de locação. Tais créditos são constituídos a cada mês, ainda que haja uma razoável expectativa de que venham a se materializar. (*Recuperação Judicial e a excepcionalidade dos créditos garantidos por cessão fiduciária de créditos futuros.* In GARCIA, Ricardo Lupion *10 anos da Lei de Falências e Recuperação Judicial de Empresas: Inovações, desafios e perspectivas.* Porto Alegre: Editora Fi, 2016, p.168-170).

239 OLIVEIRA, Bruno Kurzweil; PAGIANOTTO, Ricardo Machado. *Os limites da propriedade fiduciária na recuperação judicial – Art. 49, §3º, da Lei 11.101/2005.* In Revista de Direito Bancário e Mercado de Capitais, vol. 62, out. /dez. 2013, p. 228.

240 A mesma conclusão é obtida da interpretação do artigo 1.436, II do Código Civil, segundo o qual, o penhor (e, também a alienação fiduciária já que o artigo 66-B, §5º da Lei nº 4.728/65 estende a sua aplicação para estes casos) será extinto com o perecimento da coisa.

diferencia, portanto, o credor titular de uma garantia fiduciária outorgada por terceiro de um credor que não possui garantia alguma[241].

Ainda no tocante ao esvaziamento da garantia fiduciária e, especificamente nos casos de cessão fiduciária de direitos creditórios futuros, a eficácia da garantia nasce sob a condição suspensiva de que a coisa futura venha a existir. Uma vez constatada a impossibilidade de sua existência (quando, por exemplo, o negócio jurídico que dá origem aos direitos cedidos fiduciariamente é resolvido), a garantia torna-se verdadeiramente ineficaz. Trata-se de risco que é (ou ao menos deveria ser) assumido pelas partes que contratam a referida modalidade de garantia, de modo que eventual argumento no sentido de não poder o credor ser prejudicado em razão de evento estranho à sua relação com o devedor deveria ser, em qualquer caso, afastado[242].

O mesmo raciocínio se aplica ao saldo remanescente do crédito não coberto pelo valor da garantia, apurado na data do pedido de recupe-

[241] No mesmo sentido, é o entendimento do TJSP sobre o tema (vide TJSP, Agravo de Instrumento nº 2145285-29.2019.8.26.0000, 1ª Câmara Reservada de Direito Empresarial, Rel. Des. Gilson Delgado Miranda, j. em 4.9.2019, TJSP, Agravo de Instrumento nº 2041892-88.2019.8.26.0000, 2ª Câmara Reservada de Direito Empresarial, Rel. Des. Mauricio Pessoa, j. em 3.5.2019 e TJSP, Agravo de Instrumento nº 2192620-44.2019.8.26.0000, 1ª Câmara Reservada de Direito Empresarial, Rel. Des. Alexandre Lazzarini, j. em 18.9.2019). A matéria, aliás, foi objeto do enunciado nº 6 do Grupo de Câmaras Reservadas de Direito Empresarial, em sessão realizada em fevereiro de 2019, com a redação a seguir transcrita: "Inaplicável o disposto no art. 49, §3º da Lei nº 11.101/05, ao crédito com garantia prestada por terceiro, que se submete ao regime recuperacional, sem prejuízo do exercício, pelo credor, de seu direito contra o terceiro garantidor", conforme Comunicado nº 02/2019, da SPr (Secretaria da Presidência). O STJ, contudo, em setembro de 2021, ao julgar o Recurso Especial nº 1.928.706, afastou o referido entendimento, mantendo a classificação de um crédito garantido por alienação fiduciária de terceiro como crédito não sujeito aos efeitos da recuperação judicial.

[242] Nesse aspecto, não se ignora que há casos em que o próprio devedor dá causa ao perecimento da garantia (quando, por exemplo, rescinde contratos que dariam origem aos créditos cedidos fiduciariamente). De igual modo, este risco é inerente à contratação de garantias sobre bens e direitos futuros e, portanto, são assumidos pelo credor no momento da contratação. Vale dizer também que os casos em que há dolo ou fraude não devem contaminar a análise aqui realizada, exclusivamente sob a perspectiva de classificação dos créditos na recuperação judicial. Nestes casos, caberá ao credor a busca pela eventual reparação por perdas e danos, na esfera da responsabilidade civil.

ração judicial[243], já que, para fins de apuração e classificação dos créditos do devedor em recuperação judicial, o legislador adotou a data do pedido como marco temporal.

Isso significa que, mesmo se houver expectativa (que pode eventualmente se materializar) de que o valor da garantia será maior após a data do pedido de recuperação (seja porque o bem se valorizará, seja porque os créditos futuros passarão a existir), tais eventos futuros não terão como consequência a ampliação da extraconcursalidade do credor ao longo do procedimento, que sempre estará limitada ao valor da garantia apurado na data do pedido[244], devendo o restante do crédito ser classificado como quirografário[245], conforme dispõe o artigo 83, VI, b, LRF[246] e nos termos do entendimento firmado no enunciado nº 51 da 1ª Jornada de Direito Comercial do Conselho da Justiça Federal[247].

Esta interpretação, a nosso ver, confere maior segurança a todos os participantes do processo de reestruturação, inclusive ao credor que terá resguardado o seu direito de participação na negociação do plano de recuperação judicial, na medida em que, conforme se verá adiante, a classificação do crédito como extraconcursal não autoriza que o credor titular da posição de proprietário fiduciário busque a satisfação do seu crédito por meio da constrição de outros bens do devedor, que não aqueles onerados com a garantia[248].

243 No mesmo sentido, Mange, Eduardo Foz. *Cessão fiduciária de recebíveis na recuperação judicial.* In Revista do Advogado, nº 131, Ano XXXVI, out./2016 p. 57.

244 Sacramone, Marcelo Barbosa. *Comentários à lei de recuperação de empresas e falência.* São Paulo: Saraiva, 2018, p. 207.

245 Salvo se o saldo remanescente do crédito não coberto pela garantia fiduciária for também garantido por alguma outra garantia real ou se houver outro regime excepcional aplicável (como no caso de microempresas e empresários de pequeno porte).

246 "Art. 83. (...) VI – créditos quirografários, a saber: a) aqueles não previstos nos demais incisos deste artigo; b) os saldos dos créditos não cobertos pelo produto da alienação dos bens vinculados ao seu pagamento (...)"

247 "O saldo do crédito não coberto pelo valor do bem e/ou da garantia dos contratos previstos no §3º do art. 49 da Lei n. 11.101/2005 é crédito quirografário, sujeito à recuperação judicial".

248 A referida proibição, conforme se verá, está ligada aos fundamentos que, na sistemática atual, justificam a não sujeição do credor titular da posição de proprietário fiduciário à negociação coletiva. Diferente é a situação, por exemplo, dos credores titulares de créditos com origem em contratos de adiantamento de câmbio, em que não necessariamente haverá

No levantamento jurisprudencial realizado, foram identificadas decisões que tratam da questão e mencionam o esvaziamento da garantia como elemento central para a caracterização de crédito garantido pela cessão fiduciária de créditos futuros como sujeito ou não sujeito aos efeitos da recuperação judicial. A título ilustrativo, destaca-se decisão proferida pelo Des. Manoel de Queiroz Pereira Calças[249], da 1ª Câmara de Direito Empresarial do Tribunal de Justiça do Estado de São Paulo, na qual, uma vez constatado que os créditos cedidos fiduciariamente em garantia não se materializaram, restou o crédito classificado como quirografário na recuperação judicial.

O entendimento manifestado na referida decisão foi também adotado por julgadores em outras oportunidades[250]. Não é possível afirmar, contudo, que estamos diante de um posicionamento firme do TJSP sobre a matéria, na medida em que a amostragem de decisões sobre este ponto ainda é limitada para tal afirmação. Do mesmo modo, há decisões[251] proferidas pelo mesmo Tribunal (e, inclusive pelo mesmo órgão

uma garantia vinculada ao adimplemento daquele crédito que, portanto, poderá, ao menos em tese, ter sua satisfação buscada pelo credor através dos bens disponíveis do devedor.

[249] "Embora não tenha o condão de atingir o crédito do agravante, decorrente de contrato autônomo de mútuo celebrado com a recuperanda, a resilição do contrato a que se vinculava a garantia prestada é fato suficiente para torná-la sem efeito. Por sua conta e risco, na condição de agente econômico livremente atuante no mercado, o agravante aceitou como garantia do empréstimo concedido à agravada a cessão fiduciária de créditos não performados, assumindo, com isso, a álea de eventual frustração dos recebíveis, fator que certamente foi levado em conta no equacionamento econômico-financeiro do contrato" (TJSP, Agravo de Instrumento nº 2096700-82.2015.8.26.0000, 1ª Câmara Reservada de Direito Empresarial, Des. Rel. Pereira Calças, j. em 24.6.2015).

[250] Vide, por exemplo, TJSP, Agravo de Instrumento nº 2227540-20.2014.8.26.0000, Des. Rel. Claudio Godoy, 1ª Câmara Reservada de Direito Empresarial, j. em 24.6.2015; TJSP, Agravo de Instrumento nº 2029505-80.2015.8.26.0000, 2ª Câmara Reservada de Direito Empresarial, Des. Rel. Carlos Alberto Garbi, j. em 11.11.2015; TJSP, Agravo de Instrumento nº 2044974-06.2014.8.26.0000, 1ª Câmara Reservada de Direito Empresarial, Des. Rel. Francisco Loureiro, j. em 5.2.2016; TJSP, Agravo de Instrumento nº 2171135-90.2016.8.26.0000, 1ª Câmara Reservada de Direito Empresarial, Des. Rel. Francisco Loureiro, j. em 17.10.2016; TJSP, Agravo de Instrumento nº 2164476-31.2017.8.26.0000, 1ª Câmara Reservada de Direito Empresarial, Des. Rel. Francisco Loureiro, j. em 17.10.2016.

[251] A título exemplificativo vide TJSP, Agravo de Instrumento nº 2185861-06.2015.8.26.0000, 2ª Câmara Reservada de Direito Empresarial, Des. Rel. Campos Mello, j. em 3.2.2016; TJSP, Agravo de Instrumento nº 2238941-45.2016.8.26.0000, 37ª Câmara de

julgador[252]) em que o posicionamento contrário prevaleceu, no sentido de que a rescisão dos contratos cujos recebíveis estão cedidos fiduciariamente não alteraria a classificação do crédito garantido de extraconcursal para quirografário[253].

Ainda que o levantamento jurisprudencial não nos permita fazer qualquer afirmação de cunho estatístico ou acerca do posicionamento dos tribunais sobre a matéria – até mesmo porque, não se propôs a este fim – fato é que a questão merece atenção dos aplicadores da LRF e dos demais operadores do direito.

Com efeito, a leitura atenta do disposto no artigo 49, §3º, LRF parece sugerir que a lógica da extraconcursalidade do credor titular de garantia fiduciária na recuperação judicial se baseia no fato de que,

Direito Privado, Des. Rel. Israel Góes dos Anjos, j. em 25.7.2017 e TJRJ, Agravo de Instrumento nº 0072073-72.2017.8.19.0000, 9ª Câmara Cível, Des. Rel. Des. Adolpho Andrade Mello, j. em 8.5.2018.

[252] "Para garantir a dívida com as instituições financeiras mencionadas, a IESA cedeu fiduciariamente a estas credoras 50% dos direitos creditórios, principais e acessórios, presentes e futuros, de sua titularidade provenientes do contrato acima citado, pretendendo o Grupo Inepar, com a impugnação oposta, a declaração de esvaziamento da garantia por extinção da avença com TUPI BV e a reclassificação do crédito como quirografário. Pois bem. A alegação de que referido instrumento (entre IESA e TUPI) estaria rescindido, e, em consequência, perdida a garantia, não pode prevalecer, na medida em que a relação jurídica entre estas partes não alcança aquela anteriormente dada a terceiros. Até porque, e como bem observado pela decisão recorrida (e afirmado pelas próprias agravantes), está claro que as recuperandas não concordam com a mencionada rescisão, entendendo que ainda há valores a serem pagos pela TUPI, fato taxativamente declarado na inicial da cautelar de produção antecipada de provas contra ela proposta". (TJSP, Agravo de Instrumento nº 2038350-67.2016.8.26.0000, 1ª Câmara Reservada de Direito Empresarial, Des. Rel. Enio Zuliani, j. em 13.7.2017). No mesmo sentido, vide TJSP, Agravo de Instrumento nº 2226722-63.2017.8.26.0000, 1ª Câmara Reservada de Direito Empresarial, Des. Rel. Fortes Barbosa, j. em 19.4.2018.

[253] "Aliás, admitir o contrário, em caso de utilização dos bens dados em garantia, implicaria reconhecer a extinção de garantia por ato unilateral do devedor. E, se realmente houve desaparecimento dos bens que garantiam o débito, as consequências de tal fato se verificarão em eventual execução ajuizada pelo credor, mas não retirarão a característica de seu crédito ser garantido por alienação fiduciária. Nesse sentido já se decidiu esta Corte (cf. Ag. 446.455-4/3, de São Paulo, Câmara Especial de Falências e Recuperações Judiciais, Rel. Des. Elliot Akel, j. 9.8.2006).
Desse modo está configurada a hipótese prevista no art. 49, §3º, da Lei 11.101/2005 e os efeitos do processamento da recuperação judicial da devedora não atingem esse credor".

por se tratar de "credor proprietário" e em razão da atribuição da natureza de propriedade à propriedade fiduciária[254], este credor, em caso de inadimplemento do devedor, terá a sua dívida satisfeita pelo bem onerado com a garantia.

Isso porque, o artigo 49, §3º, LRF ao dispor que o credor titular da posição de proprietário fiduciário "não se submeterá aos efeitos da recuperação judicial e prevalecerão os direitos de propriedade sobre a coisa e as condições contratuais (...)" coaduna-se com a característica primordial das garantias fiduciárias de, enquanto garantia real exclusiva[255], vincular um determinado bem ao adimplemento da obrigação garantida.

O raciocínio é corroborado pelo tratamento conferido aos credores titulares de garantias fiduciárias na falência, que, caso não se encontrem na posse do bem alienado ou cedido fiduciariamente, deverão formular pedido de restituição em dinheiro perante a massa falida.

Neste contexto, parece-nos que a não sujeição à recuperação judicial dos créditos garantidos por propriedade fiduciária somente faz sentido se, de fato, houver bem ou direito existente vinculado ao cumprimento da obrigação garantida, na data do pedido de recuperação judicial, porquanto este foi o marco temporal para fins de classificação de crédito, adotado pelo legislador brasileiro. Caso contrário – assim como nos casos de perecimento da garantia – o crédito não possuirá características que o diferencie dos créditos não garantidos, estes sujeitos aos efeitos da recuperação judicial[256].

[254] A crítica à caracterização da propriedade fiduciária como propriedade já foi realizada neste trabalho, no primeiro capítulo. Nosso entendimento é de que não há na estrutura-função da propriedade fiduciária qualquer característica que permita à sua aproximação à propriedade em detrimento da sua evidente natureza de garantia.

[255] Sobre esta nomenclatura, vide item 1.3.1.4 deste trabalho.

[256] Nas palavras de Oliveira e Pagianotto "Esta interpretação também se adequa à sistemática da Lei 11.101/2005 quanto à classificação dos credores concursais dotados de garantias reais sobre os seus créditos. O legislador procurou, ao tratar da classificação dos credores na recuperação judicial, privilegiar os detentores de garantias reais em geral justamente por disporem de bens vinculados à satisfação de seus créditos. Contudo, novamente é de se destacar que a simples vinculação de um bem não altera a natureza do crédito e, portanto, na hipótese do bem não ser suficiente para cobrir o crédito em sua integralidade, o remanescente é considerado como meramente quirografário". (*Os limites da propriedade fiduciária na recuperação judicial: art. 49, §3º, da Lei 11.101/2005.* In Revista de Direito Bancário e do Mercado de Capitais, São Paulo, v. 16, n. 62, p. 223-235, out./dez. 2013, p. 227).

Ainda no tocante aos limites da extraconcursalidade, isto é, aos limites do credor quanto aos meios para recebimento do crédito extraconcursal no contexto de recuperação judicial do devedor, deve-se ter em mente que, como já mencionado, o direito do credor sempre estará limitado ao bem ou direito onerado com a garantia fiduciária, não lhe sendo livre, por exemplo, a escolha pela excussão de outros ativos do devedor que não compõem a sua garantia.

Assim, por exemplo, ainda que seja contratualmente assegurado ao credor titular de crédito garantido pela propriedade fiduciária de determinado bem buscar a satisfação por outros meios que não a excussão da sua garantia, no contexto de recuperação judicial, tal escolha necessariamente implicará a renúncia à sua condição de credor não sujeito ao procedimento. Permitir o acesso ilimitado aos bens do devedor pelo credor titular da posição de proprietário fiduciário significaria ingressar na esfera de direitos dos credores quirografários do mesmo devedor que, no limite, têm a satisfação dos seus créditos garantida pela totalidade de bens disponíveis do devedor[257].

Embora em nosso entendimento não haja outro caminho possível a partir da lógica da extraconcursalidade e da estrutura-função das garantias fiduciárias que não a conclusão de que há renúncia, pelo credor, à sua condição de extranconcursal nos casos em que este exerce a sua prerrogativa de executar o seu crédito em face de todo o patrimônio disponível do devedor[258], a questão não parece estar integralmente pacificada pela jurisprudência, conforme indicado por algumas decisões do levantamento jurisprudencial.

De um lado, foram encontradas decisões que aplicam o disposto no artigo 49, §3º, LRF de forma bastante ampla (e a nosso ver sem a devida cautela), permitindo que o credor titular da posição de proprietário fiduciário atinja todo e qualquer bem integrante do patrimônio do deve-

[257] Vide item 1.3.1.4 deste trabalho.

[258] Nesse sentido, dispõe o artigo 4º do Decreto-Lei nº 911/1969, com a redação dada pela Lei nº 13.043/2014: "Art. 4º Se o bem alienado fiduciariamente não for encontrado ou não se achar na posse do devedor, fica facultado ao credor requerer, nos mesmos autos, a conversão do pedido de busca e apreensão em ação executiva, na forma prevista no Capítulo II do Livro II da Lei nº 5.869, de 11 de janeiro de 1973 – Código de Processo Civil".

dor para satisfação do seu crédito[259], sem que tal conduta tenha como consequência a alteração da classificação do crédito na recuperação judicial[260]. De outro, há decisões nas quais a opção do credor em ingressar com ação de execução de título extrajudicial em vez de excutir a sua garantia fiduciária foi interpretada como renúncia à sua condição de cre-

[259] A título exemplificativo, vide "E aí se pergunta: se o credor fiduciário pode se valer do mais que é vender o bem sem qualquer entrave, utilizando-se do judiciário, quando muito, para promover-lhe a busca e apreensão, por que não poderia se valer do menos, que no caso é representado com pedido de execução judicial da dívida, medida muito mais morosa, dispendiosa e trabalhosa sujeita a todo tipo de técnica defensiva pertinente ao devido processo legal?" (TJSP, Agravo de Instrumento nº 1087688-86.2014.8.26.0100, 11ª Câmara de Direito Privado, Des. Rel. Gilberto dos Santos, j. em 30.7.2015)
No mesmo sentido: "Outrossim, por ser garantido por alienação fiduciária, o crédito não se sujeita aos efeitos da recuperação judicial, embora sua execução não possa implicar violação ao princípio da continuidade da empresa, nos termos do art. 49, §3º, da Lei de Falências. A existência de garantia fiduciária, ademais, não restringe a adoção de outros meios processuais pelo titular do crédito, como já reconheceu este Eg. Tribunal de Justiça de São Paulo(...)" (TJSP, Agravo de Instrumento nº 1063444-93.2014.8.26.0100, 13ª Câmara de Direito Privado, Des. Rel. Ana de Lourdes Coutinho Silva da Fonseca, j. em 13.4.2016).
Os seguintes julgados também firmaram a mesma posição: TJSP Agravo de Instrumento nº 2084790-24.2016.8.26.0000, 23ª Câmara de Direito Privado, Des. Rel. J.B. Franco de Godoi, j. em 27.6.2016; TJSP Agravo de Instrumento nº 2044938-56.2017.8.26.0000, 15ª Câmara de Direito Privado, Des. Rel. Mendes Pereira, j. em 22.8.2017 e TJSP, Agravo de Instrumento nº 2122857-24.2017.8.26.0000, 2ª Câmara Reservada de Direito Empresarial, Des. Rel. Alexandre Marcondes, j. em 23.4.2018.

[260] "2. Sustenta a agravante, em síntese, que o crédito da exequente deveria se sujeitar ao seu plano de Recuperação judicial aprovado em 15.05.2015, uma vez que, ao requerer o exequente a execução de seu crédito através de penhora de outros ativos financeiros da devedora, abriu mão do caráter privilegiado de seu crédito (garantia fidejussória), daí porque teria perdido a característica da extraconcursalidade (art. 49, §3º, LRF) (...) Pois bem, não se constata qualquer renúncia por parte da agravada/exequente quanto às garantias outorgadas à CCB 54.181/11. Assim, não houve renúncia à propriedade fiduciária dos recebíveis que lhe foram cedidos como garantia do pagamento da CCB exequenda". (TJSP, Agravo de Instrumento nº 2183658-71.2015.8.26.0100, 14ª Câmara de Direito Privado, Des. Rel. Ligia Bisogni, j. em 4.11.2015).
No mesmo sentido, TJSP, Agravo de Instrumento nº 2151685-30.2017.8.26.0000, 31ª Câmara de Direito Privado, Des. Rel. Paulo Ayrosa, j. em 4.10.2017.

dor extraconcursal[261], sendo atribuído ao crédito a condição de quirografário[262].

[261] Vide, por exemplo, "Como bem fundamentou o juízo a quo, "muito embora seja direito do credor optar pela consolidação da garantia fiduciária ou pela execução da dívida, o fato é que essa opção produz efeitos no processo de recuperação judicial da devedora", pois "a Lei nº 11.101/05 exclui o crédito garantido fiduciariamente dos efeitos da recuperação judicial (art. 49, §3º) para o fim de autorizar o credor a realizar a consolidação da garantia fiduciária, podendo, inclusive, retirar o bem do estabelecimento do devedor imediatamente, salvo se considerado bem de capital essencial ao desenvolvimento da atividade da devedora, hipótese em que deverá ser respeitado o prazo de 180 dias", fato que "demonstra, de maneira inequívoca, que a proteção legal aos credores fiduciários se limita à opção de execução da garantia, nos termos da lei". Ocorre que, "caso o credor faça a opção de execução regular da dívida (sem pretender a busca e apreensão do bem alienado fiduciariamente), automaticamente resta afastada a aplicação do art. 49, §3º da LRF, de modo que o se torna "o credor fiduciário um credor quirografário, garantido genericamente pelo patrimônio da devedora". Por fim, "o artigo 6-A do Dec.-Lei 911/69 reforça essa ideia, na medida em que dispõe expressamente o que o pedido de recuperação judicial do devedor não impede a distribuição e a busca e apreensão do bem, sem fazer qualquer referência à opção de execução. Nesses termos, tem-se que o credor, ao fazer a opção pela execução civil da dívida, não renuncia ao seu direito de crédito, mas perde a possibilidade de utilização do art. 49, §3 da LRF". (TJSP, Agravo de Instrumento nº 2113275-68.2015.8.26.0100, 1ª Câmara Reservada de Direito Empresarial, Des. Rel. Teixeira Leite, j. em 14.10.2015).

[262] "Ademais, nas hipóteses em que a garantia fiduciária recair sobre créditos do executado, como ocorre no presente caso, não se admite substituí-lo pela penhora de dinheiro, mas sim intimar o terceiro que deva pagar ao executado para efetuar o depósito de sua dívida nos autos da execução.

Do contrário, ao renunciar desde logo a garantia fiduciária na presente execução, a dívida exequenda acabaria perdendo a característica privilegiada que lhe confere direito de ação extraconcursal, e o credor agravante passaria a se sujeitar ao juízo da recuperação judicial, em igualdade de condições com outros credores quirografários". (TJSP, Agravo de Instrumento nº 2069729-26.2016.8.26.0100, 11ª Câmara de Direito Privado, Des. Rel. Walter Fonseca, j. em 28.7.2016). De igual modo, TJSP, Agravo de Instrumento nº 2132443-22-26.2016.8.0000, 14ª Câmara de Direito Privado, Des. Pel. Carlos Abrão, j. em 12.8.2016; TJSP, Agravo de Instrumento nº 2046174-77.2016.8.26.0000, 1ª Câmara Reservada de Direito Empresarial, Des. Rel. Hamid Bdine, j. em 10.8.2016; TJSP, Agravo de Instrumento nº 2115546-79.2017.8.26.0100, 1ª Câmara Reservada de Direito Empresarial, Des. Rel. Fortes Barbosa, j. em 09.08.2017; TJSP, Agravo de Instrumento nº 2215893-57.2016.8.26.0100, 2ª Câmara Reservada de Direito Empresarial, Des. Rel. Fábio Tabosa, j. em 18.12.2017 e TJSP, Agravo de Instrumento nº 2179701-91.2017.8.26.0100, 1ª Câmara Reservada de Direito Empresarial, Des. Rel. Cesar Ciampolini; Teixeira Leite, j. em 11.4.2018.

Para a primeira vertente, o mero pedido de constrição de bens do devedor não abrangidos pela garantia fiduciária não teria como consequência a renúncia à garantia fiduciária, pois os atos de renúncia, por implicarem abdicação de direitos deveriam ser interpretados restritivamente[263]. Nesse sentido, a renúncia às garantias fiduciárias somente ocorreria nos termos previstos no artigo 1.436 do Código Civil[264], aplicável à propriedade fiduciária nos termos do artigo 66-B, §5º da Lei nº 4.728/65[265], isto é, de forma expressa pelo credor[266], quando este consentisse na venda do bem sem reserva de preço e quando anuísse com a sua substituição por outra garantia.

Para a segunda vertente, com a qual nos alinhamos, a não sujeição do credor titular da posição de proprietário fiduciário, em nenhuma hipótese, pode ser interpretada como uma total imunidade do referido cre-

[263] Tepedino, Gustavo. Código civil interpretado conforme a constituição da república. Vol. II. Rio de Janeiro: Renovar, 2011, p. 879.

[264] "Art. 1.436. Extingue-se o penhor:
I – extinguindo-se a obrigação;
II – perecendo a coisa;
III – renunciando o credor;
IV – confundindo-se na mesma pessoa as qualidades de credor e de dono da coisa;
V – dando-se a adjudicação judicial, a remissão ou a venda da coisa empenhada, feita pelo credor ou por ele autorizada.
§ 1º Presume-se a renúncia do credor quando consentir na venda particular do penhor sem reserva de preço, quando restituir a sua posse ao devedor, ou quando anuir à sua substituição por outra garantia.
§ 2º Operando-se a confusão tão-somente quanto a parte da dívida pignoratícia, subsistirá inteiro o penhor quanto ao resto".

[265] "§ 5º Aplicam-se à alienação fiduciária e à cessão fiduciária de que trata esta Lei os arts. 1.421, 1.425, 1.426, 1.435 e 1.436 da Lei nº 10.406, de 10 de janeiro de 2002".

[266] No mesmo sentido, "O fato de o credor preferir promover o processo de execução, com prioridade, não implica, a toda evidência, renúncia à sua propriedade resolúvel em relação ao bem que lhe foi alienado fiduciariamente. O exercício de uma faculdade não pode redundar em pena, castigo ou prejuízo, sem a prévia e necessária contemplação legal. Ademais, o direito de propriedade, aí incluída a resolúvel, é garantido constitucionalmente (art. 50, XXII), não estando restrito aos bens imóveis. (...) A propositura da execução como primeira medida do credor para recobrar-se de seu crédito não implica renúncia à propriedade fiduciária, conforme já se referiu alhures, até porque a renúncia à propriedade haverá de ser expressa, não podendo, todavia, penhorar o bem alienado, eis que não integra o patrimônio do devedor" (Da Silva, Luiz Augusto Beck. *Alienação fiduciária em garantia,* 3ª ed. Rio de Janeiro: Forense, 1998, p. 111-115).

dor à recuperação judicial do devedor, sob pena de ser desconsiderada a própria estrutura-função da garantia fiduciária e inclusive os fundamentos que, ao menos em tese, justificariam a condição.

Como vimos, no caso dos credores titulares da posição de proprietário fiduciário, a sua não sujeição aos efeitos da recuperação judicial, tal como prevista no artigo 49, § 3º, LRF, está relacionada à posição que ocupam no tocante aos bens ou direitos objeto da garantia sobre crédito em questão (diferentemente do que ocorre, por exemplo, com os créditos fiscais ou decorrentes de contratos de adiantamento de câmbio, em que a razão de ser da exclusão diz respeito à natureza do próprio crédito).

Tal aspecto implica considerar que a não sujeição do crédito aos efeitos da recuperação judicial seja pautada pelos estritos limites dessa condição jurídica, isto é, dos direitos de garantia. Mais do que isso, de acordo com os fundamentos que, ao menos em tese justificariam, a extraconcursalidade de tais créditos (e com os quais, sequer concordamos, como já exposto no primeiro capítulo), esta condição só se justifica em razão da atribuição da natureza de propriedade à propriedade fiduciária e da forma de execução da garantia (retomada do bem e conversão em dinheiro para pagamento da obrigação garantida). É por esta razão, inclusive, que como já aqui exposto, o valor do crédito que não for coberto pela garantia fiduciária, em regra, terá natureza quirografária.

É a partir desta lógica que se conclui que a busca pela satisfação do direito de crédito pelo credor titular da posição de proprietário fiduciário frente ao devedor em recuperação judicial deverá ocorrer estritamente em relação ao bem onerado em garantia, e não por outros meios.

Com efeito, não há razão para que, excluído o credor fiduciário dos efeitos da recuperação judicial apenas e tão somente em razão da sua garantia, pudesse este ignorá-la e buscar a satisfação do crédito por outros meios, interferindo na esfera de direitos dos demais credores do devedor, que, no limite, têm como "garantia" do seu crédito o patrimônio disponível do devedor. Tal possibilidade equivaleria a permitir que o credor fiduciário agisse como credor comum (não garantido), ignorando o contexto recuperacional, o que, por consequência, desvirtuaria o princípio de tratamento igualitário a credores titulares de um crédito com a mesma natureza.

2.2.2. A extensão do *stay* aos bens oferecidos em garantia: Critério casuístico

A segunda questão que surge da aplicação do artigo 49, §3º, LRF consiste na extensão do *stay period* aos credores titulares da posição de proprietário fiduciário.

As regras de *stay*, isto é, de suspensão de atos de atingimento do patrimônio do devedor, surgiram em diferentes ordenamentos jurídicos como mecanismo apto a permitir que o devedor negociasse com credores e acionistas a fim de reestruturar a sua dívida[267] durante o processo de negociação de modo a permitir uma solução coletiva para a superação da crise[268]. Assim, é natural que tais regras atinjam os créditos reestruturáveis por meio do aludido procedimento.

Contudo, justamente em razão do reconhecimento de que a excussão de determinadas garantias pelo credor titular da posição de proprietário fiduciário pode gerar impactos na atividade empresarial, de modo a comprometer a utilidade da negociação coletiva, o legislador brasileiro tratou de estabelecer que, em relação aos bens de capital essenciais à atividade empresarial do devedor, ficará vedada a retirada de tais bens do estabelecimento do devedor, durante o período de *stay*[269].

A questão, embora em um primeiro momento pareça simples, assume contornos mais complexos quando da sua necessária aplicação prática. Afinal, o que caracteriza um bem como bem de capital essencial?

[267] Interessante notar que os ordenamentos divergem em certa medida quanto à algumas peculiaridades dos mecanismos de *stay*, tais como à sua extensão e os critérios para o levantamento de tais regras. Para uma visão a respeito das regras de *stay* dos sistemas norte americano e inglês, vide McCormack, Gerard. *Corporate Rescue Law – An Anglo-American Perspective*. Cheltenham: Edward Elgar Publishing, Inc., 2008, p. 156-175.

[268] Sacramone, Marcelo Barbosa. *Comentários à lei de recuperação de empresas e falência*. São Paulo: Saraiva, 2018, p. 86.

[269] Para Scalzilli, Spinelli e Tellechea, a inclusão do artigo 6º-A no Decreto-Lei nº 911/69, pela Lei nº 13.043/14, segundo o qual "o pedido de recuperação judicial ou extrajudicial pelo devedor nos termos da Lei nº11.101, de 9 de fevereiro de 2005, não impede a distribuição e a busca e apreensão do bem" não altera o quanto disposto na parte final do artigo 49, §3º, LRF. Para os autores, se o bem for essencial ao exercício da atividade, "sua retomada não pode ser feita durante o período de proteção, em homenagem a preservação da empresa, (...)" (*Recuperação de Empresas e Falência: Teoria e Prática na Lei 11.101/2005*, São Paulo: Almedina, 2016, p. 286).

Para alguns autores, o conceito de bem de capital essencial adotado pelo legislador deve ser interpretado de forma mais ampla possível e ser entendido como aquele tangível de produção, direta ou indiretamente, devendo ainda, a condição de essencialidade do bem ser comprovada a partir das suas características e qualidades técnicas[270].

A interpretação ampla do referido conceito se coadunaria com o objetivo do legislador com a introdução do dispositivo, que buscou garantir a geração de caixa, preservar empregos, oferecer produtos, bens ou serviços à sociedade[271], podendo implicar, em última análise, a concepção de que todo bem gravado com alienação fiduciária seria essencial à atividade empresarial e, portanto, sua excussão pelo credor titular da garantia estaria impedida durante o período de *stay*[272].

270 Na visão de Scalzilli, Spinelli e Tellechea,"o legislador empregou a expressão 'bem de capital' da forma mais ampla possível (art. 49, §3º da LREF). Logo, os bens de capital do devedor seriam aqueles tangíveis de produção, como prédios, máquinas, equipamentos, ferramentas e veículos, entre outros empregados, direta ou indiretamente, na cadeia produtiva da recuperanda. Nesses termos, já foram considerados bens essenciais à atividade da empresa os imóveis da sede e da planta industrial recuperanda, bem como veículo (caminhão) utilizado por empresa de transportes e maquinário afeito ao processo produtivo de determinada indústria, entre tantos outros. De qualquer forma, não basta a mera alegação de que o bem é essencial à recuperação judicial; é indispensável que o devedor comprove ao juiz as características/qualidades técnicas do bem, aquelas que o tornam imprescindível para o exercício da atividade empresária em questão". (*Recuperação de Empresas e Falência: Teoria e Prática na Lei 11.101/2005*, São Paulo: Almedina, 2016, p. 286-287).
Várias das decisões analisadas, inclusive, mencionam expressamente a expressão "bens de capital". A título exemplificativo, vide TJSP, Agravo de Instrumento nº 2038374-32.2015.8.26.0000, 1ª Câmara Reservada de Direito Empresarial, Des. Rel. Francisco Loureiro, j. em 27.10.2015.

271 Stajn, Rachel.In Souza Junior, Francisco Satiro de; Pitombo, Antônio Sérgio A. de Moraes (coords.). *Comentários à Lei de Recuperação de Empresas e Falência – Lei 11.101/2005 – Artigo por Artigo*, 2ª ed., São Paulo: Revista dos Tribunais, 2007, p. 79-80

272 "O texto da lei refere-se a 'bens de capital essenciais a sua atividade empresarial'; qualquer bem objeto de alienação fiduciária, arrendamento mercantil ou reserva de domínio deve ser entendido como essencial à atividade empresarial, até porque adquirido pela sociedade empresária somente pode ser destinado à atividade exercida pela empresa. Este caráter de essencialidade, em caso de empresa em recuperação, deve permitir um entendimento mais abrangente do que aquele normalmente aplicado". (Bezerra Filho, Manoel Justino. *Lei de recuperação de empresas e falência – Lei 11.101/2005 – Comentada artigo por artigo.* 13ª ed. São Paulo: Revista dos Tribunais, 2018, p. 178).

Em razão da ausência de um conceito firme a respeito de quais elementos caracterizariam determinado bem como essencial à atividade da devedora, a extensão do *stay* aos credores titulares da posição de proprietário fiduciário na excussão de suas garantias é feita a partir de elementos fáticos de cada caso concreto pelo Poder Judiciário. A casuística nesta caracterização, contudo, pode gerar uma série de inseguranças no mercado e entre todos os envolvidos no processo de recuperação judicial[273].

Se, por um lado, distribuído o processo de recuperação judicial e vencido o crédito não sujeito aos efeitos do procedimento[274], o devedor poderá ter determinado bem retirado do seu estabelecimento, por

[273] Apenas a título exemplificativo, há decisões em que se discute o acesso, pelo credor, aos recebíveis que lhes foram cedidos fiduciariamente sob o fundamento de que os recebíveis seriam essenciais à atividade do devedor e, portanto, estariam protegidos pela regra da parte final do artigo 49, §3º, LRF (vide TJSP, Embargos de Declaração no Agravo de Instrumento nº 2139817-60.2014.8.26.0000). Neste caso específico a essencialidade do bem foi afastada em razão do valor bloqueado, que para o julgador, não era expressivo.
Por outro lado, nos parece que, no limite, em relação aos recebíveis, o valor do bloqueio pode-se revelar indiferente, na medida em que, o conceito econômico de bens de capital não abrangeria o faturamento do devedor. Caso assim fosse, no limite, todo e qualquer bem será considerado como bem de capital e essencial ao soerguimento da empresa em crise, esvaziando assim, o conceito de não sujeição de determinado crédito aos efeitos da recuperação judicial. Este é também o entendimento de Sacramone, segundo o qual "o crédito cedido fiduciariamente não pode ser considerado bem de capital, ainda que seja imprescindível para o desenvolvimento da empresa" (*Cessão Fiduciária de Créditos na Recuperação Judicial: Requisitos e limites à luz da jurisprudência*. In Revista e Direito Bancário e do Mercado de Capitais, vol. 72 (abr. / jun. 2016)

[274] Em nosso entendimento, o vencimento de obrigações geradoras de créditos não sujeitos ao procedimento de recuperação judicial, como é o caso daquelas garantidas pela propriedade fiduciária jamais poderia estar fundamentado no mero pedido de recuperação judicial. Também conhecidas como cláusulas *ipso facto*, as disposições contratuais que preveem a possibilidade de rescisão e/ou vencimento antecipado em razão do pedido de recuperação judicial vão de encontro com a função social do contrato (artigo 421 do Código Civil), com os princípios da probidade e boa-fé (artigo 422 do Código Civil) e com a própria lógica da LRF, que pressupõe a manutenção das atividades do devedor durante todo o procedimento, pelo menos até que haja votação do plano de recuperação judicial que será apresentado. A incidência de cláusulas *ipso facto* à contratos que geram créditos não sujeitos à recuperação judicial, como é o caso dos créditos garantidos por propriedade fiduciária impede que seja conferida ao devedor a oportunidade de manter o adimplemento contratual, nas condições originalmente contratadas.

outro, o credor titular da garantia fiduciária, nem sempre reúne as condições necessárias para avaliar *ex ante* a exequibilidade da garantia que lhe foi oferecida à luz do artigo 6º, §4º, LRF, isto é, a probabilidade de o bem gravado com a garantia ser considerado essencial por decisão judicial.

Não restam dúvidas, portanto, que a extensão do *stay period* aos credores titulares da posição de proprietário fiduciário é fator de insegu-

A nosso ver, se determinado crédito não é reestruturável por meio do presente processo de recuperação judicial, não faz qualquer sentido que este mesmo crédito possa ser integralmente exigido, ainda que não haja inadimplemento. Admitir o contrário inviabilizaria o processo de soerguimento de qualquer devedor que recorra ao procedimento, esvaziando, por consequência, o instituto da recuperação judicial.

Sobre o tema, outro não é o entendimento da doutrina:

"Há outro ponto fundamental que, aparentemente, não tem sido levado na devida conta por todos os intervenientes nos processos de recuperação, também de extrema importância para a correta aplicação da lei. (...) Não pode a instituição financeira, como normalmente tem feito, considerar que a recuperação judicial é causa de vencimento antecipado de todos os seus créditos e passar a aplicar o total dos valores decorrentes da cessão fiduciária, no pagamento da totalidade d seus créditos. O que deverá fazer é aplicar o valor que receber decorrente da cessão fiduciária, para pagar apenas os débitos do recuperando que estejam se vencendo normalmente; se acaso receber valores da cessão fiduciária em montante superior ao valor do débito vencido, terá que prestar contas na recuperação e entregar de imediato, ao recuperando, o valor que sobejar" (Bezerra Filho, Manoel Justino. *Lei de recuperação de empresas e falência – Lei 11.101/2005 – Comentada artigo por artigo*, 13ª ed., 2018, p. 183).

De igual modo, "na mesma linha, em se tratando de obrigação não sujeita à recuperação judicial, há que se examinar o caso em concreto, não se podendo, de regra admitir que a cláusula de vencimento antecipado, inviabilize o esforço recuperatório especialmente quando há garantias envolvidas". (Scalzilli, João Pedro; Tellechea, Rodrigo; Spinelli, Luis Felipe. *Recuperação de Empresas e Falência: Teoria e Prática na Lei 11.101/2005.* São Paulo: Almedina, 2017, p. 365/366).

No mesmo sentido, Marcelo Barbosa Sacramone destaca que as cláusulas que autorizam o vencimento antecipado de dívida não sujeita à recuperação judicial em razão do seu ajuizamento contraria os princípios impostos pela LRF, na medida em que "o evento futuro e incerto que provocaria o vencimento antecipado das obrigações e permitiria a retirada dos bens e o comprometimento da atividade empresarial seria justamente o instituto concebido para permitir a recuperação do empresário". No limite, as cláusulas desta natureza poderiam "impedir o empresário de optar pelo instituto da recuperação judicial" (*Comentários à lei de recuperação de empresas e falência.* São Paulo: Saraiva, 2018, p. 216. Do mesmo autor, vide, ainda, *Cláusula de vencimento antecipado na recuperação judicial.* In Revista do Advogado, nº 131, Ano XXXVI, out./2016 p. 133-139).

rança a respeito da exequibilidade da garantia, pelo seu titular, em um cenário de recuperação judicial, o que no limite interfere na eficácia processual da garantia, diretamente ligada ao tempo necessário para que o credor receba pelo seu crédito[275].

2.2.3. A competência do juízo da recuperação para decidir sobre a constrição, destinação e essencialidade dos bens do devedor

Outra questão interessante a respeito dos credores não sujeitos à recuperação judicial diz respeito à competência do juízo da recuperação judicial. Como vimos acima, o credor titular da posição de proprietário fiduciário, embora não sujeito aos efeitos da recuperação judicial, terá o exercício do seu direito de crédito sujeito a algumas limitações relacionadas, por exemplo, ao valor da garantia de que é titular e à caracterização do bem ou direito sobre o qual recai a sua garantia como essencial às atividades do devedor.

Nesse aspecto, o juízo da recuperação judicial assume fundamental importância pois, apesar da não sujeição do credor titular da posição de proprietário fiduciário aos efeitos do processo recuperacional, é ele quem decidirá sobre a constrição, destinação e sobre a caracterização dos bens do devedor como essenciais à sua atividade.

O levantamento jurisprudencial, embora sem caráter estatístico, indicou diversas decisões alinhadas com este entendimento, segundo as quais, a despeito dos créditos garantidos por propriedade fiduciária não se sujeitarem aos efeitos da recuperação judicial, a adequação e os impactos decorrentes da constrição de bens do devedor devem ser avaliados pelo juízo da recuperação judicial, em atenção aos efeitos que podem decorrer da constrição, notadamente no tocante à possibilidade de soerguimento da empresa que recorreu ao instituto[276].

[275] Vasconcelos, Luiz Miguel Pestana de. *Direito das Garantias*, 2ª ed., Coimbra: Almedina, p. 53-55.

[276] A título exemplificativo, vide:

"A Lei nº 11.101/2005, em seu art. 47, estabelece a prevalência do interesse público e social na manutenção da atividade econômica da empresa em recuperação sobre o interesse privado de cada um dos credores individualmente. (...)

A legislação infraconstitucional, considerando a mencionada função social da empresa e a manutenção de pelo menos uma parte dos empregos existentes, tem como objetivo o restabelecimento financeiro da devedora. Para tanto, atribui exclusividade ao juízo universal

Isso significa dizer que, ainda que todas as discussões a respeito das limitações do exercício do direito de crédito pelo credor titular da posição de proprietário fiduciário fossem superadas, a extraconcursalidade nunca estará totalmente imune ao processo recuperacional, em razão, inclusive, da própria natureza coletiva do instituto.

Com efeito, havendo credores não sujeitos ao procedimento coletivo, há verdadeira preocupação com a análise, pelo juízo da recuperação, a respeito do destino a ser dado aos bens da empresa em recuperação[277], pois, nesses casos, somente o "juízo universal"[278] teria atribuição para decidir sobre as questões que digam respeito, direta ou indiretamente, à recuperação judicial, na medida em que "para a eficácia da legislação destinada à preservação da atividade empresarial, é necessário que (...) decisões isoladas por órgãos judiciários diversos não comprometam o plano de recuperação da empresa (...)"[279].

onde se processa a recuperação judicial para a prática de atos de execução de seu patrimônio, evitando a efetivação de medidas expropriatórias individuais que possam prejudicar o cumprimento do plano de recuperação" (STJ, Conflito de Competência nº 143088, Segunda Seção, Rel. Min. Antonio Carlos Ferreira, j. 29.02.2016)

"Além disso, o valor arrestado corresponde a menos de um quinto do total arrecadado com a apontada venda de ativos, de modo que ele não acarreta risco de descumprimento de dito plano. (...)

Minha posição é para o reconhecimento de que a razão está com o digno Juízo perante o qual se processa a recuperação judicial, que tem atribuição para decidir sobre todas as questões que digam respeito, direta ou indiretamente, à recuperação judicial de empresa, até porque, para a eficácia da legislação destinada à preservação da atividade empresarial, é necessário que se estabeleça o juízo universal com vistas a que decisões isoladas por órgãos judiciários diversos não comprometam o plano de recuperação da empresa aprovado pela assembleia de credores e homologado judicialmente" (TJSP, Agravo de Instrumento nº 0264589-03.2012.8.26.0000, Seção de Direito Privado 1, Des. Rel. Sebastião Flávio, j. em 25.11.2015).

[277] STJ, Recurso Especial nº 1545511, Quarta Turma, Rel. Min. Maria Isabel Gallotti, j. em 1.9.2015 e TJSP, Agravo de Instrumento nº 206413213.2015.8.26.0000, 2ª Câmara Reservada de Direito Empresarial, Des. Rel. Fábio Tabosa, j. em 3.8.2015.

[278] Vide, a título ilustrativo, STJ, Conflito de Competência nº 130689, Segunda Seção, Rel. Min. Antonio Carlos Ferreira, j. em 4.10.2013 e TJSP, Agravo de Instrumento nº 2115694-95.2014.8.26.0000, 2ª Câmara Reservada de Direito Empresarial, Des. Rel. Ramon Mateo Junior, j em 9.9.2015.

[279] TJSP, Agravo de Instrumento nº 2239253-55.2015.8.26.0000, 25ª Câmara de Direito Privado, Relo. Des. Hugo Crepaldi, j. em 3.2.2015.

Em relação ao "juízo universal" mencionado com frequência pelas decisões analisadas no levantamento jurisprudencial, este não deve ser equiparado ao juízo universal, característico dos processos falimentares[280].

Se, por um lado, o artigo 76, LRF é expresso em estabelecer que "o juízo da falência é indivisível e competente para conhecer todas as ações sobre bens, interesses e negócios do falido", por outro, não há na LRF qualquer dispositivo que estabeleça a mesma universalidade ao juízo da recuperação judicial.

A universalidade da recuperação judicial, portanto, difere-se da universalidade na falência, já que, naquela, a universalidade é *pro tempore* e a indivisibilidade relativa. Segundo o Penteado[281], a universalidade na recuperação judicial é *pro tempore* a teor do artigo 6º, §4º, LRF[282], em razão da suspensão das ações e execuções em face do devedor pelo prazo de 180 dias[283], e relativa, pois, embora o plano de recuperação abranja todos os créditos existentes na data do pedido – ressalvadas as exceções dos créditos não sujeitos à recuperação judicial – ainda que não vencidos

[280] Para maior aprofundamento sobre o tema, recomenda-se a leitura de Dezem, Renata Mota Maciel Madeira. *A extensão da competência do juízo da recuperação judicial*. Tese (Doutorado) – Faculdade de Direito da USP, São Paulo, 2016.

[281] Penteado, Mauro Rodrigues. In Souza Junior, Francisco Satiro de; Pitombo, Antônio Sérgio A. de Moraes (coords.), *Comentários à Lei de Recuperação de Empresas e Falência – Lei 11.101/2005 – Artigo por Artigo*, 2ª ed., São Paulo: Revista dos Tribunais, 2007.

[282] "Art. 6º A decretação da falência ou o deferimento do processamento da recuperação judicial implica:

(...)

§ 4º Na recuperação judicial, as suspensões e a proibição de que tratam os incisos I, II e III do caput deste artigo perdurarão pelo prazo de 180 (cento e oitenta) dias, contado do deferimento do processamento da recuperação, prorrogável por igual período, uma única vez, em caráter excepcional, desde que o devedor não haja concorrido com a superação do lapso temporal.".

[283] A LRF, antes da alteração promovida pela Lei nº 14.112/2020 dispunha que o referido prazo era improrrogável. A jurisprudência pátria, contudo, já vinha admitido a prorrogação do prazo de suspensão previsto no artigo 6º, LRF, especialmente quando a não ocorrência da Assembleia Geral de Credores que deliberar sobre o Plano de Recuperação Judicial não pudesse ser atribuída ao devedor. Tal entendimento foi positivado pela nova redação do §4º do artigo 6º, da LRF, que expressamente admite a prorrogação do referido prazo pelo mesmo período "em caráter excepcional, desde que o devedor não haja concorrido com a superação do lapso temporal.".

(artigo 49, LRF), a concessão da recuperação judicial novará os créditos anteriores ao pedido ficando os credores munidos de título executivo judicial para excetuar os seus créditos individualmente após o encerramento da recuperação judicial.

Para o autor, a universidade relativa do juízo da recuperação judicial é confirmada pelo artigo 6º, §6º, LRF[284] ao instituir normas de controle e transparência sobre as demandas ajuizadas contra o devedor, perante outros juízos.

Corroborando este entendimento, com a recente alteração à LRF, promovida pela Lei nº 14.112/2020, foi expressamente prevista no §7º-A do artigo 6º a "competência do juízo da recuperação judicial para determinar a suspensão dos atos de constrição que recaiam sobre bens de capital essenciais à manutenção da atividade empresarial (...)"[285].

Independentemente da eventual imprecisão quanto à utilização do termo "universalidade" pelas decisões analisadas, bem como da própria discussão a respeito da caracterização do juízo da recuperação judicial como juízo universal, fato é que a preocupação com os efeitos de determinada constrição patrimonial do devedor para a recuperação judicial, como um todo[286], não pode ser ignorada.

[284] "Art. 6º A decretação da falência ou o deferimento do processamento da recuperação judicial implica:
(...)
§ 6º Independentemente da verificação periódica perante os cartórios de distribuição, as ações que venham a ser propostas contra o devedor deverão ser comunicadas ao juízo da falência ou da recuperação judicial:
I – pelo juiz competente, quando do recebimento da petição inicial;
II – pelo devedor, imediatamente após a citação".

[285] O mesmo racional aplica-se às constrições decorrentes de execuções fiscais ajuizadas contra o devedor em recuperação judicial, nos termos do art. 6ª, §7º-B, LRF.

[286] A título exemplificativo, vide TJRJ, Agravo de Instrumento nº 0000246-06.2014.8.19.0000, 18ª Câmara Cível, Des. Rel. Mauricio Caldas Lopes, j. em 11.2.2014, na qual destaca-se a preocupação com a massa de interesses da recuperação judicial: "Na espécie, a ação de busca e apreensão intentada pelo credor fiduciário, diz respeito a inumeráveis bens do ativo da empresa em recuperação, tal como constante da relação complementar de bens móveis dados em garantia (fls. 10/26 da inicial da ação), e totaliza nada menos do que R$ 5.636.262,17 que não podem, pura e simplesmente, ser entregues ao respectivo credor sem uma análise dos interesses da massa, à vista do respectivo plano de recuperação, pena

Ressalta-se, por fim, que tal preocupação não vai de encontro com o teor da súmula 480 do STJ, segundo a qual "o juízo da recuperação judicial não é competente para decidir sobre a constrição de bens não abrangidos pelo plano de recuperação da empresa". O verbete da súmula não altera e tampouco contraria o entendimento aqui expressado e também identificado nas decisões analisadas, na medida em que, a análise minuciosa de todos os precedentes que pautaram a sua edição[287] revela que todos eles tratavam de atos de execução que atingiam os bens dos sócios da empresa em recuperação judicial ou os bens de empresas do mesmo grupo econômico do devedor e não de bens "não abrangidos pelo plano de recuperação da empresa" em razão da natureza extraconcursal do crédito.

Avaliando-se a questão da competência do juízo da recuperação judicial para os atos relacionados ao exercício do direito de crédito pelo credor titular da posição de proprietário fiduciário, temos outro aspecto que é fonte de insegurança jurídica para tais credores. Se, por um lado, por se tratar de crédito não sujeito aos efeitos da recuperação, o seu exercício ocorrerá fora do juízo da recuperação judicial, a competência do juízo da recuperação para avaliar os atos de constrição (ou seja, avaliar os atos praticados pelo juízo comum) pode, muitas vezes, atrasar o exercício do direito de crédito, impactando, assim, a eficácia processual da garantia.

de comprometimento do próprio convalescimento da empresa e, em consequência, do princípio que rege o instituto, qual o da preservação da empresa e respectivos fins sociais.
Assim, se há de se processar em 1º. Grau pelo juízo da recuperação a ação de busca e apreensão, à conta dos interesses maiores da massa, do sucesso da recuperação e da preservação da empresa, não se poderia, sem malferir os princípios da unicidade e da universalidade que dão força à vis attractiva da respectiva competência, em segundo grau, ignorar a unicidade e universalidade, mesmo do juízo coletivo, para o processo e julgamento de todas as demandas que digam respeito a massa de bens, moveis ou imóveis.
Afinal, o juízo universal da recuperação judicial, cuja atribuição é analisar possíveis atos de constrição ao patrimônio da sociedade, com reflexos diretos no êxito da recuperação e, em consequência, na preservação da atividade empresarial, não se restringe ao 1º grau de jurisdição, mas alcança, também, o órgão revisor, pena das mais profundas perplexidades (...)"

[287] Vide os precedentes que originaram a edição da súmula AgRg nos EDcl no CC 105666/RJ; AgRg no CC 99583/RJ; AgRg no CC 103507/RJ; AgRg no CC 113280/MT; AgRg no CC114993/RJ; CC 103437/SP; CC 103711/RJ; CC 115272/SP; EDcl no CC 103732/RJ

2.2.4. O "princípio da preservação da empresa" como fundamento para relativização da regra do artigo 49, §3º, LRF

Por fim, o levantamento jurisprudencial realizado – ainda que, repita-se, sem valor estatístico – revelou a existência de um conjunto expressivo de decisões que mencionaram os impactos da extraconcursalidade dos créditos garantidos por propriedade fiduciária na recuperação judicial à luz do "princípio da preservação da empresa"[288] e da necessidade de se modular os efeitos da norma contida no artigo 49, §3º, LRF de modo a garantir "à empresa recuperanda condições mínimas de manter-se ativa no mercado, notadamente por meio da preservação dos bens que viabilizam a execução da atividade empresária"[289]. Nem sempre, contudo, a menção ao "princípio da preservação" significou a impossibilidade de prosseguimento dos atos de constrição patrimonial pelo devedor titular da garantia fiduciária[290].

[288] O termo, aqui é indicado entre aspas pois sua utilização em diversas das decisões analisadas ocorre, muitas vezes, sem o necessário rigor principiológico, mas sim como sinônimo de proteção ao patrimônio do devedor ou dos bens em sua posse.

[289] TJSP, Agravo de Instrumento nº 2239253-55.2015.8.26.0000, 25ª Câmara de Direito Privado, Des. Rel. Hugo Crepaldi, j. em 3.2.2015.
No mesmo sentido, remete-se o leitor às seguintes decisões: TJSP, Agravo de Instrumento nº 0045171-29.2013.8.26.0000, 1ª Câmara Reservada de Direito Empresarial, Des. Rel. Enio Zuliani, j. em 4.7.2013; TJSP, Agravo de Instrumento nº 2163385-71.2015.8.26.0000, 1ª Câmara Reservada de Direito Empresarial, Des. Rel. Francisco Loureiro, j. em 9.9.2015; TJSP, Agravo de Instrumento nº 2033772-95.2015.8.26.0000, 1ª Câmara Reservada de Direito Empresarial, Des. Rel. Francisco Loureiro, j. em 6.10.2015; TJSP, Agravo de Instrumento nº 2086783-39.2015.8.26.0000, 1ª Câmara Reservada de Direito Empresarial, Des. Rel. Enio Zuliani, j. em 30.09.2015; TJRJ, Agravo Regimental no Agravo de Instrumento nº 0002727-68.2016.8.19.0000, 14ª Câmara Cível, Rel. Des. José Carlos Paes, j. em 24.2.2016; TJRJ, Agravo de Instrumento nº 0050960-67.2014.8.19.0000, 8ª Câmara Cível, Rel. Des. Mônica Maria Costa, j. em 14.4.2015

[290] A título ilustrativo: "Nesse raciocínio, soa temerário que se aplique de forma absoluta o princípio da conservação da empresa (art. 47 da LRF), mitigando as exceções intencionalmente previstas pelo legislador. E, pior, mitigando as garantias legais que os bancos evidentemente levam em consideração no momento de prever encargos às operações de crédito oferecidas às empresas. Quanto mais frágeis as garantias, maior o risco da operação financeira, maiores os juros praticados, pior a situação do empresário que busca recursos para fomentar sua atividade. No caso, sabe-se da essencialidade ou, no mínimo, importância do maquinário que foi alienado fiduciariamente ao agravante, em garantia do pagamento de

Conforme já apresentado no primeiro capítulo, o princípio da preservação da empresa, tido como coração da atual legislação de insolvência, é representativo do importante marco que a entrada em vigor da LRF representou para o sistema de insolvência brasileiro.

O artigo 47, LRF, ao mencionar o princípio da preservação da empresa e reconhecer a função social dos meios de produção se mostra atento à pluralidade de interesses envolvidos na crise empresarial, apresentando-se como um norte interpretativo para todas as disposições do referido diploma. Nas palavras de Neder Cerezetti, a preservação da empresa não significa que a manutenção de empresas em crise no mercado deva ser perseguida a qualquer custo e tampouco que se trata de um objetivo legal pró devedor[291].

Para a autora, o princípio da preservação da empresa deve, na verdade, ser compreendido por meio de via procedimental, cabendo aos operadores do direito garantir a sua aplicação na interpretação das normas de insolvência, sob pena de o princípio se tornar uma declaração sem efeitos[292].

empréstimos para o fomento da atividade empresarial. Trata-se de 4 linhas de moldagem (são 5 no total), 2 fornos de fusão (do total de 11) e uma subestação principal (fls. 204). (...)
Não se desconhece a existência de julgados, tais quais os trazidos pela recuperanda, que, com frequência, têm permitido a prorrogação desse prazo, amparados no princípio da preservação da empresa previsto no art. 47 da LRF.
Mas tal princípio, como já discorremos acima, não pode ser tido como absoluto. Passado um prazo razoável, os bens que constituem a garantia fiduciária devem ser entregues ao credor, sob pena de tornar letra morta as garantias dadas pela LRF ao credor fiduciário" (TJSP, Agravo de Instrumento nº 2222120-97.2015.8.26.0000, 1ª Câmara de Direito Empresarial, Des. Rel. Teixeira Leite, j. em 20.4.2016). No mesmo sentido, remete-se o leitor às seguintes decisões: TJSP, Agravo de Instrumento nº 2166851-10.2014.8.26.0000, 1ª Câmara Reservada de Direito Empresarial, Des. Rel. Francisco Loureiro, j. em 4.11.2014; TJSP, Agravo de Instrumento nº 2152169-50.2014.8.26.0000, 1ª Câmara Reservada de Direito Empresarial, Des. Rel. Francisco Loureiro, j. em 9.12.2014; TJSP, Agravo de Instrumento nº 2207202-25.2014.8.26.0000, 21ª Câmara de Direito Privado, Des. Rel. Itamar Gaino, j. em 15.06.2015; TJSP, Agravo de Instrumento nº 0106496-05.2013.8.26.0000, 29ª Câmara de Direito Privado, Des. Rel. Silvia Rocha, j. em 28.8.2013;

[291] *A Recuperação Judicial de Sociedade por Ações – O Princípio da Preservação da Empresa na Lei de Recuperação e Falência*. São Paulo: Malheiros, 2012, p. 203 – 209.

[292] *A Recuperação Judicial de Sociedade por Ações – O Princípio da Preservação da Empresa na Lei de Recuperação e Falência*. São Paulo: Malheiros, 2012, p. 240.

A análise das decisões encontradas na pesquisa revela, que a preocupação de NEDER CEREZETTI tem razão de ser. Com efeito, algumas das decisões analisadas relativizaram os efeitos da extraconcursalidade de créditos garantidos por negócios fiduciários em situações não expressamente previstas na LRF, sob o genérico argumento de que deveria ser observado o "princípio da preservação da empresa"[293]. Nesses casos, o afastamento de expresso texto de lei evidenciaria evidente "uso abusivo de princípios"[294] e uma "farra principiológica"[295] quando, em razão da sua indevida utilização, a insegurança jurídica é instalada.

2.3. Conclusão parcial: A necessária cautela na aplicação do Artigo 49, §3º, LRF

Conforme visto ao longo do presente capítulo, a aplicação do artigo 49, §3º, LRF, segundo o qual os créditos garantidos por negócios fiduciários celebrados com escopo de garantia não se sujeitarão aos efeitos da

[293] Vide, por exemplo TJRJ, Mandado de Segurança nº 0024085-94.2013.8.19.0000, Órgão Especial, Des. Rel. José Carlos de Figueiredo, j. em 2.7.2013, TJRJ, Agravo de Instrumento nº 0000246-06.2014.8.19.0000, 18ª Câmara Cível, Des. Rel. Maurício Caldas Lopes, j. em 11.2.2014, TJRJ, Agravo de Instrumento nº 0019115-46.2016.8.19.0000, 1ª Câmara Cível, Des. Rel. Sergio Ricardo de Arruda Fernandes, j. em 2.8.2016, TJSP, Agravo de Instrumento nº 2155600-87.2017.8.26.0000, 14ª Câmara de Direito Privado, Des. Rel. Carlos Abrão, j. em 22.11.2017.

[294] FARIA. José Eduardo. *A definição do interesse público. In* SALLES. Carlos Alberto de (org.). *Processo Civil e Interesse Público: o Processo como Instrumento de Defesa Social.* São Paulo: Revista dos Tribunais, 2003, p. 80-81.

[295] A "farra dos princípios" tem lugar principalmente na sua utilização "como lugares-comuns retóricos, ou palavras de ordem que são facilmente compostas e visando consagrar determinados objetivos morais. Faz-se um tipo de interpretação principiológica bastante descomprometida com a construção consistente de algum critério de interpretação que apresente algum grau de objetividade e universalidade". (MACEDO JUNIOR, Ronaldo Porto. *Exposição sobre a função social do contrato.* In Caderno Direito GV, v. 1, n. 6, jul./2005, disponível em http://bibliotecadigital.fgv.br/dspace/bitstream/handle/10438/2807/Caderno_206.pdf?sequence=1 último acesso em 6.1.2019. A farra dos princípios também foi objeto de amplo debate no *Workshop Interpretação, desenvolvimento e instituições*, realizado em 20 e 21 de setembro de 2007 e cujas transcrições são objeto do Caderno Direito GV, v. 6, n. 3, mai./2009, disponível em http://bibliotecadigital.fgv.br/dspace/bitstream/handle/10438/2830/caderno%252029.pdf?sequence=1&isAllowed=y último acesso em 6.1.2019.

recuperação judicial, longe de ser simples levanta uma série de questões. A interpretação da referida norma, como não poderia deixar de ser, exige dos operadores do direito uma visão sistêmica do regime de insolvência brasileiro, que abrange não somente o conteúdo isolado desta norma, mas também os efeitos decorrentes de sua aplicação.

As questões acima levantadas demonstram que há um grande leque de possíveis disputas em decorrência da não sujeição dos créditos garantidos por propriedade fiduciária aos efeitos da recuperação judicial, as quais derivam de um mesmo ponto em comum: o reconhecimento de que a exclusão de tais créditos do processo de negociação coletiva gera efeitos para além dos envolvidos na celebração deste negócio jurídico.

Sendo assim, o presente capítulo buscou, além de levantar algumas questões problemáticas da aplicação da regra da extraconcursalidade prevista no artigo 49, §3º, LRF, apresentar, ainda que de forma inicial e sem exaurir o tema, ferramentas para uma aplicação da norma atenta aos objetivos da LRF, e em conformidade com o que, acredita-se, foi almejado pelo legislador, de modo a minimizar, ao menos em parte, os problemas de distorção e de insegurança jurídica que tanto prejudicam os afetados pela crise empresarial.

CAPÍTULO 3
A EXTRACONCURSALIDADE DOS CRÉDITOS GARANTIDOS POR PROPRIEDADE FIDUCIÁRIA NA RECUPERAÇÃO JUDICIAL E A SOLUÇÃO COLETIVA DA EMPPRESA EM CRISE: UMA PROPOSTA DE REFORMA DO DIREITO BRASILEIRO

Conforme apresentado ao longo deste trabalho, nos termos da legislação de insolvência brasileira atualmente em vigor, os créditos garantidos por propriedade fiduciária não estão sujeitos ao processo de recuperação judicial, de modo que, no regime atual, os seus titulares não participam da solução coletiva para a crise do devedor que se socorre do procedimento[296].

Ao longo do presente estudo vimos também que à luz dos objetivos e funções dos sistemas de insolvência, a mais ampla participação dos credores é um importante meio para o atingimento de tais objetivos, de modo que a exclusão dos créditos garantidos por propriedade fiduciária dos efeitos da recuperação judicial parece afastar o sistema brasileiro de tais objetivos[297], ferindo, assim, a solução coletiva para a empresa em crise.

[296] Não se desconhece a possibilidade de credores não sujeitos ao procedimento voluntariamente aderirem ao plano de reorganização do devedor. Tal possibilidade, contudo, decorre de arranjos privados entre credor e devedor, de modo que os credores não sujeitos ao procedimento por expressa determinação legal, a princípio são tidos como não participantes do procedimento.

[297] Para Paulo Fernando Campos Salles de Toledo a superação da crise demanda que todo patrimônio do devedor seja considerando, sem a exclusão de nenhum débito, de modo a satisfação dos credores não sujeitos à recuperação judicial, em nenhuma hipótese, poderia conduzir à inviabilidade da recuperanda. (*A necessária reforma da Lei de Recuperação de Empresas.* In Revista do Advogado, nº 131, Ano XXXVI, out./2016 p. 173). No mesmo sentido, vide Paiva, Luiz Fernando Valente de. *Necessárias alterações no sistema falimentar brasileiro.* In Neder Cerezetti, Sheila Christina.; Maffioletti, Emanuelle Urbano. *Dez anos*

Ainda que a precisa interpretação e aplicação do artigo 49, §3º, LRF possa evitar algumas distorções apontadas no capítulo anterior e mitigar parte desta dificuldade, como proposto no segundo capítulo, nos parece que a mais ampla solução do problema apresentado passaria, necessariamente, por uma alteração legislativa[298] que incluísse os credores titulares da posição de proprietário fiduciário no rol de credores atingidos pela recuperação judicial, conferindo-lhes, assim, a condição de participantes dos processos de reorganização.

O presente Capítulo visa a, ainda que sem esgotar o tema, apresentar possíveis caminhos na construção desta solução.

3.1. Os direitos de garantia e a insolvência empresarial: A interação entre regras pertencentes a sistemas distintos

A questão envolvendo a não sujeição dos créditos garantidos por propriedade fiduciária ao regime de recuperação judicial permeia fundamentos não só do direito da insolvência, como também dos direitos de garantia.

Como já vimos, se, por um lado a não sujeição de tais créditos à recuperação judicial está fundamentada na suposta natureza de propriedade da garantia (questão referente ao direito civil e, especificamente ao direito das garantias), por outro, a sua inclusão no procedimento se justificaria à luz dos fundamentos do direito da insolvência (questão referente ao direito comercial e, especificamente, ao direito da insolvência).

da Lei nº 11.101/2005: Estudos sobre a Lei de Recuperação e Falência. São Paulo: Almedina, 2015, p. 145-146.

[298] Luiz Fernando Valente de Paiva destaca que desde a promulgação da LRF, já se sabia que seriam necessários aprimoramentos, destacando a necessidade de sujeição de todos os débitos do devedor aos efeitos da recuperação judicial do devedor. O autor destaca que o tempo de tramitação do projeto de lei que resultou na promulgação da lei e o número de emendas sofridas demonstrariam as dificuldades encontradas nas discussões do texto que, por alterar direitos materiais de diversos setores da sociedade, impediu com que determinadas discussões técnicas fossem exauridas, fazendo com que, embora a LRF tenha sido considerada um grande avanço (especialmente devido ao alinhamento com tendências internacionais ao promover um instituto de recuperação empresarial), tenha ficado aquém do desejado. (*Necessárias alterações no sistema falimentar brasileiro*. In Neder Cerezetti, Sheila Christina.; Maffioletti, Emanuelle Urbano. *Dez anos da Lei nº 11.101/2005: Estudos sobre a Lei de Recuperação e Falência*. São Paulo: Almedina, p. 131-132).

As regras pertencentes aos sistemas de garantias e aos sistemas de insolvência possuem diferentes preocupações e objetivos, os quais podem ser sobrepostos especialmente quando o exercício de determinados direitos, regulados pelo direito das garantias pode ser impactado pelo início de um procedimento de insolvência[299].

Se, por um lado, o direito das garantias visa a promover o crédito, porquanto a constituição de garantias minimizaria o risco a ele atrelado, por outro, o direito da insolvência tem como principal preocupação a solução de problemas de ação coletiva de modo a preservar e maximizar o valor dos ativos do devedor, seja com o um fim em si mesmo, seja como um meio para permitir a preservação da empresa.

Como vimos, a consecução de tais objetivos passa pela prevenção de uma corrida individual entre credores em busca da satisfação do seu crédito e pela criação de mecanismos que incentivem o comportamento cooperativo entre os credores e permitam a reorganização das empresas viáveis e a liquidação das inviáveis. É por esta razão que as regras pertencentes ao direito da insolvência podem afetar o exercício de direitos por credores titulares de garantias em diferentes níveis.

Em razão da sobreposição de interesses protegidos pelas regras pertencentes aos diferentes sistemas (de garantias e de insolvência), parece-nos necessário que toda e qualquer mudança legislativa em qualquer um destes campos considere os efeitos no outro. Nesse sentido, na medida em que, como vimos, a insolvência do devedor invariavelmente gerará efeitos aos seus credores garantidos, parece-nos que o estabelecimento de tais efeitos, além da previsibilidade a respeito da sua extensão é, no mínimo, desejável em razão do inevitável embate entre as regras de insolvência e as regras relativas às garantias[300].

[299] Um exemplo clássico da sobreposição de regra e interesses protegidos pelos sistemas de garantia e de insolvência são as regras de *stay* (Cf. Carruthers, Bruce G.; Halliday, Terence C. *Rescuing Business: The Making of Corporate Bankruptcy Law in England and the United States.* Clarendon Press: Oxford, 1998, p.42-44).

[300] O embate entre as regras destes dois diferentes sistemas legislativos (do direito da insolvência e do direito das garantias) é também relatado pela doutrina norte-americana como centro de diversas disputas nos Estados Unidos, por mais de vinte anos (Webber, Eric A. *The tension between Bankruptcy and Secured Credit: A High-Level Overview of a Long-Standing Debate.* In Peter, Henry; Jeandin, Nicolas; Kilborn, Jason. *The Challenges of Insol-*

A nosso ver, a criação de regras que permitam acomodar os interesses de credores garantidos (incluindo os credores titulares da posição de proprietário fiduciário) no curso do processo de recuperação judicial seria mais benéfica a todos os afetados pelo processo (inclusive aos próprios titulares da referida posição) do que a manutenção da situação atual na qual, os credores titulares da posição de proprietário fiduciário, muitas vezes, não se enquadram nem como imunes aos efeitos da recuperação judicial (porquanto impedidos de excutir a sua garantia), nem como participantes do procedimento (e, portanto, sem o gozo dos direitos inerentes a tal participação).

Tal percepção está diretamente relacionada com o atingimento dos objetivos dos sistemas de insolvência, explorados no primeiro capítulo deste estudo. Como vimos, os cenários de insolvência e de "não insolvência" não podem ser analisados sob a mesma perspectiva, já que as premissas sobre as quais se baseiam as regras de execução individual e coletiva são fundamentalmente diversas[301].

Assim, a modificação de parte dos direitos que os credores titulares da posição de proprietário fiduciário possuem fora do ambiente de insolvência, quando um procedimento desta natureza é instaurado, com a consequente alteração de regime jurídico aplicável é inevitável para permitir que o fim máximo dos processos de reorganização empresarial seja atingido[302].

Com efeito, a alteração do regime jurídico aplicável às diversas relações jurídicas estabelecidas pelo empresário e pela sociedade empresá-

vency Law Reform in the 21st Century: Facilitating investment and recovery to enhance economic growth. Schulthess: Zürich, 2006, p. 85).

[301] Vide nota de rodapé 61.

[302] A ampliação do rol de créditos reestruturáveis pela recuperação judicial, com a inclusão de créditos garantidos por propriedade fiduciária, foi inclusive proposta pelo Grupo de Trabalho nomeado pelo Ministério da Fazenda para estudar e propor medidas de aprimoramento da LRF atualmente em vigor, nos termos da portaria nº 467, de 16.12.2016. Sobre algumas das propostas apresentadas pelo Grupo de Trabalho ao Ministério da Fazenda, vide https://www.valor.com.br/legislacao/4888242/proposta-amplia-lista-de-setores-aptos-recuperacao último acesso em 31.12.2018.

Importante destacar que durante o trâmite do processo legislativo, o texto inicial, elaborado pelo Grupo de Trabalho sofreu modificações profundas, as quais foram quase integralmente adotadas no texto do Projeto de Lei nº 10.220/2018, encaminhado à Câmara dos Deputados em maio de 2018.

ria, em razão do ajuizamento de pedido de recuperação judicial, decorre do reconhecimento da importância de um regime próprio para lidar com a crise da empresa. Nestes casos, deve haver verdadeira migração de um regime exclusivamente privado para um regime específico, em que todas as relações jurídicas são avaliadas não apenas sob a óptica dos interesses individuais dos contratantes, mas também em vista dos interesses dos diversos envolvidos na manutenção daquela atividade[303].

Isso não significa, contudo, ignorar a condição do credor garantido e a natureza do seu crédito. Acredita-se que a modificação (ou pelo menos a limitação) dos direitos destes credores deve ser acompanhada de mecanismos que protejam os seus interesses.

3.1.1. A relativização dos direitos de garantia durante a reorganização empresarial: Extensão das regras de *stay*

Como vimos no primeiro capítulo deste trabalho, o estudo das diferentes correntes a respeito de quais seriam os objetivos dos sistemas de insolvência, permitiu que chegássemos a um denominador comum sobre a matéria, consistente na maximização do valor dos ativos do devedor e, consequentemente, do retorno dos credores como um destes objetivos. Isso significa que, mesmo adotando uma visão mais ampla, como defendida por WARREN[304], a respeito de tais objetivos, a preocupação com a maximização do retorno dos credores não deve ser abandonada.

Também como vimos no primeiro capítulo do presente trabalho, as bases para o desenvolvimento dos regimes de liquidação e de reorganização são fundamentalmente distintas, razão pela qual a lente de análise dos direitos dos credores sobre o conjunto de bens do devedor jamais poderá ser a mesma em ambas as situações.

Nesse sentido, parece-nos que, mesmo assumindo como correto o fundamento (com o qual discordamos, frise-se) de que os credores titulares de garantias fiduciárias são proprietários do bem dado em garantia, admitir que tais bens sejam retirados da posse direta do devedor, em

303 Cf. LAZZARINI, Alexandre Alves. *Reflexões sobre a recuperação judicial de empresas.* In DE LUCCA, Newton; DOMINGUES, Alessandra de Azevedo (Coords). *Direito Recuperacional: Aspectos Teóricos e Práticos.* São Paulo: Quartier Latin, 2009, p. 124-125 e SACRAMONE, Marcelo Barbosa. *Cláusula de vencimento antecipado na recuperação judicial.* In Revista do Advogado, nº 131, Ano XXXVI, out./2016 p. 136-137.

304 Vide item 1.2.1.

razão da excussão da garantia, apenas faz sentido sob a lógica da liquidação, em que a atividade empresarial não terá continuidade sob aquela mesma gestão.

De fato, há regras aplicáveis à recuperação judicial no Brasil que se atentaram aos potenciais efeitos nocivos que a retirada de bens do estabelecimento do devedor pode gerar, especialmente quanto à inviabilização da possibilidade de soerguimento do devedor. Contudo, como vimos ao longo do segundo capítulo, a aplicação das referidas regras ao longo do tempo, somada à ampla utilização das garantias fiduciárias sobre bens de natureza diversa, demonstrou uma série de distorções na aplicação da LRF, além da instauração de um cenário de insegurança jurídica que pode prejudicar a todos os afetados pela crise empresarial.

Nesse contexto e sem esquecer que uma das características chave dos processos de reorganização empresarial consiste na sua natureza coletiva, de modo que o interesse dos credores, enquanto grupo, sobreponha-se aos interesses individuais destes mesmos credores, diversos sistemas ao redor do mundo, como é o caso do brasileiro, possuem mecanismos de proteção dos ativos do devedor, contra ações dos credores durante parte ou todo o processo de reorganização. São as chamadas regras de *stay*.

Em nosso entendimento, porquanto a propriedade fiduciária não possui natureza de propriedade[305], mas sim de garantia e, como consequência lógica da proposta aqui apresentada de inclusão dos credores titulares de tal garantia como sujeitos aos efeitos da recuperação judicial, as regras de *stay* deverão ser aplicáveis de forma irrestrita sobre os bens onerados com as garantias fiduciárias[306].

[305] Vide item 1.3.2.1.

[306] A aplicação das regras de stay aos credores titulares de garantias sobre bens utilizados pelo devedor na sua atividade empresarial é também defendida pela doutrina norte-americana com um mecanismo a fim de evitar que o credor titular da garantia aja apenas em vista de seu próprio interesse (por exemplo, vendendo o bem onerado com a garantia por valor apenas suficiente para recuperar o seu crédito, mas em valor inferior ao que poderia ser obtido em outra circunstância, com a possibilidade de maior retorno financeiro – também para o devedor) (WEBBER, Eric A. *The tension between Bankruptcy and Secured Credit: A High-Level Overview of a Long-Standing Debate.* In PETER, Henry; JEANDIN, Nicolas; KILBORN, Jason. *The Challenges of Insolvency Law Reform in the 21st Century: Facilitating investment and recovery to enhance economic growth.* Schulthess: Zürich, 2006, p. 91).

Nos processos de reorganização empresarial, a aplicação das regras de *stay* tem como principal função permitir a continuidade da atividade empresarial durante o período de negociação do devedor com os seus credores[307].

A aplicação das regras de *stay* aos credores garantidos necessariamente requer cautela adicional, como, aliás, é expressamente reconhecido pela UNCITRAL[308]. Isso porque, também como vimos neste trabalho, as garantias das obrigações têm como principal função proteger os credores de eventual inadimplemento do devedor.

Nesse contexto, parece natural que se argumente que o início de um processo de reorganização empresarial por determinado devedor não deveria impedir a excussão de garantias pelo seu titular, na medida em que tal credor negociou, de forma privada, a constituição daquela garantia e a sua relativização poderia, além de desrespeitar a autonomia privada, impactar diretamente a oferta de crédito, cujo custo seria maior para incorporar o risco de insolvência do devedor (e, consequentemente, de impossibilidade de excussão da garantia).

De outro lado, permitir que credores garantidos (incluindo os titulares de garantias fiduciárias) excutam livremente as suas garantias pode frustrar o atingimento dos objetivos dos regimes de reorganização[309].

[307] Vide nota de rodapé 97.

[308] Conforme UNCITRAL – UNITED NATIONS COMMISSION ON INTERNATIONAL TRADE LAW. *Legislative Guide on Insolvency Law*, p. 87. Último acesso em 25.5.2018. Disponível em http://www.uncitral.org/uncitral/en/uncitral_texts/insolvency.html.

[309] Com efeito, a UNCITRAL, inclui como uma das recomendações do *Legislative Guide on Secured Transaction*, a proteção dos ativos do devedor contra ações de credores garantidos. O termo "ativos do devedor" utilizado pelo órgão inclui os bens de propriedade a terceiros, utilizados pelo devedor em sua cadeia produtiva, sendo assim possível adotar o referido racional para os bens onerados com garantias fiduciárias. Veja, nesse sentido:
"Assets of the debtor": property, rights and interests of the debtor, including rights and interests in property, whether or not in the possession of the debtor, tangible or intangible, movable or immovable, including the debtor's interests in encumbered assets or in third-party owned assets (...)
In order to design an effective and efficient insolvency law, the following common features should be considered:
(a)-(d) ...
(e) Protection of the insolvency estate against the actions of creditors, the debtor itself and the insolvency representative and, where the protective measures apply to secured credi-

Por esta razão, acredita-se que a extensão das regras de *stay* aos credores garantidos e, consequentemente, a modificação (ao menos parcial) dos seus direitos nos casos de recuperação judicial[310], é, não só desejável, mas medida necessária para o atingimento dos objetivos dos sistemas de reorganização empresarial, uma vez que elas permitem (1) o aumento de recursos disponíveis a serem utilizados no esforço reorganizativo e, (2) maior controle e flexibilidade aos agentes responsáveis pela reorganização[311].

3.1.2. Mecanismos de tutela dos interesses dos credores garantidos

Como já mencionado, embora se entenda pela necessidade de inclusão dos credores titulares de garantias fiduciárias como participantes e sujeitos aos procedimentos de reorganização empresarial, a adequada tutela dos interesses de tais credores não deve ser ignorada.

tors, the manner in which the economic value of the security interest will be protected during the insolvency proceedings. (...)
46. The insolvency law should specify that, on commencement of insolvency proceedings:
(a) Commencement or continuation of individual actions or proceedings concerning the assets of the debtor and the rights, obligations or liabilities of the debtor are stayed;
(b) Actions to make security interests effective against third parties and to enforce security interests are stayed;
(c) Execution or other enforcement against the assets of the estate is stayed;
(d) The right of a counterparty to terminate any contract with the debtor is suspended; and
(e) The right to transfer, encumber or otherwise dispose of any assets of the estate is suspended." (UNCITRAL – UNITED NATIONS COMMISSION ON INTERNATIONAL TRADE LAW. *Legislative Guide on Secured Transaction.* Último acesso em 22.9.2018. Disponível em https://www.uncitral.org/pdf/english/texts/security-lg/e/09-82670_Ebook-Guide_09-04-10English.pdf p.439-441)

[310] Carruthers, Bruce G.; Halliday, Terence C. *Rescuing Business: The Making of Corporate Bankruptcy Law in England and the United States.* Clarendon Press: Oxford, 1998, p.30.

[311] "Two things must happen to achieve the rehabilitation of corporations. First, more funds or assets must be brought into the estate (the "basket" of resources available to the agents of reorganization) so that reorganizers have the means to turn the company around. Second, more flexibility and control must be given to the agents of reorganization. Both of these presuppose a "Freeze" or a "moratorium" or a "stay" on the rush of creditors to seize assets and remove them from the control of reorganizers" (Carruthers, Bruce G.; Halliday, Terence C. *Rescuing Business: The Making of Corporate Bankruptcy Law in England and the United States.* Clarendon Press: Oxford, 1998, p. 153)

O desafio de equilibrar, de um lado, os acordos privados entre credor e devedor (por exemplo, quando da constituição da garantia) e, de outro, a busca pelo atingimento dos objetivos almejados pelos institutos de reorganização empresarial foi enfrentado por outros países em momentos de reforma legislativa.

Nos Estados Unidos, por exemplo, o processo de reforma que culminou com a edição do *Bankruptcy Code*, de 1978, contou com a resistência de instituições financeiras[312] especialmente diante da constatada necessidade de flexibilização das regras de prioridade absoluta[313] em relação ao regime anterior[314]. A resposta encontrada pelo direito norte-ameri-

[312] Sobre a resistência de instituições financeiras nos processos de reforma da lei norte americana e inglesa, bem como, das contrapartidas conferidas por tais sistemas em busca da adequada proteção aos interesses de credores que teriam seus direitos parcialmente modificados pelas regras de insolvência, vide Carruthers, Bruce G.; Halliday, Terence C. *Rescuing Business: The Making of Corporate Bankruptcy Law in England and the United States*. Clarendon Press: Oxford, 1998, p. 153-210.

[313] A doutrina norte americana indica três principais vertentes em que as regras de prioridade absoluta foram flexibilizadas: (1) o uso de bens onerados em garantia, pelo devedor, (2) os direitos de compensação de depósitos bancários do devedor (*set off*) pelos bancos e, (3) as regras de *cramdown* (Carruthers, Bruce G.; Halliday, Terence C. *Rescuing Business: The Making of Corporate Bankruptcy Law in England and the United States*. Clarendon Press: Oxford, 1998, p. 176-177).
O primeiro ponto consiste na possibilidade de o devedor manter-se na posse de bens formalmente de propriedade das instituições financeiras, mas controlado, de fato, pelo devedor. O segundo, remete à prática de instituições financeiras compensarem suas dívidas, com valores mantidos em depósito pelos devedores, às vésperas do ajuizamento de um procedimento de insolvência. O terceiro, por sua vez, às regras de *cramdown* do direito norte americano, enquanto mecanismo de superação de veto dos credores garantidos a determinado plano de recuperação que tenha sido aprovado pelos demais. Sobre as diferenças entre o *cramdown* regulado no direito norte americano e o mecanismo previsto no artigo 58, §1º, LRF, vide Neder Cerezetti, Sheila Cristina; Campana Filho, Paulo Fernando; Miyazaki, Renata Yumi; Batista, Carolina Soares João. *A prevalência da vontade da Assembleia-Geral de credores em questão: o cram down e a apreciação judicial do plano aprovado por todas as classes*. Revista de Direito Mercantil, Industrial, Econômico e Financeiro, v. 143 (jul. / set. 2006), p. 202-236.

[314] De acordo com a literatura estrangeira, durante o processo de reforma da legislação norte-americana, constatou-se que a falta de flexibilidade da *absolute priority rule*, tal como aplicada no âmbito do Chapter X do *Bankruptcy Act* de 1938, embora muito favorável aos credores garantidos, muitas vezes era determinante para inviabilizar o sucesso dos processos de reorganização (Carruthers, Bruce G.; Halliday, Terence C. *Rescuing Business: The*

cano consistiu na garantia de "absoluta proteção" aos bens onerados em garantia aos credores garantidos, em contrapartida à flexibilização dos seus direitos[315].

Este item visa a apresentar possíveis mecanismos de proteção dos interesses dos credores titulares de garantias fiduciárias, aptos a tutelar a posição destes agentes diante da proposta de sua inclusão como credores sujeitos ao processo de recuperação judicial.

3.1.2.1. Remuneração durante o período de *stay*

Como regra no direito brasileiro, os créditos sujeitos à recuperação judicial são atualizados somente até a data do pedido, conforme marco temporal adotado pelo legislador.

Isso significa que, com o ajuizamento da recuperação judicial, "congela-se" o endividamento do devedor que será objeto da reestruturação da dívida através do procedimento. Este é, inclusive, um dos fundamentos utilizados anteriormente neste trabalho para justificar a sujeição à recuperação judicial dos créditos garantidos, por exemplo, pela cessão fiduciária de créditos que ainda não tenham sido performados na data do pedido, ainda sob a perspectiva da legislação atual.

Um dos mecanismos de tutela dos interesses dos credores garantidos por propriedade fiduciária que poderiam ser articulados em caso de reforma legislativa que proponha a sua submissão aos efeitos da recuperação judicial consiste na permissão de remuneração destes credores, tal como acordada bilateralmente entre credor e devedor, em contrapar-

Making of Corporate Bankruptcy Law in England and the United States. Clarendon Press: Oxford, 1998, p. 173).

315 A doutrina norte americana destaca que embora o conceito de "proteção adequada" a ser conferida aos credores garantidos em contrapartida à limitação do exercício dos seus direitos sobre a garantia não esteja definido de forma específica no *Bankruptcy Code*, incluiria proteções básicas à existência e manutenção do valor da garantia. ("Adequate protection is not specifically defined in the Code but includes such basic protections as the right to have the collateral protected and insured" (Gropper, Allan L. *Memorandum on the treatment of certain parties in United States Bankruptcy Cases'.* In Peter, Henry; Jeandin, Nicolas; Kilborn, Jason. *The Challenges of Insolvency Law Reform in the 21st Century: Facilitating investment and recovery to enhance economic growth.* Schulthess: Zürich, 2006, p. 61.

tida à restrição do seu direito de excussão da garantia em caso de ajuizamento da recuperação judicial[316].

Embora derivada de um crédito sujeito aos efeitos da recuperação judicial[317], a remuneração teria como fato gerador a não excussão da garantia, sendo, assim, um crédito "pós pedido" a ser adimplido pelo devedor normalmente, a despeito do pedido de recuperação judicial, podendo, inclusive, ser objeto de cobrança pelo credor em caso de inadimplemento.

Na hipótese de convolação da recuperação judicial em falência, contudo, o valor devido a título de remuneração seria classificado como crédito quirografário e não como crédito extraconcursal na medida em que, embora este tenha como fato gerador um evento ocorrido após o pedido de recuperação judicial, a sua contratação ocorreria em momento anterior ao pedido. Este fato impossibilitaria a caracterização da remuneração proposta como "crédito decorrente de obrigação contraída pelo devedor durante a recuperação judicial" e "resultante de ato jurídico válido praticado durante a recuperação judicial", a teor do que dispõem os artigos 67 e 84, I-E, LRF, cuja principal pretensão é fomentar o apoio dos financiadores à recuperação da empresa. Assim, o privilégio deve ser concedido apenas aos credores que voluntariamente colaborarem com a recuperação e não a todo e qualquer crédito surgido durante a recuperação judicial[318].

[316] A remuneração à credores garantidos, em razão da impossibilidade de excussão de suas garantias é admitida no direito norte-americano como um dos mecanismos aptos a conferir a "adequada proteção" a tais credores. (Webber, Eric A. *The tension between Bankruptcy and Secured Credit: A High-Level Overview of a Long-Standing Debate.* In Peter, Henry; Jeandin, Nicolas; Kilborn, Jason. *The Challenges of Insolvency Law Reform in the 21st Century: Facilitating investment and recovery to enhance economic growth.* Schulthess: Zürich, 2006, p. 91).

[317] Considerando a efetiva inclusão dos credores titulares de garantias fiduciárias como sujeitos aos efeitos da recuperação judicial, bem como credores titulares de outras modalidades de garantia real.

[318] Este é o entendimento de Leonardo Adriano Ribeiro Dias o qual, inclusive destaca a insuficiência do referido incentivo para a concessão de novo crédito às empresas em recuperação judicial (*Financiamento na Recuperação Judicial e na Falência.* São Paulo: Quartier Latin, 2014, p. 177). Tal ponto, foi parcialmente aprimorado com as alterações promovidas à LRF, pela entrada em vigor da Lei nº 14.112/2020, que introduziu em nossa legislação concursal uma seção específica para tratar do financiamento do devedor e do grupo devedor

Por ter como fato gerador a impossibilidade de excussão da garantia pelo credor, a remuneração somente seria devida pelo devedor nas hipóteses em que (i) o crédito garantido já é exigível antes do processamento do pedido de recuperação judicial e, (ii) o crédito se torna exigível entre o processamento do pedido e a homologação do plano. Isso porque, nas hipóteses em que o adimplemento do crédito estiver previsto para momento posterior à homologação do plano de recuperação judicial, o credor sequer teria direito à excussão do bem. Assim, não havendo suspensão de qualquer direito do credor, este não faria jus à tal remuneração.

A remuneração aqui proposta seria, portanto, devida pelo devedor ao credor, durante o período compreendido entre o momento em que este estaria impedido de excutir a sua garantia e a homologação do plano de recuperação judicial (que novaria a dívida garantida). Assim, para os casos em que o crédito é exigível até o processamento do pedido, a remuneração passaria a ser devida a partir do referido evento (que dispararia o comando normativo de impossibilidade de excussão da garantia) e, para os casos em que o crédito se tornaria exigível no curso da recuperação judicial (entre o processamento do pedido e a homologação do plano de recuperação judicial), a partir de então.

A remuneração aos credores garantidos durante o período em que o seu crédito é negociado no âmbito do plano de recuperação judicial que será submetido à votação visa a compensar a impossibilidade de excussão da garantia e será devida pelo devedor somente até a decisão judicial sobre a deliberação da assembleia geral de credores a respeito do plano de recuperação judicial[319], na medida em que após este momento dois são os cenários possíveis: (a) a novação do crédito como decorrência da homologação do plano, com a substituição das obrigações anterio-

durante a recuperação judicial (artigos 69-A a 69-F da LRF). A suficiência dos incentivos trazidos pela referida alteração legislativa não é objeto deste trabalho.

[319] À luz da possibilidade de os credores apresentarem um plano de recuperação judicial alternativo ao plano do devedor, introduzida na LRF por meio da Lei 14.112/20, deve-se considerar o último evento entre (a) a decisão que homologar o plano do devedor ou convolar a recuperação judicial em falência caso este seja rejeitado e os credores não aprovem a apresentação de um plano alternativo, nos termos do artigo 56, §4º, LRF ou (b) a decisão que homologar o plano de recuperação proposto pelos credores ou convolar a recuperação judicial em falência caso este seja rejeitado.

res pelas previstas no plano, ou (b) a convolação do procedimento em falência caso o plano não seja aprovado, hipótese em que o credor exercerá o seu crédito contra a garantia, nos termos das regras deste procedimento[320].

Ainda, a referida remuneração seria devida tanto aos credores garantidos por propriedade fiduciária como aos credores garantidos por outras modalidades de garantia real (caso assim previsto contratualmente), já que a suspensão do direito de excussão da garantia também é estendida a estes últimos, não havendo, neste ponto, qualquer elemento que diferencie a posição destes credores quanto à impossibilidade de excussão da sua garantia.

Acredita-se que a possibilidade de remuneração do credor garantido por propriedade fiduciária pelo período em que este é privado do exercício do direito de excutir a sua garantia em benefício da coletividade se apresenta como um relevante instrumento para a proteção de tais interesses, uma vez que incluídos no procedimento da recuperação judicial.

3.1.2.2. Direito de participação nos procedimentos de insolvência

Como vimos ao longo do primeiro capítulo a tutela do crédito se apresenta como ponto em comum entre as diferentes teorias que debatem os fins dos sistemas de insolvência. Por esta razão, a criação de um ambiente de negociação estruturada, com a atribuição de poderes deci-

[320] Embora seja possível argumentar que o referido modelo pode criar incentivo inadequado ao credor garantido (i.e., alongar a deliberação do plano de recuperação judicial e, posteriormente, proferir voto desfavorável à sua aprovação), entendemos que este incentivo é mitigado pelo tratamento que seria conferido à esta remuneração em caso de rejeição do Plano. De igual modo, nesta hipótese o exercício do direito de voto poderia ser considerado abusivo, na medida em que a rejeição não seria movida por um interesse legítimo do credor, ensejando a sua invalidade, bem como a obrigação do credor pela reparação por eventuais danos decorrentes do exercício abusivo do direito, a teor do disposto no artigo 927 do Código Civil (Buschinelli, Gabriel Saad Kik. *Abuso do Direito de Voto na Assembleia Geral de Credores*. São Paulo: Quartier Latin, 2014, p. 162-171). Sobre o afastamento do voto exercido em AGC, por abusividade, a recente alteração da LRF, promovida pela Lei nº 14.112/2020 conferiu maior clareza ao tema, ao dispor no §6º do artigo 39, LRF que "O voto será exercido pelo credor no seu interesse e de acordo com o seu juízo de conveniência e poderá ser declarado nulo por abusividade somente quando manifestamente exercido para obter vantagem ilícita para si ou para outrem.".

sórios aos credores do devedor para deliberarem a respeito da melhor solução para a crise empresarial é consensual sob as duas vertentes anteriormente apresentadas.

Nesse sentido, a inclusão dos créditos garantidos por propriedade fiduciária como crédito sujeito aos efeitos da recuperação judicial deverá, necessariamente, ser acompanhada da atribuição de direitos de participação a estes credores no procedimento atentando-se para os seus interesses.

Com efeito, a pluralidade de credores, com históricos, objetivos e naturezas distintas de créditos é pressuposto das sociedades empresárias e empresários que recorrem aos regimes formais de insolvência, sejam eles de natureza liquidatória ou reorganizativa[321]. No entanto, em todos os casos é possível identificar, ao menos um interesse em comum[322]: recuperar, ainda que em maior ou menor extensão, o seu crédito.

Com os credores titulares da posição de proprietário fiduciário não é diferente. Embora tais credores possam diferenciar-se dos credores titulares de outras garantias (porquanto os regimes aplicáveis a elas fora do contexto de insolvência são distintos) não há qualquer dúvida que a tutela do crédito é elemento comum para todos os credores do devedor, independentemente da sua natureza.

[321] A pluralidade de interesses, ou ao menos a inexistência de consenso entre credores de um mesmo grupo, é um pressuposto do ajuizamento de um procedimento formal de insolvência, na medida em que, havendo consenso entre determinado grupo de credores quanto à reestruturação das dívidas do devedor (seja em relação às condições de uma reestruturação, seja em relação à reorganização como alternativa mais adequada para o enfrentamento da crise do devedor específico), o devedor sempre preferirá promover a sua reorganização através de negociações privadas, cujo custo (reputacional e financeiro) será sempre inferior do que aqueles inerentes à reestruturação via procedimento formal. Nesse sentido, vide nota de rodapé 98.

[322] O interesse em comum dos credores é aqui apontado como um ponto de intersecção entre os diversos interesses atingidos pela crise e não como a existência de uma "vontade comum" ou de um alinhamento entre os interesses desses credores. Diversamente do que ocorre com os sócios de uma sociedade, em que a comunhão de interesses decorre de um vínculo contratual, isto é, de uma manifestação de vontade de cada um dos sócios e, portanto, é voluntária, nos casos de insolvência, a comunhão de interesses dos credores é obrigatória, isto é, os credores são colocados naquela situação por uma razão totalmente alheia à sua vontade, isto é, pelo ajuizamento de um processo formal de insolvência pelo devedor.

Nesse aspecto, a assembleia geral de credores é o órgão deliberativo para a tomada de decisões a respeito do plano de reorganização do devedor. Devido à importância das deliberações tomadas nas assembleias gerais de credores e da pluralidade de interesses que a compõem, nos processos de reorganização empresarial, o procedimento deve se preocupar com a composição destes interesses de modo a evitar que a busca pela satisfação dos interesses individuais de cada credor seja responsável por impedir que a superação da crise econômico-financeira por empresas viáveis se implemente.

A resposta apresentada pelos diferentes sistemas de insolvência consiste na organização dos credores em grupos (ou classes) mais homogêneos, de modo a superar, ainda que parcialmente, o problema de heterogeneidade entre os interesses dos credores, a qual pode ser identificada sob diferentes perspectivas[323].

Sob um primeiro viés, de natureza subjetiva, aspectos pessoais da relação entre credor e devedor são determinantes. A título exemplificativo, é possível imaginar que certos credores podem estar dispostos a conferir maior deságio ao seu crédito em troca de um prazo menor para pagamento, enquanto outros podem preferir solução inversa. De igual modo, credores cuja própria atividade empresarial dependa em larga medida daquele devedor específico (fornecedores, por exemplo) podem possuir maior interesse na reabilitação daquela sociedade empresária ou daquele empresário do que credores cujo grau de dependência do devedor seja menos relevante.

Sob um segundo viés, de natureza objetiva, observam-se as características dos créditos, especialmente quanto ao seu valor e natureza. Aqui se faz necessária uma distinção relevante, que foi objeto de muita discussão na jurisprudência norte-americana[324], entre a natureza do crédito e o interesse pessoal do seu titular.

323 Neder Cerezetti, Sheila Christina. *As classes de credores como técnica de organização de interesses: em defesa da alteração disciplina das classes na recuperação judicial*. In: Satiro, Francisco; Toledo, Paulo Fernando Campos Salles (coord.). *Direito das empresas em crise: problemas e soluções*. São Paulo: Quartier Latin, 2012, p. 378-380.

324 Até a reforma do *Bankruptcy Code* e a inserção do *Chapter 11*, a legislação de insolvência norte-americana conferia aos juízes o poder de classificar e separar os credores. Com a inauguração do Chapter 11, esse poder passou a ser exclusivo do devedor e dos credores, na medida em que, para o direito norte-americano, os credores possuem

Nas cortes norte-americanas, por algum tempo prevaleceu o entendimento de que a organização dos credores deveria basear-se na natureza do crédito e não dos interesses pessoais do credor, sob o fundamento de que a tutela do crédito se apresenta como elemento central do procedimento e um mesmo credor poderia possuir créditos de naturezas distintas e, assim, deveria participar de classes diferentes para deliberação do plano de reorganização[325]. Nesse contexto, há quem sustente que a classificação dos créditos deveria observar exclusivamente a sua natureza e não considerar qualquer tipo de interesse do seu titular[326].

Independentemente dos critérios utilizados para a organização dos credores em classes, fato é que, em se tratando das deliberações a serem tomadas em sede de assembleia geral de credores, tanto os interesses pessoais dos credores como as características dos seus créditos influenciarão diretamente na tomada de decisão por cada credor. É em razão desta constatação que surge a necessidade de agrupamento de interesses semelhantes, de modo a legitimar a submissão da vontade dos credores ao princípio da vinculação da maioria. Somente assim é possível garantir condições mínimas para o exercício da autonomia da vontade dos credores em assembleia[327].

legitimidade para requerer a reorganização do devedor, bem como para apresentar o seu plano de reorganização. Ainda assim, a jurisprudência formada sobre o assunto anteriormente à inserção do *Chapter 11* no *Bankruptcy Code*, é bastante elucidativa para a determinação de critérios de classificação. Para uma análise de *case law* no direito norte-americano anterior, vide GIVEN, Thomas C; PHILIPPS, Linda J. *Equality in the Eye of the Beholder-Classification of Claims and Interests in Chapter 11 Reorganizations.* 43 Ohio St. L.J. 735 1982.

[325] Sobre os efeitos de um credor exercer o direito de voto em múltiplas classes, NEDER CEREZETTI aponta para os muitos inconvenientes decorrentes deste cenário. Para mitiga-los, sugere a utilização de regras (como a relativa ao abuso de direito) para garantir o correto exercício do direito de voto pelo credor (*A Recuperação Judicial de Sociedade por Ações – O Princípio da Preservação da Empresa na Lei de Recuperação e Falência.* São Paulo: Malheiros, 2012, p. 289-290)

[326] Nesse sentido, vide NORBERG, Scott F. *Classification of Claims Under Chapter 11 of the Bankruptcy Code: The Fallacy of Interest Based Classification.* 69 Am. Bankr. L.J. 119, 1995.

[327] NEDER CEREZETTI, Sheila Christina. *As classes de credores como técnica de organização de interesses.* In TOLEDO, Paulo Fernando Campos Salles de; SOUZA JUNIOR, Francisco Satiro de. *Direito das Empresas em Crise: Problemas e Soluções.* 1ª ed. São Paulo: Quartier Latin, 2012, p. 370.

A forma como tal questão vem sendo tratada pelos diferentes ordenamentos ao redor do mundo[328] consiste no agrupamento de credores em grupos de interesses mais homogêneos, para exercício do direito de voto, seja por determinação legal, seja por iniciativa de entes privados (devedor e/ou credores, conforme autorizado por cada ordenamento específico – caso do ordenamento alemão[329], por exemplo) na elaboração do plano de reorganização.

A organização de credores em classes se origina também nos regimes de liquidação. Contudo, conforme já mencionado ao longo do presente trabalho, os objetivos perseguidos pelos regimes de liquidação e reorga-

[328] NEDER CEREZETTI, Sheila Christina. *As classes de credores como técnica de organização de interesses.* In TOLEDO, Paulo Fernando Campos Salles de; SOUZA JUNIOR, Francisco Satiro de. *Direito das Empresas em Crise: Problemas e Soluções.* 1ª ed. São Paulo: Quartier Latin, 2012, p. 378-380.

[329] De acordo com o §222 da *InsO*:

"(a) Except as provided in subsection (b) of this section, a plan may place a claim or an interest in a particular class only if such claim or interest is substantially similar to the other claims or interests of such class.

(b) A plan may designate a separate class of claims consisting only of every unsecured claim that is less than or reduced to an amount that the court approves as reasonable and necessary for administrative convenience.

(1) While determining the rights held by the parties involved in the insolvency plan, groups shall be formed where the parties concerned have differing legal status. A distinction shall be made between

1. the creditors entitled to separate satisfaction if their rights are encroached upon by the plan;

2. the non-lower-ranking creditors;

3. each class of lower-ranking insolvency creditors, unless their claims are deemed to be waived pursuant to section 225.

4. those persons with a participating interest in the debtor where their share rights or membership rights are included in the plan.

(2) Parties with equal rights may form groups in which parties with equivalent economic interests are set together. Such groups shall be adequately separated from each other. The criteria of their separation shall be indicated in the plan.

(3) Employees shall form a separate group if they are claiming major amounts as insolvency creditors. Separate groups may be formed for minor creditors and for minor shareholders whose share in the liable capital amounts to less than one per cent or to less than one thousand euros".

Tradução disponível em https://www.gesetze-im-internet.de/englisch_inso/index.html, último acesso em 3.1.2019.

nização não são necessariamente coincidentes. Na liquidação, a divisão de credores em classes visa a estabelecer ordens de prioridade de pagamento, enquanto nas reorganizações o agrupamento dos credores visa a organizar os seus interesses e, assim, permitir a negociação de um plano de reorganização. No regime brasileiro, a coincidência de classes previstas em lei para os casos de liquidação e reorganização evidencia típico problema de transposição de normas de um regime para o outro sem a devida atenção para as peculiaridades dos regimes de reorganização[330].

Nos processos de reorganização, a maior vantagem da classificação dos credores em grupos é permitir que o tratamento conferido pelo plano de reorganização aos titulares de créditos e interesses distintos seja analisado por cada grupo, o que, de um lado, confere a tutela adequada a todos eles e, de outro, facilita a obtenção de aprovações entre os credores sobre a viabilidade do plano. Como o plano precisa ser aprovado por todas as classes[331], dispositivos prejudiciais a uma determinada classe fariam com que essa rejeitasse o plano e impedisse o devedor de prosseguir com a reorganização.

Por fim, diante da necessidade de adaptação da *par conditio creditorium* nos casos de reorganização empresarial[332], passa-se a permitir que

[330] A higidez e manutenção da heterogeneidade entre os credores de diferentes grupos é apontada por NEDER CEREZETTI como desvantagens desta opção feita pelo legislador. Por outro lado, a autora destaca que o posicionamento dos credores a respeito do plano de recuperação judicial sempre será pautado na comparação com o tratamento que lhes seria conferido no procedimento falimentar, justificando a reprodução da ordem de pagamento da liquidação na divisão de classes para o procedimento de recuperação judicial. (*As classes de credores como técnica de organização de interesses.* In *Direito das Empresas em Crise: Problemas e Soluções.* 1ª ed. São Paulo: Quartier Latin, 2012, p. 376-377).

[331] A necessidade de aprovação por todas as classes nas deliberações sobre os planos de reorganização é relativizada por diferentes ordenamentos, através de mecanismos de superação de veto por determinada classe. Os ordenamentos brasileiro, norte-americano e alemão possuem tal mecanismo, ainda que com contornos diferentes entre si. Para maior detalhamento sobre os mecanismos de superação de veto e uma visão crítica sobre a sua utilização, vide NEDER CEREZETTI, Sheila Cristina; CAMPANA FILHO, Paulo Fernando; MIYAZAKI, Renata Yumi; BATISTA, Carolina Soares João. *A Prevalência da Vontade da Assembleia-Geral de Credores em Questão: O Cram-down e a Apreciação Judicial do Plano Aprovado por Todas as Classes.* Revista de Direito Mercantil, Industrial, Econômico e Financeiro, v. 143, 2006, p. 202-242.

[332] Sobe o tema, Thiago Dias Costa destaca que diante da nova realidade assumida pelo ordenamento jurídico, a formulação clássica de que deve ser conferido tratamento formal-

o plano de reorganização confira tratamento diferente entre credores de uma mesma classe, desde que justificada a diversidade de interesses dos credores que serão objeto do tratamento diferenciado[333].

Feitos estes esclarecimentos a respeito dos fundamentos de organização dos credores em grupos, a possibilidade de criação de uma classe de credores específica aos credores titulares de garantias fiduciárias nos parece assegurar aos credores titulares da referida posição a adequada proteção dos seus interesses uma vez que estes sejam incluídos como credores sujeitos aos efeitos da recuperação judicial.

Isso porque, na medida em que, como regra, a aprovação do plano de recuperação judicial depende da sua aprovação por todas as classes de credores, a criação de uma classe específica aos credores titulares de garantias fiduciárias, de um lado, permitiria que estes, enquanto grupo, analisassem a proposta de soerguimento da empresa em crise participando da negociação estruturada e do processo de decisão a respeito do futuro do devedor e, de outro, criaria incentivos adequados para que o devedor buscasse junto a tais credores uma solução adequada à tutela dos seus interesses[334] enquanto grupo, na maior extensão possível, de modo a evitar a convolação do procedimento reorganizativo em liquidação.

mente igualitário aos credores de uma mesma classe passa a não ser mais suficiente para assegurar a igualdade entre credores já que, a higidez da classificação nos regimes em que tal classificação é prevista em lei, como é o caso do regime brasileiro, faz com que em uma mesma classe estejam agrupados credores com interesses muito distintos. (*Recuperação Judicial e Igualdade entre Credores.* Rio de Janeiro: Lumen Juris, 2018, p.121).

[333] Este é, inclusive, o teor do enunciado 57 da I Jornada de Direito Comercial do Conselho da Justiça Federal, segundo o qual "O plano de recuperação judicial deve prever tratamento igualitário para os membros da mesma classe de credores que possuam interesses homogêneos, sejam estes delineados em função da natureza do crédito, da importância do crédito ou de outro critério de similitude justificado pelo proponente do plano e homologado pelo magistrado".

[334] De igual modo, é natural que, se as regras de *stay* forem (como devem ser de acordo com o nosso entendimento já aqui apresentado) estendidas aos credores titulares de garantias fiduciárias e assumindo que, nesse contexto, os bens onerados com a referida garantia poderão ser utilizados no processo de reorganização empresarial, deve ser conferido aos credores titulares da garantia a oportunidade de votar o referido plano (UNCITRAL – UNITED NATIONS COMMISSION ON INTERNATIONAL TRADE LAW. *Legislative Guide on Secured Transaction*, p. 87. Último acesso em 22.9.2018. Disponível em https://www.uncitral.org/pdf/english/texts/security-lg/e/09-82670_Ebook-Guide_09-04-10English.pdf p.434).

De igual modo, em sendo aprovada a apresentação de um plano alternativo elaborado pelos credores nos termos do artigo 56-A, LRF, os próprios credores responsáveis pela elaboração do plano tendem a buscar a adequada tutela dos credores garantidos por propriedade fiduciária.

A organização dos credores titulares da posição de proprietário fiduciário em classes poderia ser feita, no campo teórico, a partir de dois caminhos distintos: o primeiro, por determinação legal (nos casos em que as classes de credores são aquelas apresentadas pela legislação em vigor – caso do regime brasileiro[335]) e, o segundo, por iniciativa do plano de recuperação judicial (nos casos em que permite-se que o agrupamento dos credores em classes seja proposto pelo empresário ou empresa insolvente – caso dos regimes norte americano e alemão[336], por exemplo).

[335] Sobre o regime brasileiro, NEDER CEREZETTI defende a alteração da disciplina das classes de credores na recuperação judicial pois, conforme estruturada, especialmente no que se refere à classe III, são reunidos créditos de naturezas muito heterogêneas entre si: "No Brasil, contudo, a disciplina das classes de credores permite que elas se prestem a promover a reunião de créditos de naturezas distintas – exatamente aquilo que a ideia de organização dos credores em grupos visa a evitar. Admite-se, ainda, que créditos alocados na mesma classe recebam tratamento diverso, ainda que apresentem as mesmas características. Sendo a classe o ambiente de aglomeração de credores em que deve ser apurado o assentimento quanto aos termos do plano, seria de se esperar que o mesmo método de organização fosse utilizado pelo próprio plano quando da estipulação das formas de pagamento, ainda que apresentem as mesmas características. Há, na verdade, quadro que não beneficia a coordenação de interesses aliada ao fundamento básico da igualdade". (*As classes de credores como técnica de organização de interesses: em defesa da alteração disciplina das classes na recuperação judicial.* In: SATIRO, Francisco; TOLEDO, Paulo Fernando Campos Salles (coord.). *Direito das empresas em crise: problemas e soluções.* São Paulo: Quartier Latin, 2012, p. 373. Com críticas similares, posiciona-se também NEGRÃO (*A eficiência do processo judicial na recuperação de empresa.* São Paulo: Saraiva, 2010, p. 182-183 e *O papel do judiciário na homologação do plano.* p. 91-156. In ABRÃO, Carlos Henrique; ANDRIGHI, Fátima Nancy; BENETI, Sidnei. *10 anos de vigência da lei de recuperação e falência (Lei n. 11.101/2005).* São Paulo: Saraiva, 2015, p. 114).

[336] No caso do direito alemão, destaca-se que o agrupamento dos credores em classes é feito em duas etapas: a primeira, obrigatória e, a segunda, facultativa, com base com base na existência de interesses econômicos comuns entre os credores das classes obrigatórias. As classes facultativas não se caracterizam como subclasses das obrigatórias, mas sim como novas classes independentes. (Cf. NEDER CEREZETTI, Sheila Christina. *As classes de credores como técnica de organização de interesses: em defesa da alteração disciplina das classes na recuperação judicial.* In: SATIRO, Francisco; TOLEDO, Paulo Fernando Campos Salles (coord.). *Direito das empresas em crise: problemas e soluções.* São Paulo: Quartier Latin, 2012, p. 379)

À luz do direito brasileiro, entende-se que o agrupamento dos credores titulares da posição de proprietário fiduciário em uma classe específica para deliberação do plano de recuperação judicial é justificável a partir do critério de homogeneidade de interesses de tais credores, tanto se mantida a lógica atual (em que as classes de credores são aquelas apresentadas pelo legislador), bem como caso o direito brasileiro passasse a admitir que a organização dos credores em classes fosse proposta pelo devedor[337] ou pelos credores responsáveis pela elaboração do plano de recuperação judicial.

O agrupamento dos credores titulares de garantias fiduciárias em uma classe de credores específica decorreria da ausência de completa identidade de interesses entre tais credores e os demais credores do devedor, incluindo aqueles titulares de garantias reais preferenciais.

Embora tenhamos ao longo do presente trabalho defendido a caracterização da garantia fiduciária como espécie de garantia real e não como espécie de propriedade, isso não significa ignorar as peculiaridades de cada modalidade deste gênero. Tais peculiaridades, a nosso ver, conduzem à dificuldade de completa aproximação entre os interesses dos credores garantidos por garantias reais preferenciais (i.e., hipoteca e penhor) e os garantidos por garantias reais exclusivas (i.e., propriedade fiduciária), impedindo o agrupamento de ambos em uma mesma classe.

A ausência de completa aproximação entre estes interesses pode ser identificada por diferentes fatores.

[337] O Grupo de Trabalho nomeado pelo Ministério da Fazenda para estudar e propor medidas de aprimoramento da LRF, nos termos da portaria nº 467, de 16.12.2016, propôs que a organização dos credores em classes fosse realizada pelo próprio plano de recuperação judicial, desde que observada a homogeneidade de interesses dos credores de uma mesma classe. Para Neder Cerezetti, este seria o caminho preferível em busca da adequada tutela dos interesses envolvidos na crise empresarial: "Um outro caminho mais adequado, mas que envolveria maior dificuldade e ampla atuação do juiz, seria algo análogo ao que foi adotado, dentre outros, 124 pelo *Chapter 11* do *Bankruptcy Code* norte-americano e pela *InsO* alemã, ou seja, a possibilidade de o elaborador do plano de recuperação separar os credores em classes de forma livre, desde que observados critérios de similitude." (*A Recuperação Judicial de Sociedade por Ações – O Princípio da Preservação da Empresa na Lei de Recuperação e Falência*. São Paulo: Malheiros, 2012, p. 285).

O primeiro deles consiste na diferença de tratamento concedido a tais credores na falência. Se, por um lado, os credores titulares de garantias reais preferenciais terão o seu crédito satisfeito a partir dos recursos obtidos com a venda de ativos da massa falida, por outro, os credores titulares de garantias fiduciárias terão o seu direito de crédito satisfeito a partir da retomada do bem dado em garantia (ou via pedido de restituição, no caso de o bem não mais existir ou ter sido vendido), sendo que somente eventual saldo remanescente não coberto pelo valor da garantia será satisfeito a partir da liquidação de ativos da massa[338].

Nesse contexto, e assumindo que os credores do devedor em recuperação judicial são agentes racionais e, portanto, deliberarão sobre o plano colocado em votação ponderando o cenário ao qual seriam submetidos na hipótese de liquidação[339], parece-nos claro que tais credores devam deliberar sobre o plano do devedor em grupos distintos, na medida em que as condições de pagamento a serem oferecidas para que um dos grupos considere a reorganização mais vantajosa do que a liquidação será muito provavelmente distinta daquelas que seriam aceitas pelos credores do segundo grupo[340].

Em segundo lugar, o regime aplicável fora do ambiente de insolvência, para satisfação dos créditos garantidos por propriedade fiduciária e daqueles garantidos por outras modalidades de garantia real, são diversos. Como já exposto ao longo do presente estudo, uma das principais razões da introdução da propriedade fiduciária no regime brasileiro foi justamente a busca por um regime mais eficiente de recuperação do crédito. Nesse contexto, pode-se argumentar que, o agrupamento de tais credores em uma mesma classe, com a conferência de tratamento igua-

[338] Nesta hipótese, o saldo do crédito não coberto pela garantia será classificado como quirografário, nos termos do artigo 83, VI, b, LRF, exceto caso o mesmo crédito seja também garantido outra modalidade de garantia real ou se houver outro regime excepcional aplicável.

[339] Neder Cerezetti, Sheila Christina. *A Recuperação Judicial de Sociedade por Ações – O Princípio da Preservação da Empresa na Lei de Recuperação e Falência*. São Paulo: Malheiros, 2012, p. 284.

[340] Sob esta perspectiva, manter em uma mesma classe os credores garantidos por hipoteca, penhor, anticrese e propriedade fiduciária, reproduziria, ao menos em certa medida, o problema atualmente enfrentado pelo direito brasileiro no tocante à classe III da recuperação judicial, que agrupa credores titulares de interesses heterogêneos.

litário entre eles, tornaria a submissão à recuperação judicial mais onerosa aos credores titulares de garantias fiduciárias do que aos demais credores titulares de garantias reais.

A criação de uma classe adicional na recuperação judicial destinada aos credores titulares de garantias fiduciárias deverá, necessariamente, ser acompanhada de revisão de diversos dispositivos da LRF, tais como, as regras referentes à composição do comitê de credores[341], bem como das regras referentes à homologação do plano de recuperação judicial a despeito da ausência de aprovação em todas as classes com credores votantes[342].

Acredita-se, assim, que o agrupamento dos credores titulares de garantias fiduciárias em uma classe específica de credores[343], conferindo-

[341] O comitê de credores, no direito brasileiro, embora tenha atribuições mais restritas do que aquelas que poderiam ter-lhe sido conferidas constitui importante órgão de fiscalização do devedor durante a recuperação judicial. Para uma visão crítica quanto ao limitado poder concedido ao comitê de credores pelo direito brasileiro, bem como à atual redação do artigo 26 da LRF vide Neder Cerezetti, Sheila Christina. *A Recuperação Judicial de Sociedade por Ações – O Princípio da Preservação da Empresa na Lei de Recuperação e Falência*. São Paulo: Malheiros, 2012, p. 412-419.

[342] Em relação à regra do artigo 58, §1º, LRF, entendemos que, com a inclusão de uma quinta classe de credores votantes, o referido dispositivo (o qual não havia sofrido nenhuma modificação por ocasião da entrada em vigor da Lei Complementar nº 147, tendo sido modificado apenas pela entrada em vigor da Lei nº 14.112/2020) seja devidamente alterado para adequação do requisito previsto no inciso II para a concessão da recuperação judicial pelo juiz a despeito da ausência de aprovação em todas as classes de credores votantes.

A sugestão é que o referido dispositivo seja alterado para prever que, havendo cinco classes de credores votantes, a concessão da recuperação judicial quando não satisfeito o quórum do artigo 45, dependerá da aprovação de pelo menos três classes de credores votantes. A referida alteração visa a manter, na maior extensão possível, o caráter de excepcionalidade da concessão da recuperação judicial nestas hipóteses.

[343] Esclareça-se, desde logo, que a sugestão de criação de uma nova classe para os credores titulares de garantias fiduciárias não equivale a assumir que, necessariamente, todos os credores da referida classe serão titulares de interesses homogêneos. A referida sugestão parte da atual opção feita pelo legislador brasileiro em que o agrupamento dos credores em classes é feito a partir de grupos pré-estabelecidos pela legislação. Não se ignora, contudo, as críticas feitas a tal regime e tampouco, as propostas para sua modificação para um regime em que o agrupamento dos credores em classes seja objeto de negociação entre credores e devedor, conforme defendido por Neder Cerezetti em *As classes de credores como técnica de organização de interesses: em defesa da alteração disciplina das classes na recuperação judicial.* In:

-lhes direitos de participação do processo de recuperação judicial constituiria relevante mecanismo para tutelar a posição destes agentes diante da proposta de sua inclusão como credor sujeito ao processo de recuperação judicial, no Brasil.

3.1.2.3. Preservação da garantia

A preservação da garantia fiduciária, assim como do seu valor integra o núcleo de medidas possíveis para a conferência da adequada proteção aos interesses dos credores garantidos, enquanto sujeitos ao processo de reorganização empresarial.

Por "preservação da garantia" devemos entender não só a preservação do bem em si, como também a preservação do seu valor, de modo que a utilização do bem onerado pelo devedor, durante a recuperação judicial, não o deprecie de forma a reduzir o valor da garantia do credor (e consequentemente o percentual das obrigações garantias).

Em relação à preservação do bem onerado em garantia, a sugestão é que, a despeito da proposta sujeição dos créditos garantidos por propriedade fiduciária aos efeitos da recuperação judicial, nas hipóteses em que a garantia fiduciária recair sobre bem fungível, a utilização da garantia pelo devedor esteja sempre sujeita à autorização do credor titular da garantia ou, em último caso, do juízo da recuperação, mediante a exposição das razões, pelo devedor, a respeito de sua importância para a superação da crise. Nas hipóteses em que a garantia fiduciária recair sobre bem infungível, a utilização do bem pelo devedor estaria autorizada, mas a sua alienação permaneceria condicionada à autorização do credor.

A proposta não é muito diferente do ocorre hoje com os credores titulares de garantias de penhor, hipoteca e anticrese, nos termos do artigo 50, §1º, LRF, segundo o qual "na alienação de bem objeto de garantia real, a supressão da garantia ou sua substituição somente serão admitidas mediante aprovação expressa do credor titular da respectiva garantia".

Nos casos em que, pela natureza do bem onerado em garantia, a sua utilização, pelo devedor seja necessária como meio de manutenção da

SATIRO, Francisco; TOLEDO, Paulo Fernando Campos Salles (coord.). *Direito das empresas em crise: problemas e soluções*. São Paulo: Quartier Latin, 2012.

atividade empresarial, antes da submissão do plano de recuperação judicial à votação, a resposta conferida pela jurisprudência consistiu na liberação da garantia e substituição por bens da mesma natureza[344].

A solução nos parece adequada na medida em que, de um lado, atende aos objetivos dos regimes de reorganização (porque permite a manutenção da atividade empresarial viável e, potencialmente, maximiza o retorno dos credores) e, de outro, mantém o credor garantido em posição equivalente.

Quanto à proteção do valor da garantia, o racional consiste em endereçar o aspecto negativo de estender as regras de *stay* aos credores garantidos através da manutenção do valor da garantia durante o aludido período, o que pode ser alcançado de diferentes maneiras.

Uma primeira abordagem, sugerida pela UNCITRAL[345], consistiria no pagamento de remuneração aos credores garantidos, mas não apenas para o fim de "compensar" o credor garantido pela restrição ao seu

[344] "No particular, em que pese a argumentação desenvolvida pela Corte estadual, não se pode inferir que o diferimento da execução do penhor para safras futuras, conforme determinado pelo juízo de primeiro grau, consista em preceito cujo efeito prático equivalha à substituição ou supressão da garantia. Ao contrário, a medida a assegura a higidez do penhor na hipótese de a recuperação judicial da devedora revelar-se frustrada. Frise-se que não há como vislumbrar, sob quaisquer circunstâncias, o soerguimento de sociedades em recuperação judicial nas hipóteses em que lhes seja defeso fazer uso do produto de suas atividades. A decretação da falência, nesse contexto, seria inevitável. Afigura-se oportuno acrescentar que o penhor agrícola, diferentemente do penhor tradicional, incide sobre bem que integra a própria atividade desempenhada pelo devedor. A liquidação do crédito garantido, portanto, guarda relação de dependência com o sucesso da atividade empresarial praticada pelo prestador da garantia. Essa relação, de certo modo circular, autoriza a conclusão de que é também do interesse do credor pignoratício que o mecanismo de produção correlato não sofra solução de continuidade. Não se pode olvidar que viabilizar a superação da situação de crise econômico-financeira da sociedade devedora – objetivo do instituto da recuperação judicial – é também pré-condição necessária para promoção do princípio maior da LFRE, consagrado em seu art. 47: o de preservação da empresa e de sua função social"
(STJ, REsp 1.388.948/SP, Rel. Min. Paulo de Tarso Sanseverino, Terceira Turma, j. em 1.4.2014).

[345] Destaca-se que a referida recomendação não é feita especificamente aos créditos garantidos por propriedade fiduciária, mas sim aos créditos garantidos, em geral. O racional, contudo, é perfeitamente aplicável aos credores titulares da posição de proprietário fiduciário conforme demonstrado adiante.

direito de excutir a garantia como anteriormente proposto[346], mas sim de modo a evitar que eventual depreciação do bem o prejudique em caso de liquidação[347]. Tais remunerações, portanto, não se confundem e podem, assim, ser devidas ao credor garantido simultaneamente[348], desde que os requisitos para cada uma delas estejam presentes no caso concreto.

Como na liquidação o pagamento dos créditos garantidos por propriedade fiduciária é realizado a partir da expropriação do bem (que, na lógica atual, não compõe a massa falida ficando exclusivamente destinado à satisfação do crédito pelo seu titular), a remuneração ao credor durante o período de *stay* também teria o objetivo de proteger o credor garantido contra a depreciação do bem.

Em caso de depreciação e posterior liquidação o credor não seria prejudicado, pois o valor da referida depreciação (que o impediria, nesta parcela, de receber o seu crédito com prioridade) será pago ao credor a título de compensação de forma prioritária. Esta abordagem somente faz sentido nos casos em que o valor do bem onerado em garantia for igual ou inferior ao valor do crédito, já que nos demais casos, eventual depreciação no valor da garantia não prejudicaria o credor garantido (mas passaria a interferir na esfera de bens disponíveis para a satisfação dos demais credores) na medida em que este ainda teria o seu crédito integralmente satisfeito através da retomada do bem, pelo menos até que a depreciação seja extensa o suficiente para igualar o valor do bem onerado ao valor da dívida garantida[349].

[346] Vide item 3.1.2.1.

[347] UNCITRAL – UNITED NATIONS COMMISSION ON INTERNATIONAL TRADE LAW. *Legislative Guide on Insolvency Law – Parts 1 and 2*. Disponível em https://www.un-ilibrary.org/international-law-and-justice/uncitral-legislative-guide-on-insolvency-law-part-three_c9ed4925-en p. 96-97. Último acesso em 26.9.2018.

[348] UNCITRAL – UNITED NATIONS COMMISSION ON INTERNATIONAL TRADE LAW. *Legislative Guide on Insolvency Law – Parts 1 and 2*. Disponível em https://www.un-ilibrary.org/international-law-and-justice/uncitral-legislative-guide-on-insolvency-law-part-three_c9ed4925-en p. 96. Último acesso em 7.1.2019.

[349] A noção de proteção do valor da garantia está diretamente ligada ao estabelecimento de critérios para a avaliação do referido bem. Nosso entendimento é que, embora para fins de classificação dos créditos garantidos na respectiva classe deva prevalecer o valor de mercado, exclusivamente para fins de determinação a respeito do cabimento de remuneração ao credor, o critério de avaliação do bem deverá ser o de valor de liquidação. Isso porque,

Como a remuneração aqui proposta teria como objetivo proteger o credor garantido de eventual depreciação do bem em caso de liquidação, de modo a evitar (ou ao menos mitigar) eventual prejuízo neste cenário e também de modo a evitar que a liquidação sempre se torne mais vantajosa a este credor, tal remuneração somente passaria a ser exigível nos casos em que a recuperação judicial fosse convolada em falência.

Para que esta remuneração possua efetivamente caráter compensatório é essencial que o credor titular da garantia fiduciária que recaia sobre o bem depreciado tenha razoável perspectiva de recebimento deste valor. Assim, sugere-se que tal remuneração seja classificada como crédito extraconsursal na falência e, portanto, paga nos termos do artigo 84 da LRF, com preferência sobre os créditos listados no rol do artigo 83 do mesmo diploma.

Assim, a remuneração proposta neste item, visando a compensar o credor garantido pela propriedade fiduciária pela eventual depreciação do bem onerado em garantia equivaleria à diferença do valor da garantia apurado na data do pedido de recuperação judicial (utilizado para fins da classificação do crédito como pertencente à classe dos credores garantidos por propriedade fiduciária) e o valor da mesma garantia, apurado na data da decretação da quebra.

3.1.2.4. Regras de prioridade e preferência

Outra proposta que, a nosso ver, poderia contribuir ao atendimento dos interesses dos credores garantidos por propriedade fiduciária, uma vez que estes sejam incluídos no rol de credores sujeitos aos efeitos da recuperação judicial, consiste no estabelecimento de regras de prioridade e preferência.

No regime brasileiro, a ordem de prioridade de pagamento prevista no artigo 83, LRF, é aplicável somente ao regime de falência. Na recuperação judicial, as regras de pagamento aos credores serão negociadas entre credores e devedor, nos limites estabelecidos pela própria LRF[350],

neste caso específico o que se busca proteger é direito do credor ao valor que obteria com a liquidação (e consequente excussão da sua garantia) caso não houvesse um processo de reorganização do devedor anterior (período em que o credor restou impossibilitado de exercer o seu direito de crédito contra o bem).

[350] Dentre tais vedações, destaca-se, por exemplo, a obrigatoriedade de pagamento dos credores trabalhistas no prazo máximo de um ano, prevista no artigo 54.

não havendo, por exemplo, qualquer disposição que determine que créditos com garantia devam ser pagos, necessariamente, em condições melhores do que os créditos quirografários.

Se, por um lado, a negociação do plano de recuperação judicial em classes permite que os credores, enquanto grupo, avaliem a adequação da proposta de pagamento, por outro, a possibilidade de homologação do plano, a despeito de sua rejeição por uma[351] das classes presentes em

[351] Até a entrada em vigor da Lei nº 14.112/2020, muito se discutiu sobre a possibilidade de o plano de recuperação judicial ser homologado mesmo quando rejeitado por mais de uma classe de credores votante. A controvérsia residia na aplicação do artigo 58, §1º LRF após modificação introduzida na LRF pela Lei Complementar nº 147, de 2014 que, dentre outras providências, criou, na recuperação judicial a classe dos titulares de créditos enquadrados como microempresários ou empresa de pequeno porte. Por sua vez, o artigo 58, §1º, LRF, em sua redação original (mantida sem alterações até a entrada em vigor da Lei nº 14.112/2020) dispunha que:
"Art. 58. Cumpridas as exigências desta Lei, o juiz concederá a recuperação judicial do devedor cujo plano não tenha sofrido objeção de credor nos termos do art. 55 desta Lei ou tenha sido aprovado pela assembleia-geral de credores na forma do art. 45 desta Lei.
§ 1º O juiz poderá conceder a recuperação judicial com base em plano que não obteve aprovação na forma do art. 45 desta Lei, desde que, na mesma assembleia, tenha obtido, de forma cumulativa:
I – o voto favorável de credores que representem mais da metade do valor de todos os créditos presentes à assembleia, independentemente de classes;
II – a aprovação de 2 (duas) das classes de credores nos termos do art. 45 desta Lei ou, caso haja somente 2 (duas) classes com credores votantes, a aprovação de pelo menos 1 (uma) delas;
III – na classe que o houver rejeitado, o voto favorável de mais de 1/3 (um terço) dos credores, computados na forma dos §§ 1º e 2º do art. 45 desta Lei.
§ 2º A recuperação judicial somente poderá ser concedida com base no § 1º deste artigo se o plano não implicar tratamento diferenciado entre os credores da classe que o houver rejeitado".
Nesse contexto, com a entrada em vigor da Lei Complementar nº 147, muito se discutiu a respeito da possibilidade de concessão da recuperação judicial, com fundamento no artigo 58, §1º, LRF, nos casos em que o plano foi rejeitado por duas classes. Isso porque, a despeito da redação do referido dispositivo, a referida redação foi elaborada pelo legislador em vista de três classes votantes, de modo que sua aplicação no novo cenário de quatro classes votantes, flexibilizaria a possibilidade de concessão da recuperação judicial (antes, seria necessária a aprovação de 2/3 dos credores enquanto no novo cenário, implementado pela entrada em vigor da Lei nº 147 e antes da entrada em vigor da Lei nº 14.112/2020, de 2/4).
O referido problema interpretativo foi superado pela entrada em vigor da Lei nº 14.112/ /2020 que alterou a redação do §1º do artigo 58, LRF para expressamente prever que,

assembleia geral de credores, em alguns casos, poderá permitir que os efeitos do plano sejam impostos aos credores dissidentes, a despeito de sua rejeição.

Nesse cenário é possível imaginar, por exemplo, que determinado plano de recuperação judicial imponha condições de pagamento iguais (ou muito semelhantes) a credores com e sem garantia e, mesmo assim, seja homologado, hipótese na qual a garantia concedida ao credor no momento anterior à insolvência não lhe conferiu qualquer vantagem no processo de negociação.

Com efeito, este cenário pode se revelar relativamente comum. Em estudo realizado pelo Núcleo de Estudo e Pesquisa de Insolvência, projeto conduzido pela Associação Brasileira de Jurimetria (ABJ) e por professores e estudantes da PUC-SP, constatou-se que a média das condições de pagamento (prazo, taxa de juros anual e deságio) oferecidas aos credores com garantia e quirografários por planos de recuperação judicial homologados na comarca de São Paulo eram muito semelhantes[352].

Em vista de tal cenário, a proposta aqui apresentada consiste na criação de regras de prioridade e preferência que sejam aplicáveis nos regimes de reorganização visando a tutelar os interesses dos credores garantidos.

havendo 4 classes de credores votantes, a aplicação do *cram down* dependerá da aprovação do plano de recuperação judicial por 3 das classes votantes.
Em sentido contrário, Bezerra Filho defendia que como o próprio artigo 58 prevê a hipótese de concessão da recuperação judicial, via *cram down*, com aprovação em apenas metade das classes votantes ("(...), ou, caso haja somente 2 (duas) classes com credores votantes, a aprovação de pelo menos 1 (uma) delas"), a concessão da recuperação judicial nas hipóteses em que duas, das quatro classes votantes, tenham rejeitado o plano não era apenas possível, como também era autorizada pelo legislador brasileiro. Nesse sentido, vide Bezerra Filho, Manoel Justino. *Lei de recuperação de empresas e falência – Lei 11.101/2005 – Comentada artigo por artigo.* 13ª ed. São Paulo: Revista dos Tribunais, 2018, p. 221-222).

352 A título exemplificativo, para ambas as classes a média da taxa de juros anual era de 3% e a média de prazo de pagamento, de 10 anos. Em relação ao deságio, a média concedida aos credores com garantia real era de 37%, enquanto para os credores quirografários era de 35%.
O estudo foi realizado com base em 194 processos de recuperação judicial distribuídos na comarca paulista entre setembro de 2013 e junho de 2016. Os resultados da pesquisa estão disponíveis em https://abj.org.br/cases/insolvencia/nÚltimo acesso em 4.10.2018.

Em relação às regras de preferência, propõe-se que, necessariamente, em caso de alienação dos bens onerados em garantia fiduciária, o produto da venda (nos casos em que não houver substituição da garantia, como sugerido anteriormente) seja destinado ao pagamento do credor titular da garantia respeitando-se, assim, as regras de preferência aplicáveis fora do contexto de insolvência. A previsão asseguraria que os credores titulares da posição de proprietário fiduciário nunca recebessem, na recuperação judicial, um tratamento mais desfavorável do que lhes seria conferido em caso de liquidação do devedor.

Em relação às regras de prioridade, propõe-se que, como regra, credores titulares da posição de proprietário fiduciário sejam pagos sempre com prioridade sobre os demais credores garantidos e quirografários, conforme disposições do plano de recuperação judicial que vier a ser aprovado, ao menos que a classe dos credores titulares de tal posição aprove disposição contida em plano de recuperação judicial, em sentido contrário.

3.1.3. Conclusão parcial: Inclusão dos credores garantidos por propriedade fiduciária como sujeitos à recuperação judicial e mecanismos de tutela dos interesses

Como vimos ao longo deste estudo e, especificamente, neste capítulo, a modificação de parte dos direitos que os credores titulares da posição de proprietário fiduciário na hipótese de ser insaturado um regime formal de insolvência do devedor, com a consequente migração do regime jurídico aplicável a esta relação é imprescindível para o atingimento do fim máximo dos processos de reorganização empresarial.

Naturalmente, a alteração legislativa aqui proposta para inclusão dos credores garantidos por propriedade fiduciária como sujeitos aos efeitos da recuperação judicial deverá ser acompanhada de mecanismos aptos a promover a adequada tutela dos seus interesses.

Sem a pretensão de esgotar o tema, este capítulo apresentou quatro propostas para reflexão inicial[353].

A primeira proposta, consistente na possibilidade de remuneração dos credores garantidos durante o período em que estes ficariam impe-

[353] O Apêndice C apresenta as sugestões de alteração à LRF aqui propostas.

didos de excutir a sua garantia visa a remunerá-los pelo uso do bem onerado com a garantia pelo devedor.

A segunda proposta, consistente na criação de uma classe específica[354] destinada aos credores titulares de garantias fiduciárias visa a permitir que estes participem da negociação estruturada e do processo de decisão a respeito do futuro do devedor, bem como a criar incentivos adequados para que o devedor busque junto a tais credores uma solução adequada para a tutela dos seus interesses já que, como regra, a homologação do plano de recuperação judicial dependerá da sua aprovação por todas as classes com credores votantes.

Em terceiro lugar, propõe-se o estabelecimento de regras que protejam a garantia do credor, bem como o seu valor, de modo a evitar que no caso de decretação da quebra, a depreciação do bem onerado com a garantia fiduciária durante o processo de recuperação judicial seja responsável por reduzir a recuperação do crédito do referido credor.

Por fim, a quarta proposta apresentada consiste no estabelecimento de regras de prioridade e preferência aos credores garantidos por propriedade fiduciária, de modo a respeitar as regras de preferência aplicáveis fora do ambiente de insolvência a estas relações, bem como garantir que estes credores sejam pagos com prioridade em relação aos demais credores garantidos e quirografários.

[354] Como vimos, o agrupamento de tais credores na mesma classe dos credores titulares de garantias reais preferenciais (i.e. hipoteca, penhor e anticrese) não seria adequada à tutela dos interesses de tais credores já que estes dois grupos, por possuírem tratamento distinto nos casos de liquidação, possuem diferentes bases comparativas para a avaliação do plano de recuperação judicial.

CONCLUSÕES

A entrada em vigor da LRF representou importante marco no país ao colocar o ordenamento brasileiro em sintonia com tendências constatadas ao longo do século XX em diversos países, especialmente ao contemplar mecanismos de recuperação de empresas em crise.

Nesse contexto e, em vista do regime brasileiro, o presente trabalho se dedicou ao estudo da extraconcursalidade dos créditos garantidos por propriedade fiduciária na recuperação judicial à luz da solução coletiva para a empresa em crise.

Para tanto, o primeiro capítulo objetivou construir a principal base teórica sobre a qual ele foi desenvolvido, qual seja, a caracterização da solução da crise da empresa, especificamente à luz dos mecanismos de reorganização empresarial, como uma solução de natureza coletiva.

Ao longo do primeiro capítulo, estudamos brevemente os fundamentos que justificaram o surgimento dos institutos de reorganização empresarial enquanto alternativa à liquidação, bem como as diferentes abordagens existentes em sede de debate norte-americano a respeito de qual seria o fim máximo e quais interesses deveriam ser internalizados por tais regimes. O estudo, buscou identificar um denominador comum entre estas abordagens.

A partir desta tarefa identificamos que, independentemente da abordagem escolhida, a participação ativa dos credores, por meio de um processo de negociação estruturada com o devedor, revela-se como importante instrumento para a consecução dos objetivos dos regimes de reorganização empresarial, seja porque estes regimes deveriam apenas se preocupar com a tutela do crédito (para aqueles que adotam viés mais restrito na definição dos objetivos dos sistemas de insolvência, como Baird e Jackson[355]), seja porque a atribuição dos direitos de participação aos credores seria o meio mais adequado para permitir que outros interesses sejam protegidos por tais sistemas (para aqueles que adotam um viés mais "amplo" e defendem a internalização de uma pluralidade de interesses, como Warren[356]).

Identificada a importância da mais ampla participação dos credores nos regimes de reorganização empresarial, a segunda parte do primeiro capítulo buscou analisar os fundamentos normalmente invocados para justificar a exclusão dos credores garantidos por propriedade fiduciária dos efeitos da recuperação judicial.

A partir de uma análise da estrutura-função da propriedade fiduciária, concluímos no primeiro capítulo que, embora positivada no direito brasileiro como espécie de propriedade, as limitações intrínsecas à sua função de garantia revelam falta de aproximação entre o instituto e a ideia de propriedade, de modo que a propriedade fiduciária deverá ser vista, na verdade, como espécie de garantia real.

Igualmente no primeiro capítulo, vimos que embora se tenha afirmado ao longo do tempo que a não sujeição dos créditos garantidos por propriedade fiduciária aos efeitos da recuperação judicial constituiria importante elemento de redução do custo do crédito financeiro no país, não se tem conhecimento de qualquer estudo científico elaborado desde a entrada em vigor da LRF, com o intuito de comprovar tal afirmação[357].

355 *Corporate Reorganizations and the Treatment of Diverse Ownership Interests: A Comment on Adequate Protection of Secured Creditors in Bankruptcy.* 51 University of Chicago Law Review 97 (1984).

356 *Bankruptcy Policy.* In *University of Chicago Law Review* 54 (1987)

357 Como já afirmado neste trabalho, os impactos positivos à economia brasileira gerados pela LRF são inegáveis, principalmente considerando a ausência de mecanismos destinados à reorganização empresarial no regime anterior. Alguns estudos avaliam os efeitos da LRF sobre o crescimento da economia, mas nenhum deles atribui a este fato à regra de não sujeição dos créditos garantidos por propriedade fiduciária à recuperação judicial. Vide, por exemplo, Souza, Mateus Clovis de; Funchal, Bruno; Baptista, Ézio. *Nova Lei de Falências: Efeitos na Estrutura de Capital das Empresas Brasileiras.* Disponível em http://www.fucape.br/_public/producao_cientifica/2/Mateus%20-%20Nova%20lei%20de%20falencias.pdf último acesso em 8.1.2019 e Benicá, Estevão Prates; Funchal, Bruno; Beiruth, Azis Xavier. *O Poder de Reforma na Lei de Falências sobre firmas com restrição de crédito.* In Revista de

Vimos, ainda, que, se analisada sob outra perspectiva, a ampla utilização da propriedade fiduciária, enquanto garantia real exclusiva, pode conduzir, ao menos em parte, à limitação do crédito e não à sua ampliação.

Ao examinarmos os fundamentos normalmente invocados para justificar a exclusão dos créditos garantidos por propriedade fiduciária dos efeitos da recuperação judicial, concluímos, portanto, que tal tratamento decorre de opção legislativa e não de características intrínsecas ao instituto que inviabilizariam a participação de tais credores na solução coletiva para a empresa em crise.

Uma vez construída a base teórica necessária para justificar a mais ampla participação dos credores, incluindo daqueles titulares da posição de proprietário fiduciário, no processo de reorganização empresarial do devedor, o segundo capítulo do presente trabalho se dedicou a apresentar alguns problemas decorrentes da aplicação do artigo 49, §3º, LRF e propor nortes interpretativos para a aplicação da regra de forma a conferir maior coerência ao sistema como um todo.

As questões analisadas no segundo capítulo foram selecionadas a partir da análise de 544 decisões proferidas pelo STJ, pelo TJSP e pelo TJRJ, como tentativa de aproximação aos problemas relacionados à aplicação do tema pelos tribunais, não tendo o levantamento jurisprudencial se proposto a ser empregado como pesquisa empírica de caráter quantitativo.

Nesse contexto, foram analisadas as seguinte questões identificadas a partir da aplicação do artigo 49, §3º, LRF: (i) os limites da extraconcursalidade e o acesso do credor à garantia fiduciária; (ii) a extensão do *stay period* aos atos de excussão da garantia fiduciária, em razão da carac-

Estudos Contábeis, v. 7, n. 12, 2016, disponível em http://www.uel.br/revistas/uel/index.php/rec/article/view/26267/22800 último acesso em 8.1.2019.

Interessante notar também que o Indicador do Custo do Crédito – ICC, elaborado pelo Banco Central do Brasil – Bacen, ao longo dos últimos cinco anos não sofreu redução expressiva, ao passo que a taxa de juros (um dos componentes do ICC) sofreu constante aumento no mesmo período, conforme dados divulgados pelo Bacen (vide https://www.bcb.gov.br/conteudo/home-ptbr/TextosApresentacoes/ICC%20divulga%C3%A7%C3%A3o%2020_4_2017.pdf último acesso em 9.1.2019). A ausência de correlação direta entre a regra do artigo 49, §3º da LRF e a redução do custo do crédito no Brasil também não é apurável pelos Relatórios de Economia Bancária elaborados pelo Bacen, disponíveis em https://www.bcb.gov.br/publicacoes/relatorioeconomiabancaria/cronologicos.

terização dos bens onerados como bens de capital essenciais; (iii) as discussões a respeito da competência entre o juízo da recuperação judicial e os juízos individuais, e (iv) a utilização do "princípio da preservação da empresa" como fundamento para relativização da regra contida no artigo 49, §3º, LRF.

Em relação aos limites da extraconcursalidade e o acesso do credor à garantia fiduciária, a análise de julgados se deu sob duas perspectivas distintas: a primeira quanto ao eventual esvaziamento da garantia fiduciária e a segunda quanto à eventual renúncia à garantia nos casos em que o credor busca a satisfação do seu crédito por meio da constrição de bens diversos daqueles sobre os quais recai a sua garantia fiduciária.

Sob a primeira perspectiva, exemplificamos o problema de análise a partir da garantia de cessão fiduciária de créditos futuros, em que o valor da garantia na data do pedido de recuperação judicial do devedor é inferior ao valor do crédito garantido, seja porque os créditos cedidos ainda não foram constituídos, seja porque ainda não performados pelo devedor original. Em nosso entendimento, nesses casos, não haveria outra classificação a ser conferida ao crédito (ao menos na parcela não coberta pela garantia) no contexto da recuperação judicial se não a de crédito quirografário, já que, nessas circunstâncias, não há nenhum elemento que diferencie tal parcela do crédito daqueles outros créditos que não possuem garantia de qualquer natureza.

Sob a segunda perspectiva, a análise dos julgados identificou duas posições distintas: (i) a primeira, segundo a qual a aplicação do artigo 49, §3º, LRF é feita de forma bastante ampla, permitindo que o credor titular da posição de proprietário fiduciário atinja todo o patrimônio do devedor para satisfação do seu crédito, sem que tal conduta implicasse qualquer alteração na natureza do crédito e (ii) a segunda (com a qual nos alinhamos), segundo a qual, tal escolha necessariamente implicará a renúncia à sua condição de credor não sujeito ao procedimento. Em nosso entendimento, permitir o acesso ilimitado aos bens do devedor pelo credor titular da posição de proprietário fiduciário significaria ingressar na esfera de direitos dos credores quirografários do mesmo devedor que, no limite, têm a satisfação dos seus créditos garantida pela totalidade de bens disponíveis do devedor.

Em relação à extensão do *stay period* aos atos de excussão da garantia fiduciária, em razão da caracterização dos bens onerados como bens de capital essenciais, identificamos que, diante da ausência de um conceito fechado a respeito de quais elementos caracterizariam determinado bem como essencial, a referida análise é feita caso a caso. A casuística nesta caracterização, contudo, é fator de insegurança a respeito da exequibilidade da garantia pelo seu titular em um cenário de recuperação judicial o que, no limite impacta a própria eficácia processual da garantia, diretamente ligada ao tempo necessário para que o credor receba pelo seu crédito.

De modo semelhante, a eficácia processual da garantia fiduciária no cenário de recuperação judicial do devedor também é impactada pelas discussões a respeito da competência do juízo da recuperação judicial para os atos relacionados ao exercício do direito de crédito pelo credor titular de tal garantia. Isso porque, embora, por se tratar de crédito não sujeito aos efeitos da recuperação, o exercício do direito de crédito ocorrerá fora do juízo da recuperação judicial, a sua competência para avaliar os atos de constrição pode, muitas vezes, atrasar o exercício de tal direito pelo seu titular.

Por fim, a análise que baseou o segundo capítulo deste trabalho identificou um conjunto de decisões que mencionou os impactos que a satisfação de determinado crédito garantido por propriedade fiduciária pode exercer nas atividades da devedora, à luz do "princípio da preservação da empresa". Neste ponto, entendemos que a simples menção ao referido princípio de modo genérico e visando a relativizar os efeitos da aplicação do artigo 49, §3º, LRF, em situações não previstas em lei, configuraria uso abusivo de princípios, responsável pela instalação de insegurança jurídica.

O segundo capítulo, assim, identificou um grande leque de possíveis disputas em decorrência da não sujeição dos créditos garantidos por propriedade fiduciária aos efeitos da recuperação judicial, as quais derivam de um mesmo ponto em comum: o reconhecimento de que a exclusão de tais créditos do processo de negociação coletiva gera efeitos para além dos envolvidos na celebração deste negócio jurídico.

Por fim, o terceiro capítulo deste estudo, considerando que a não sujeição dos créditos garantidos por propriedade fiduciária aos efeitos da recuperação judicial é incompatível com a solução coletiva para a empresa em crise, visou a apresentar possíveis caminhos para a construção de uma solução mais completa para o problema de pesquisa, que necessariamente demandaria alteração legislativa, de modo a incluir os credores titulares de tal posição no rol de credores abrangidos pela recuperação judicial, conferindo-lhes, assim, a condição de participantes dos processos de reorganização.

A proposta apresentada no terceiro capítulo para permitir a inclusão dos credores titulares da posição de proprietário fiduciário como participantes da recuperação judicial não deve ignorar a condição do credor garantido e a natureza do seu crédito. Conforme defendido ao longo do terceiro capítulo, entende-se que a modificação (ou pelo menos a limitação) dos direitos destes credores no contexto de eventual recuperação judicial do devedor deve ser acompanhada da criação de regras que protejam os seus interesses, tais como (i) a remuneração dos credores garantidos durante o período de *stay;* (ii) a conferência de direitos de participação ativa aos credores garantidos por propriedade fiduciária; (iii) o estabelecimento de regras que protejam a garantia do credor, bem como o seu valor, e (iv) o estabelecimento de regras de prioridade e preferência aos credores garantidos.

Sem pretender esgotar o tema e ter todas as respostas para os problemas aqui apresentados, esperamos que o presente estudo contribua com o debate acerca do tema, em relação do direito brasileiro.

REFERÊNCIAS

ADAMEK. Marcelo Vieira von. *Abuso de minoria em Direito Societário*. São Paulo: Malheiros, 2014.

ASCARELLI, Tullio. *Problemas das Sociedades Anônimas e Direito Comparado*, 2ª ed. São Paulo: Saraiva, 1969.

–, Tullio. *Teoria Geral dos Títulos de Crédito*. Tradução de Nicolau Nazo. 2ª ed. São Paulo: Saraiva, 1969.

ASQUINI, Alberto. *Profili dell'Impresa*, 1943, tradução de Fábio Konder Comparato: "Perfis da empresa", *RDM* 104/116, São Paulo: Revista dos Tribunais, 1996.

AYNÈS, Laurent; CROCQ, Pierre. *Les Sûretés – La Publicité Foncière*, 8ª ed. Paris: Defrénois lextenso éditions, 2014.

AYOUB, Luiz Roberto; CAVALLI, Cássio. *A construção jurisprudencial da recuperação judicial de empesas*. 2ª ed. Rio de Janeiro: Forense, 2016.

AZEVEDO, Álvaro Villaça. *Alienação fiduciária em garantia de bem móvel e imóvel*. Revista da Faculdade de Direito da Fundação Armando Alvares Penteado – FAAP, São Paulo, v. 01, n. 01, 2002.

BAIRD, Douglas G., *Loss Distribution, Forum Shopping, and Bankruptcy: A Reply to Warren*, in 54 University of Chicago Law Review 97 (1987).

BAIRD, Douglas G., RASMUSSEN, Robert K. *The End of Bankruptcy*, in 55 Stanford Law Review (2002-2003).

BAIRD, Douglas G.; RASMUSSEN, Robert K., *Control Rights, Priority Rights, and the Conceptual Foundations of Corporate Reorganizations*, in 87 Vanderbilt. Law Review 921, 2001.

BAIRD, Douglas G.; JACKSON, Thomas H. *Corporate Reorganizations and the Treatment of Diverse Ownership Interests: A Comment on Adequate Protection of Secured Creditors in Bankruptcy*, in 51 University of Chicago Law Review 97 (1984).

BAYLE, Marcel; TETLEY, Andrew. *Insolvency Law in France*. In BADER, Michael; LOBO, Otto Eduardo Fonseca. *World Insolvency Systems: a comparative study*. Toronto: Carswell, 2009.

BENICÁ, Estevão Prates; FUNCHAL, Bruno; BEIRUTH, Azis Xavier. *O Poder de Reforma na Lei de Falências sobre firmas com restrição de crédito*. In Revista de Estudos Contábeis, v. 7, n. 12, 2016, disponível em http://www.uel.br/revistas/uel/index.php/rec/article/view/26267/22800 último acesso em 8.1.2019.

BELCHER, Alice. *The economic implications of attempting to rescue companies*. In RJAK, Harry. *Insolvency Law – Theory & Practice*. London: Sweet & Maxwell, 1993.

BEZERRA FILHO, Manoel Justino. *Lei de recuperação de empresas e falência – Lei 11.101/2005 – Comentada artigo por artigo*. 13ª ed. São Paulo: Revista dos Tribunais, 2018.

BORGES, José Eunápio. *Títulos de crédito*. Rio de Janeiro: Forense, 1971.

BUSCHINELLI, Gabriel Saad Kik. *Abuso do Direito de Voto na Assembleia Geral de Credores*. São Paulo: Quartier Latin, 2014.

–, Gabriel Saad Kik. *Cessão de Crédito na Recuperação Judicial*. In NEDER CEREZETTI, Sheila Christina.; MAFFIOLETTI, Emanuelle Urbano. *Dez anos da Lei nº 11.101/2005: Estudos sobre a Lei de Recuperação e Falência*. São Paulo: Almedina, 2015, p. 311-346.

CALBRILLAC, Michel. *Droit des sûretes*, 9ª ed. Paris: LexisNexis Litec, 2010.

CAMPINHO, Sérgio, *Falência e recuperação de empresa: o novo regime de insolvência empresarial*, 7ª edição, Rio de Janeiro: Renovar, 2015.

CARRUTHERS, Bruce G.; HALLIDAY, Terence C. *Rescuing Business: The Making of Corporate Bankruptcy Law in England and the United States*. Clarendon Press: Oxford, 1998.

CARVALHO DE MENDONÇA, J. X. *Tratado de direito comercial brasileiro*. V. VII, 5. ed. Rio de Janeiro: Freitas Bastos, 1954.

CHALHUB, Melhim Namem. *A fidúcia no sistema de garantias reais do direito brasileiro*. In Revista de Direito Bancário e do Mercado de Capitais, São Paulo, v. 01, n. 02, p. 113-139, mai. / ago. 1998.

–, Melhim Namen. *Negócio Fiduciário*. 4ª ed. rev. e atual. Rio de Janeiro: Renovar, 2009.

COELHO, Fabio Ulhôa. *A trava bancária*. In Revista do Advogado, n. 105, set. 2009.

COMPARATO, Fábio Konder. *A reforma da empresa*. Revista Forense, nº 290. Rio de Janeiro: Forense, 1985.

–, Fábio Konder. *Aspectos Jurídicos da macroempresa*, São Paulo: Editora Revista dos Tribunais, 1970.

–, Fábio Konder. *Estado, empresa e função social*. Revista dos Tribunais, n. 732. São Paulo: Revista dos Tribunais, 1996.

–, Fábio Konder. *Função social da propriedade e dos bens de produção*. Revista de Direito Mercantil, n. 63. São Paulo: Revista dos Tribunais, 1986.

COSTA. Thiago Dias. *Recuperação Judicial e Igualdade entre Credores*. Rio de Janeiro: Lumen Juris, 2018.

CROCQ, Pierre. *Propriété et garantie*, Paris, LGDJ, 1995.

DA SILVA, Luiz Augusto Beck. *Alienação fiduciária em garantia*, 3ª ed. Rio de Janeiro: Forense, 1998.

DASSO. Ariel Ángel. *Derecho Concursal Coparado*, v. 1. Buenos Aires: Legis Argentina, 2009.

DE FOREST, Billyou. *Railroad Reorganization Since Enactment of Section 77*, 96 University of Pennsylvania Law Review. 793 (1948).

DEZEM, Renata Mota Maciel Madeira. *A extensão da competência do juízo da recuperação judicial*. Tese (Doutorado) – Faculdade de Direito da USP, São Paulo, 2016

DIAS, Leonardo Adriano Ribeiro. *Financiamento na Recuperação Judicial e na Falência*. São Paulo: Quartier Latin, 2014.

EHLERS. Eckart. *Statutory Corporate Rescue Proceedings in Germany: The Insolvenzplan Procedure*. In GROMEK BROC, Kataryzna; PARRY, Rebecca. *Corporate Rescue: An overview of recent developments. 2nd edition*. Alphen aan den Rijn: Kluwer Law Internat, 2006.

EPSTEIN, David G. *Bankruptcy and related law in a nutshell*. St. Paul, MN: West Academic Publishing, 2017.

EPSTEIN, David G.; NICKLES, Steve H.; WHITE, James J. *Bankruptcy*. St. Paul: West Group, 1993.

FARHI, Sara. *Fiducie-sûreté et droit des entreprises en dificulte: étude de l'efficacité du mécanisme*. Paris: LGDJ, 2016.

FARIA. José Eduardo. *A definição do interesse público*. In SALLES. Carlos Alberto de (org.). *Processo Civil e Interesse Público: o Processo como Instrumento de Defesa Social*. São Paulo: Revista dos Tribunais, 2003.

FINLETTER, Thomas K. *Principles of Corporate Reorganization in Bankruptcy*. Charlottesville: The Michie Company, Law Publishers, 1937.

FLETCHER, Ian F. *The law of insolvency*. Fifth edition. London: Sweet & Maxwell, 2007.

FRANÇA, Erasmo Valladão Azevedo e Novaes. *Conflito de Interesses nas Assembleias de S.A. (e outros escritos sobre conflito de interesses)*. 2ªed. São Paulo: Malheiros, 2014.

FRANCO, Vera Helena de Mello; SZTAJN, Rachel, *Falência e recuperação da empresa em crise*, Rio de Janeiro: Editora Elsevier, 2008.

GEORGE, E.Q.; JOHNSON, LL.B. *Bankruptcy Reorganization: Including Section 77B with forms. A practical working treatise tracing the development of equity receivership rules in federal courts to the merger of reorganization principles with bankruptcy procedure, embracing corporate, railroad, and real estate reorganizations*. Kansas City: Vernon, 1936.

GIJSBERS, Charles. *Sûretés réelles et droit des biens* (these), Paris, Univ. Panthéon-Assas, 2012.

GIVEN, Thomas C; PHILIPPS, Linda J. *Equality in the Eye of the Beholder--Classification of Claims and Interests in Chapter 11 Reorganizations*. 43 Ohio St. L.J. 735 1982.

GROPPER, Allan L. *Memorandum on the treatment of certain parties in United States Bankruptcy Cases'*. In PETER, Henry; JEANDIN, Nicolas; KILBORN, Jason. *The Challenges of Insolvency Law Reform in the 21st Century: Facilitating investment and recovery to enhance economic growth*. Schulthess: Zürich, 2006.

GROSS, Karen. *Taking community interests into account in bankruptcy: an essay*. In *Washington University Law Quarterly* 72 (1994).

GURDEON, Martin R; JOSHI, Shirish A. *The Restructuring and workout environment in Europe*. In LARKIN, Ben. *Restructuring and workouts: strategies for maximizing value*. London: Globe Law Business, 2008.

HAGAN, Sean. *Promoting Orderly and Effective Insolvency Procedures*. IMF Finance and Development Maganize, março de 2010, disponível em https://www.imf.org/external/pubs/ft/fandd/2000/03/pdf/hagan.pdf, último acesso em 6.10.2017.

HART, Oliver. *Different Approaches to Bankruptcy*. Governance, Equity and Global Markets, Proceedings of the Annual Bank Conference on Development Economics in Europe, June 21-21, 1999. Paris: La Docmentation Francaise, 2000.

HOLZINGER, Katharina. *The problems of collective Action: A New Approach*. Bonn: Max-Planck-Projektgruppe Recht der Gemeinschaftsgüter, 2003.

–, Thomas H. *The Logic and Limits of Bankruptcy Law*. Cambridge: Harvard University Press, 1986.

KATUDJIAN, Elias. *Pela (Re) Inclusão dos Créditos Excluídos da Recuperação*. In DE LUCCA, Newton; DOMINGUES, Alessandra de Azevedo; ANTONIO, Nilva M. Leonardi (Coord.). *Direito Recuperacional: Aspectos Teóricos e Práticos, vol.2*. São Paulo: Quartier Latin, 2012.

KIENINGEER, Eva-Maria. *Security rights in movable property in European Private Law*. Cambridge: Cambridge University Press, 2004.

KILPI, Jukka. *The ethics of bankruptcy*. London: Routledge, 1998.

KOROBKIN, Donald R. *Rehabilitating values: a jurisprudence of bankruptcy*. In Columbia Law Review. Vol. 91, No. 4 (May, 1991).

LACERDA FRANCO, Gustavo. *A administração da empresa em recuperação judicial – Entre a manutenção e o afastamento do devedor*. São Paulo: Almedina, 2021.

LAZZARINI, Alexandre Alves. *Reflexões sobre a recuperação judicial de empresas*. In DE LUCCA, Newton; DOMINGUES, Alessandra de Azevedo (Coords). *Direito Recuperacional: Aspectos Teóricos e Práticos*. São Paulo: Quartier Latin, 2009.

LECORRE, Pierre-Michel. *La réforme du droit des entreprises en dificulte: commentaire de l'ordonnance du 18 décembre 2008 et du décret du 12 février 2009*. Paris: Dalloz, 2009.

Legal Department, International Monetary Fund. *Orderly & effective insolvency procedures: Key Issues*. Washington: International Monetary Fund, 1999.

LEITÃO, Luís Manuel Teles de Menezes. *Garantia das Obrigações*, 7ª ed. Coimbra: Almedina, 2012.

LISBOA, Marcos de Barros; DAMASO, Otávio Ribeiro; SANTOS, Bruno Carazza dos; COSTA, Ana Carla Abrão. *A Racionalidade Econômica da Nova Lei de Falências e de Recuperação de Empresas*, In PAIVA, Luiz Fernando Valente de (coord.) *Direito Falimentar e a Nova Lei de Falências e Recupera-*

ção de Empresas, São Paulo: Quartier Latin, 2005.

Lopes, Miguel Maria de Serpa. *Curso de Direito Civil, vol. II – Obrigações em Geral,* 5ª ed. Rio de Janeiro: Freitas Bastos, 1989.

LoPucki, Lynn. *A Team Production Theory of Bankruptcy Reorganization,* in 57 *Vanderbilt Law Review* 57 (2004).

Loureiro, Francisco Eduardo. In Peluzo, Cezar (Coord). *Código Civil Comentado: doutrina e jurisprudência,* 3ª ed. São Paulo: Manole, 2009.

Lubben, Stephen J. *Railroad Receiverships and Modern Bankruptcy Theory,* 89 Cornell L. Rev. 1420 (2004).

Macedo Junior, Ronaldo Porto. *Exposição sobre a função social do contrato.* In Caderno Direito GV, v. 1, n. 6, jul./2005, disponível em http://bibliotecadigital.fgv.br/dspace/bitstream/handle/10438/2807/Caderno_206.pdf?sequence=1 último acesso em 6.1.2019.

Mange, Eduardo Foz. *Cessão fiduciária de recebíveis na recuperação judicial.* In Revista do Advogado, nº 131, Ano XXXVI, out./2016.

Martin, Nathalie. *The role of history and culture in developing bankruptcy and insolvency systems: the perils of legal transplantation.* 28 B. C. Int'l & Comp. L. Rev. 1 2005.

Martins, Glauco Alves, *A Recuperação Extrajudicial.* São Paulo: Quartier Latin, 2012.

Martins Costa, Judith. *Os Negócios Fiduciários – considerações sobre a possibilidade de acolhimento do trust no Direito Brasileiro.* In Revista dos Tribunais, v. 657, jul./1990.

Matias, João Luis Nogueira. *A Função Social da Empresa e a Composição de Interesses na Sociedade Limitada.* 2009. Dissertação (Mestrado em Direito) – Universidade de São Paulo. São Paulo, 2009.

Maximiliano, Carlos. *Hermenêutica e aplicação do direito.* Rio de Janeiro: Forense, 2007.

McCormack, Gerard. *Corporate Rescue Law – An Anglo-American Perspective.* Cheltenham: Edward Elgar Publishing, Inc, 2008.

Mello, Marcello Vieira. *A situação dos créditos dotados de garantia na Recuperação Judicial.* In Castro, Moema A.S. de.; Carvalho, William Eustáquio de. (Coord.). *Direito Falimentar Contemporâneo.* Porto Alegre: Sergio Antonio Fabris, 2008.

Mello, Marcos Bernardes de. *Teoria do Fato Jurídico – Plano da Existência.* São Paulo: Saraiva, 2003.

Mestrre, Jacques; Putman, Emmanuel; Billiau, Marc. *Droit Commun des Sûretés Réeles Théorie Générale.* Paris: LGDJ, 1996.

Moreira Alves, José Carlos. *Da Alienação Fiduciária em Garantia.* Rio de Janeiro: Forense, 1979.

Mota Pinto, Carlos Alberto da. *Teoria geral do direito civil.* 3ª ed. Coimbra: Coimbra Editora, 1991.

Munhoz, Eduardo Secchi. *Anotações sobre os limites do poder jurisdicional,* In Revista de Direito Bancário e Mercado de Capitais 36, abril--junho/2007.

–, Eduardo Secchi. *Cessão fiduciária de direitos de crédito e recuperação judicial de empresa*. In Revista do Advogado, Ano XXIX, n. 105, 2009.

–, Eduardo Secchi. *Financiamento e Investimento na Recuperação Judicial*. In Neder Cerezetti, Sheila Christina.; Maffioletti, Emanuelle Urbano. *Dez anos da Lei nº 11.101/2005: Estudos sobre a Lei de Recuperação e Falência*. São Paulo: Almedina, 2015.

Neder Cerezetti, Sheila Christina. *A Recuperação Judicial de Sociedade por Ações – O Princípio da Preservação da Empresa na Lei de Recuperação e Falência*. São Paulo: Malheiros, 2012.

–, Sheila Christina. *As classes de credores como técnica de organização de interesses*. In Toledo, Paulo Fernando Campos Salles de; Souza Junior, Francisco Satiro de. *Direito das Empresas em Crise: Problemas e Soluções*. 1ª ed. São Paulo: Quartier Latin, 2012.

Neder Cerezetti, Sheila Cristina; Campana Filho, Paulo Fernando; Miyazaki, Renata Yumi; Batista, Carolina Soares João. *A prevalência da vontade da Assembleia-Geral de credores em questão: o cram down e a apreciação judicial do plano aprovado por todas as classes*. Revista de Direito Mercantil, Industrial, Econômico e Financeiro, v. 143 (jul. / set. 2006).

Negrão, Ricardo. *A eficiência do processo judicial na recuperação de empresa*. São Paulo: Saraiva, 2010.

–, Ricardo. *O papel do judiciário na homologação do plano*. In Abrão, Carlos Henrique; Andrighi, Fátima Nancy; Beneti, Sidnei. *10 anos de vigência da lei de recuperação e falência (Lei n. 11.101/2005)*. São Paulo: Saraiva, 2015.

Norberg, Scott F. *Classification of Claims Under Chapter 11 of the Bankruptcy Code: The Fallacy of Interest Based Classification*. 69 Am. Bankr. L.J. 119, 1995.

Oliva, Milena Donato. Do negócio fiduciário à fidúcia. São Paulo: Atlas, 2014.

Oliveira, Bruno Kurzweil de; Pagianotto, Ricardo Machado. *Os limites da propriedade fiduciária na recuperação judicial: art. 49, §3º, da Lei 11101/2005*. In Revista de Direito Bancário e do Mercado de Capitais, São Paulo, v. 16, n. 62, p. 223-235, out. / dez. 2013.

Paiva, Luiz Fernando Valente de. *A eliminação da assembleia de credores e a escolha de foro: duas propostas para alteração da Lei nº 11.101/2005*. In Revista do Advogado, nº 131, Ano XXXVI, out./2016 p. 123-132.

–, Luiz Fernando Valente de. *Necessárias alterações no sistema falimentar brasileiro*. In Neder Cerezetti, Sheila Christina.; Maffioletti, Emanuelle Urbano. *Dez anos da Lei nº 11.101/2005: Estudos sobre a Lei de Recuperação e Falência*. São Paulo: Almedina, 2015, p. 131-153.

Parecer 534/2004 do Relator Senador Ramez Tebet, disponível em http://redir.stf.jus.br/paginadorpub/paginador.jsp?docTP=TP&docID=580933.

Paterson, Sarah. *Rethinking the Role of the Law of Corporate Distress in the Twenty-First Century*. LSE Law, Society and Economy Working Papers 27/2014.

London School of Economics and Political Science, 2014.

Penteado, Luciano de Camargo. *Direito das Coisas.* São Paulo: Revista dos Tribunais, 2008.

Pereira, Caio Mário da Silva. *Instituições de Direito Civil,* 19ª ed., Rio de Janeiro: Forense, 1999, vol. I.

Pinto Junior, Mario Engler. *A teoria dos jogos e o processo de recuperação de empresas.* In Revista de Direito Bancário e do Mercado de Capitais, v. 9, n. 31, jan. / mar. 2006.

Pontes de Miranda, Francisco Cavalcanti. *Tratado de Direito Privado.* Tomo XX – Direito das Coisas/ Direitos Reais de Garantia (atualizado por Nelson Nery Jr. e Luciano de Camargo Penteado). São Paulo: Revista dos Tribunais, 2012.

Proença, José Marcelo Martins. *Os novos horizontes do direito concursal – uma crítica ao continuísmo prescrito pela lei 11.101/2005.* In Revista de Direito Mercantil, Industrial, Econômico e Financeiro, v. 151/152, jan. / dez. 2009.

Projeto de Lei nº 4.586/2009. Disponível em http://www.camara.gov.br/proposicoesWeb/prop_mostrarintegra?codteor=631077&filename=PL+4586/2009, último acesso em 1.9.2018.

Pugliesi, Adriana Valéria. *Direito Falimentar e Preservação da Empresa.* São Paulo: Quartier Latin, 2013.

Queiroz, Rafael Mafei Rabelo; Feferbaum, Marina (coords.), *Metodologia jurídica: um roteiro prático para trabalhos de conclusão de curso,* São Paulo: Saraiva, 2012.

Relatório Final de Pesquisa do Projeto Pensando o Direito: Avaliação da Nova Lei de Falências (Lei 11.101/2005), disponível em http://pensando.mj.gov.br/publicacoes/?pub_id=6829, último acesso em 20.5.2015.

Restiffe Neto, Paulo. *Alienação Fiduciária e o Fim da Prisão Civil,* São Paulo: Revista dos Tribunais, 2007.

Restiffe Neto, Paulo; Restiffe, Paulo Sérgio. *A alienação fiduciária em garantia e a lei de sociedade anônimas: lei 6.404, de 15.12.1976.* São Paulo: Revista dos Tribunais, v. 88, n. 764, p. 60-74, jun. 1999.

Rocco, Alfredo. *ll Fallimento – Teoria Generale ed Origine Storica.* Torino: Fratelli Bocca, 1917.

Rjak, Harry. *Insolvency Law – Theory & Practice.* London: Sweet & Maxwell, 1993.

Sacramone, Marcelo Barbosa. *Cessão Fiduciária de Créditos na Recuperação Judicial: Requisitos e limites à luz da jurisprudência.* In Revista e Direito Bancário e do Mercado de Capitais, vol. 72 (abr. / jun. 2016).

–, Marcelo Barbosa. *Comentários à lei de recuperação de empresas e falência.* São Paulo: Saraiva, 2018.

–, Marcelo Barbosa. *Cláusula de vencimento antecipado na recuperação judicial.* In Revista do Advogado, nº 131, Ano XXXVI, out./2016.

Salomão Filho, Calixto. *O Novo Direito Societário.* 3ª ed. São Paulo: Malheiros, 2006.

–, Calixto. *Recuperação de Empresas e Interesse Social.* In Souza Junior, Francisco Satiro de; Pitombo, Antônio Sérgio A. de Moraes (coords.),

Comentários à Lei de Recuperação de Empresas e Falência – Lei 11.101/2005 – Artigo por Artigo, 2ª ed., São Paulo: Revista dos Tribunais, 2007.

SARRA, Janis Pearl. *Creditor Rights and the Public Interest.* Toronto: University of Toronto Press, 2003.

SAVIGNY, Friedrich Karl von. *Metodologia jurídica* [tradução Heloísa Buratti], 1ª ed. São Paulo: Rideel, 2005.

SCALZILLI, João Pedro; TELLECHEA, Rodrigo; SPINELLI, Luis Felipe. *Recuperação de Empresas e Falência: Teoria e Prática na Lei 11.101/2005*, 2ª. Ed, São Paulo: Almedina, 2017.

SCALZILLI, João Pedro; TELLECHEA, Rodrigo; SPINELLI, Luis Felipe. *Objetivos e Princípios da Lei de Falências e Recuperação de Empresas.* In Revista Síntese, Direito Empresarial, Ano V, n. 26, mai. / jun., 2012

SIGMAN, Harry C. *Security in movables in United States – Uniform Commercial Code Article 9: a basis for comparsion.* In KIENINGEER, Eva-Maria. *Security rights in movable property in European Private Law.* Cambridge: Cambridge University Press, 2004.

SILVA, Fábio Rocha Pinto e. *Garantias das obrigações: uma análise sistemática do direito das garantias e uma proposta abrangente para a sua reforma.* São Paulo: Editora IASP, 2017.

–, Fábio Rocha Pinto e. *Garantias imobiliárias em contratos empresariais: hipoteca e alienação fiduciária.* São Paulo: Almedina, 2014.

SILVA, Fernando César Nimer Moreira da. *Incentivos à decisão de recuperação da empresa em crise: análise à luz da teoria dos jogos.* 2009. Dissertação (Mestrado em Direito) – Universidade de São Paulo. São Paulo, 2009.

SKEEL JR, David A. *Debt's Domain. A history of Bankruptcy Law in America.* Pinceton University Press: Princeton Oxford, 2001.

SOUZA, Mateus Clovis de; FUNCHAL, Bruno; BAPTISTA, Ézio. *Nova Lei de Falências: Efeitos na Estrutura de Capital das Empresas Brasileiras.* Disponível em http://www.fucape.br/_public/producao_cientifica/2/Mateus%20-%20Nova%20lei%20de%20falencias.pdf último acesso em 8.1.2019

SOUZA JUNIOR, Francisco Satiro de. *Autonomia dos credores na aprovação do plano de recuperação judicial.* In DE CASTRO, Rodrigo R. Monteiro. *Direito Empresarial e Outros Estudos em Homenagem ao Professor José Alexandre Tavares Guerreiro.* São Paulo: Quartier Latin, 2013.

–, Francisco Satiro de. *Recuperação Judicial e a excepcionalidade dos créditos garantidos por cessão fiduciária de créditos futuros.* In GARCIA, Ricardo Lupion. *10 anos da Lei de Falências e Recuperação Judicial de Empresas: Inovações, desafios e perspectivas.* Porto Alegre: Editora Fi, 2016.

SOUZA JUNIOR, Francisco Satiro de; PITOMBO, Antônio Sérgio A. de Moraes (coords.), *Comentários à Lei de Recuperação de Empresas e Falência – Lei 11.101/2005 – Artigo por Artigo*, 2ª ed., São Paulo: Revista dos Tribunais, 2007.

SOUZA JUNIOR, Francisco Satiro de; TOLEDO, Paulo Fernando Campos

Salles (coord.). *Direito das empresas em crise: problemas e soluções*. São Paulo: Quartier Latin, 2012

SQUIRE, Richard. *Corporate Bankruptcy and Financial Reoranization* Nova York: Wolters Kluwer, 2016.

STAJN, Rachel. *A Responsabilidade Social das Companhias*. In Revista de Direito Mercantil, Industrial, Econômico e Financeiro, São Paulo, n. 114, p. 34-50, 1999.

STANGHEKKINI, Lorenzo. *Le crisi di impresa fra diritto ed economia – Le procedure di insolvenza*, Bolonha: Il Mulino, 2007.

TEIXEIRA, Fernanda dos Santos. *Cessão fiduciária de crédito e o seu tratamento nas hipóteses de recuperação judicial e falência do devedor-fiduciante*. 2010. Dissertação (Mestrado em Direito) – Universidade de São Paulo. São Paulo, 2010.

TEPEDINO, Gustavo. Código civil interpretado conforme a constituição da república. Vol. II. Rio de Janeiro: Renovar, 2011.

THÉRY, Philippe. *The Evolution of Insolvency Law in France*. In RINGE, Wolf-Georg; GULLIFER, Louise; THÉRY, Philippe. *Current issues in European financial and insolvency law*. Oxford: Hart, 2009.

THIELE, Anna Catharina Francisca Gregoria. *Collective security arrangements – A comparative study of Dutch, English and German Law*. Deventer: Kluwer Legal Publication, 2003.

TOLEDO, Paulo Fernando Campos Salles de. *A disciplina jurídica das empresas em crise no Brasil: Sua Estrutura Institucional*, In Revista de Direito Mercantil, Industrial, Econômico e Financeiro, nº 122, abril-junho de 2001.

–, Paulo Fernando Campos Salles de. *A necessária reforma da Lei de Recuperação de Empresas*. In Revista do Advogado, nº 131, Ano XXXVI, out./2016 p. 171-175.

–, Paulo Fernando Campos Salles de. *A preservação da empresa, mesmo na falência*. In DE LUCCA, Newton; DOMINGUES, Alessandra de Azevedo (Coords). *Direito Recuperacional: Aspectos Teóricos e Práticos*. São Paulo: Quartier Latin, 2009.

UNCITRAL – UNITED NATIONS COMMISSION ON INTERNATIONAL TRADE LAW. *Legislative Guide on Insolvency Law*, p. 87. Último acesso em 25.5.2018. Disponível em http://www.uncitral.org/uncitral/en/uncitral_texts/insolvency.html.

UNCITRAL – UNITED NATIONS COMMISSION ON INTERNATIONAL TRADE LAW. *Legislative Guide on Secured Transaction*. Último acesso em 22.9.2018. Disponível em https://www.uncitral.org/pdf/english/texts/security-lg/e/09-82670_Ebook-Guide_09-04-10English.pdf.

UTTANCHABDABI, Mahesh. *Insolvency, restructuring and economic development: the World Bank's benchmarking of insolvency systems*. In LARKIN, Ben. *Restructuring and workouts: strategies for maximising value*. London: Globe Law and Business, 2008.

VASCONCELOS, Luis Miguel Pestana de. *A cessão de créditos em garantia e a insolvência – em particular da posição do cessionário na insolvência do cedente.*, Coimbra: Coimbra Editora, 2007.

VASCONCELOS, Luis Miguel Pestana de. *Direito das Garantias*, 2ª ed. Coimbra: Almedina, 2017.

VIZCAÍNO GARRIDO, Pedro Luiz. *El interés social como fin de la actividad gestora de los administradores de las sociedades en crisis.* Cizur Menor (Navarra): Thomson Reuters Aranzadi, 2015.

WAISBERG, Ivo. *O necessário fim dos credores não sujeitos à Recuperação Judicial.* In ELIAS, Luis Vasco. *10 anos da Lei de Recuperação de Empresas e Falência. Reflexões sobre a Reestruturação Empresarial no Brasil.* São Paulo: Quartier Latin, 2015.

WALD, Arnoldo. *Direito Civil, vol. 2 – Direito das Obrigações e Teoria Geral dos Contratos*, 19ª ed. São Paulo: Saraiva, 2010.

WARREN, Elisabeth. *Bankruptcy policy-making in an imperfect world*, in *Mich L. Ver.* 92 (1993-1994).

–, Elizabeth. *Bankruptcy Policy.* In *University of Chicago Law Review* 54 (1987).

WEBBER, Eric A. *The tension between Bankruptcy and Secured Credit: A High-Level Overview of a Long-Standing Debate.* In PETER, Henry; JEANDIN, Nicolas; KILBORN, Jason. *The Challenges of Insolvency Law Reform in the 21st Century: Facilitating investment and recovery to enhance economic growth.* Schulthess: Zürich, 2006.

WESTBROOK, Jay Lawrence. *The globalisation of insolvency reform.* N.Z. L. Rev. 401, 1999.

WILLIEMS, Marcel (*Coord*). *Retention of title in and out insolvency*. Woking: Globe Law and Business Ltd., 2015.

XIMENES, Julia M. *O processo de produção científico-jurídica – O problema é o problema. Anais do XVII Congresso Nacional do CONPEDI*, Florianópolis, Fundação Boiteux, 2008.

ZWALVE, Willem J. *A labyrinth of creditors: a short introduction to the history of security interests in goods.* In KIENINGEER, Eva-Maria. *Security rights in movable property in European Private Law.* Cambridge: Cambridge University Press, 2004.

ZWEIGERT, Konrad; KOTZ, Hein. *An introduction to comparative law.* 3rd ed. New York: Oxford University Press, 1998.

APÊNDICE A

	Termo de busca – STJ	
	"recuperação judicial" e "fiduciária" e "extraconcursal"	
Número dos processos encontrados	AgRg no REsp 1315768	CC 130689
	AgRg no CC 124795	AREsp 432176
	CC 125920	MC 022225
	CC 146316	CC 132230
	CC 146315	REsp 1288931
	AREsp 767698	CC 130689
	CC 145942	Rcl 014666
	CC 143118	CC 124795
	MC 025656	AREsp 282377
	AREsp 841315	CC 122293
	EDcl no CC 143015	MC 020395
	CC 143015	CC 124795
	REsp 1478436	MC 019719
	CC 144448	MC 019697
	CC 144381	MC 019514
	CC 144299	PETREQ no CC 122293
	CC 143888	MC 019181
	CC 142504	AgRg no CC 118921
	CC 141291	CC 118525
	CC 143768	REsp 1641230
	Pet 010716	TP 000120
	CC 143088	AREsp 976165
	REsp 1545511	AREsp 871197
	REsp 1514911	AREsp 659614
	CC 141291	AgRg no CC 109816
	AREsp 691753	RCD no CC 148949
	MC 024094	EDcl no CC 142522
	CC 137595	AREsp 982612
	AREsp 308134	AREsp 982612
	Rcl 023121	CC 148829
	EDcl no CC 136587	CC 148770
	CC 129639	CC 148741
	REsp 1452068	CC 145659

	Termo de busca – STJ	
	"recuperação judicial" e "fiduciária" e "extraconcursal"	
Número dos processos encontrados	CC 133281	AREsp 912237
	REsp 1306924	REsp 1521778
	Pet 010468	CC 146617
	AREsp 348062	CC 157062
	CC 148515	REsp 1723046
	CC 147708	AREsp 1240574
	Pet 011638	CC 156269
	CC 148320	CC 155883
	CC 148314	CC 155586
	CC 148150	CC 159092
	CC 147792	CC 157384
	CC 146181	AREsp 1219180
	CC 145942	EDcl no CC 144728
	CC 145302	EDcl nos EDcl no CC 148320
	CC 141625	CC 157396
	CC 147493	CC 156279
	CC 146138	REsp 1739460
	CC 144844	REsp 1731389
	CC 144381	REsp 1728727
	CC 147174	REsp 1695047
	AREsp 541759	EDcl no CC 154397
	REsp 1589383	AREsp 1289877
	EDcl no CC 125920	TP 001489
	AREsp 661573	REsp 1671025
	CC 146456	REsp 1563972
	CC 143768	AREsp 841418
	AgRg nos EDcl no CC 143015	TP 001503
	AgInt no TP 434	REsp 1719097
	AgInt no CC 145379	TP 001499
	CC 153473	CC 157206
	AgInt no CC 151722	CC 156018
	AgInt no CC 143203	CC 155541
	CC 154940	AgInt no AgInt no CC 149561
	CC 154939	CC 157494
	CC 154837	CC 135319

	Termo de busca – STJ	
	"recuperação judicial" e "fiduciária" e "extraconcursal"	
Número dos processos encontrados	CC 154837	CC 158325
	CC 154835	CC 158350
	CC 154824	CC 154397
	REsp 1738918	CC 154508
	AREsp 191090	REsp 1473724
	REsp 1621111	CC 151706
	AREsp 1155067	AREsp 234032
	AREsp 1153065	CC 155073
	CC 156340	CC 153284
	AREsp 329163	CC 156079
	CC 158025	CC 153904
	CC 157129	
	AREsp 1266779	REsp 1424591
	REsp 1728919	CC 156026
	CC 156668	CC 155615
	CC 154771	CC 154228
	AREsp 1017446	CC 154255
	CC 156560	CC 153748
	CC 157396	CC 152651
	REsp 1725613	CC 152193
	AREsp 1215891	AREsp 905204
	AREsp 329163	CC 154610
	AREsp 1241076	CC 152272
	CC 156120	CC 152446
	CC 154992	REsp 1702621
	CC 154426	REsp 1401825
	CC 153268	CC 154980
	CC 157280	CC 152891
	CC 154198	CC 152296
	ParMPF no CC 155754	CC 152646
	CC 154200	CC 147403
	CC 156956	CC 154596
	CC 155612	CC 154274
	CC 155451	CC 154266
	CC 153978	CC 153762

	Termo de busca – STJ	
	"recuperação judicial" e "fiduciária" e "extraconcursal"	
Número dos processos encontrados	AREsp 909661	CC 147054
	ParMPF no CC 154613	CC 145674
	CC 153693	AREsp 1137275
	AREsp 1213786	CC 150741
	CC 152650	AgInt no AREsp 1003257

	Termo de busca – STJ		
	"recuperação judicial" e "fiduciária" e "extraconcursal"		
Número dos processos encontrados	REsp 1630720	CC 153035	REsp 1664911
	CC 152113	CC 148349	CC 151322
	CC 152084	CC 147439	CC 149559
	CC 143203	CC 147549	CC 149279
	EDcl no CC 151030	CC 151168	CC 149146
	REsp 1697439	TP 000770	CC 149106
	AREsp 1102011		CC 151706
	CC 154076	CC 152266	REsp 1482388
	REsp 1348834	CC 151443	CC 149428
	CC 153153	AREsp 595177	CC 149013
	CC 152235	CC 152113	CC 149014
	CC 152204	CC 152084	CC 149012
	CC 151171	AREsp 806060	CC 148972
	CC 153160	CC 151919	CC 148971
	CC 154613	CC 151722	AREsp 1032645
	CC 154076	REsp 1647229	CC 149835
	CC 151030	CC 152884	EDcl no CC 147155
	CC 154360	AgInt nos EDcl no CC 151168	AREsp 1012223
	CC 154274	AREsp 1095159	REsp 1587312
	CC 154255	CC 151345	CC 146316
	CC 154253	EDcl no CC 151207	CC 146315
	AREsp 595177	EDcl na PET no CC 147770	TP 000263
	CC 153686	AREsp 843759	CC 147742
	REsp 1675851	REsp 1672692	CC 147493
	CC 149561	REsp 1669951	REsp 1258939

	Termo de busca – STJ		
	"recuperação judicial" e "fiduciária" e "extraconcursal"		
Número dos processos encontrados	CC 153762	CC 152650	
	CC 149519	CC 147174	
	CC 154049	CC 149429	
	AREsp 1123303	CC 149169	
	CC 151207	CC 151302	
	CC 147792	CC 148974	
	CC 147787	CC 148150	
	CC 147770	CC 147706	
	CC 146890	CC 146456	
	AREsp 1089956	CC 152119	
	AgInt no AREsp 1006573	AREsp 1067387	

	Termo de busca – TJSP	
	"recuperação judicial" e "fiduciária" e "extraconcursal"	
Número dos processos encontrados	0005043-69.2010.8.26.0000	2057885-84.2013.8.26.0000
	0035439-29.2010.8.26.0000	0265937-56.2012.8.26.0000
	0031858-06.2010.8.26.0000	0000710-69.2013.8.26.0000
	0196676-72.2010.8.26.0000	0192722-47.2012.8.26.0000
	0322496-04.2010.8.26.0000	0014000-88.2012.8.26.0000
	0315723-40.2010.8.26.0000	0063887-41.2012.8.26.0000
	0349514-97.2010.8.26.0000	0002990-13.2013.8.26.0000
	0501459-34.2010.8.26.0000	0219644-28.2012.8.26.0000
	0220219-07.2010.8.26.0000	0140815-33.2012.8.26.0000
	0537408-22.2010.8.26.0000	0189622-84.2012.8.26.0000
	0587624-84.2010.8.26.0000	0265937-56.2012.8.26.0000
	0470536-25.2010.8.26.0000	0000710-69.2013.8.26.0000
	0104172-13.2011.8.26.0000	0238657-13.2012.8.26.0000
	0180367-39.2011.8.26.0000	0236875-68.2012.8.26.0000
	0134526-21.2011.8.26.0000	0271407-68.2012.8.26.0000
	0248456-17.2011.8.26.0000	0115218-28.2013.8.26.0000
	0088211-32.2011.8.26.0000	0045171-29.2013.8.26.0000
	0029570-17.2012.8.26.0000	0036337-37.2013.8.26.0000
	0259754-06.2011.8.26.0000	0028983-58.2013.8.26.0000
	0295943-80.2011.8.26.0000	0088877-62.2013.8.26.0000

	Termo de busca – TJSP	
	"recuperação judicial" e "fiduciária" e "extraconcursal"	
Número dos processos encontrados	0209254-33.2011.8.26.0000	0238657-13.2012.8.26.0000
	0116085-26.2010.8.26.0000	0126063-22.2013.8.26.0000
	0242239-55.2011.8.26.0000	0021850-62.2013.8.26.0000
	0300341-70.2011.8.26.0000	0076760-39.2013.8.26.0000
	0134526-21.2011.8.26.0000	0106496-05.2013.8.26.0000
	0264287-08.2011.8.26.0000	0005115-51.2013.8.26.0000
	0288896-55.2011.8.26.0000	0005116-36.2013.8.26.0000
	0017304-95.2012.8.26.0000	0073581-97.2013.8.26.0000
	0072279-67.2012.8.26.0000	0109789-80.2013.8.26.0000
	0248346-18.2011.8.26.0000	0154564-83.2013.8.26.0000
	0248875-37.2011.8.26.0000	0066887-15.2013.8.26.0000
	0248346-18.2011.8.26.0000	0264568-27.2012.8.26.0000
	0050221-70.2012.8.26.0000	2016963-98.2013.8.26.0000
	0032409-15.2012.8.26.0000	0045171-29.2013.8.26.0000
	0102014-48.2012.8.26.0000	0161984-42.2013.8.26.0000
	0110938-73.2011.8.26.0100	0074910-47.2013.8.26.0000
	0139975-23.2012.8.26.0000	0088637-73.2013.8.26.0000
	0114685-06.2012.8.26.0000	0154564-83.2013.8.26.0000
	0139447-86.2012.8.26.0000	0073581-97.2013.8.26.0000
	0161068-42.2012.8.26.0000	0071436-68.2013.8.26.0000
	0133520-42.2012.8.26.0000	2036305-95.2013.8.26.0000
	0126039-28.2012.8.26.0000	2046730-84.2013.8.26.0000
	0244909-32.2012.8.26.0000	0015495-36.2013.8.26.0000
	2041885-09.2013.8.26.0000	0139759-28.2013.8.26.0000
	2018006-70.2013.8.26.0000	0035029-24.2011.8.26.0068
	2018432-82.2013.8.26.0000	2028602-16.2013.8.26.0000
	0161984-42.2013.8.26.0000	2021089-60.2014.8.26.0000
	2018755-87.2013.8.26.0000	2057206-50.2014.8.26.0000
	0126195-79.2013.8.26.0000	2056042-50.2014.8.26.0000
	2063577-64.2013.8.26.0000	2066274-58.2013.8.26.0000
	2018006-70.2013.8.26.0000	2032419-54.2014.8.26.0000
	2018432-82.2013.8.26.0000	0090739-68.2013.8.26.0000
	0063948-62.2013.8.26.0000	2014946-55.2014.8.26.0000
	2066106-56.2013.8.26.0000	2229957-43.2014.8.26.0000

	Termo de busca – TJSP	
	"recuperação judicial" e "fiduciária" e "extraconcursal"	
Número dos processos encontrados	2013699-39.2014.8.26.0000	2019136-27.2015.8.26.0000
	2018142-33.2014.8.26.0000	2152169-50.2014.8.26.0000
	2034561-31.2014.8.26.0000	2189212-21.2014.8.26.0000
	2032419-54.2014.8.26.0000	2050578-11.2015.8.26.0000
	2079863-83.2014.8.26.0000	2174765-28.2014.8.26.0000
	0145653-82.2013.8.26.0000	2052964-14.2015.8.26.0000
	2011812-20.2014.8.26.0000	2090210-44.2015.8.26.0000
	2102744-54.2014.8.26.0000	2207202-25.2014.8.26.0000
	2115344-10.2014.8.26.0000	2171465-58.2014.8.26.0000
	2062666-52.2013.8.26.0000	2064743-63.2015.8.26.0000
	2069885-19.2013.8.26.0000	2063919-07.2015.8.26.0000
	2092035-57.2014.8.26.0000	2161454-67.2014.8.26.0000
	2105760-16.2014.8.26.0000	2068573-37.2015.8.26.0000
	0029446-96.2010.8.26.0196	2011513-09.2015.8.26.0000
	2028602-16.2013.8.26.0000	2096700-82.2015.8.26.0000
	2021089-60.2014.8.26.0000	2099486-02.2015.8.26.0000
	2146312-23.2014.8.26.0000	2195360-48.2014.8.26.0000
	2076875-89.2014.8.26.0000	2196690-80.2014.8.26.0000
	2172536-95.2014.8.26.0000	2196874-36.2014.8.26.0000
	2061933-52.2014.8.26.0000	2227540-20.2014.8.26.0000
	2052368-64.2014.8.26.0000	2059568-59.2013.8.26.0000
	2163106-22.2014.8.26.0000	2094314-16.2014.8.26.0000
	2166851-10.2014.8.26.0000	2098279-02.2014.8.26.0000
	2033044-25.2013.8.26.0000	2155537-67.2014.8.26.0000
	2077380-80.2014.8.26.0000	2011406-62.2015.8.26.0000
	2077373-88.2014.8.26.0000	1087688-86.2014.8.26.0100
	2152169-50.2014.8.26.0000	2064132-13.2015.8.26.0000
	3001109-69.2013.8.26.0025	2082094-49.2015.8.26.0000
	2069885-19.2013.8.26.0000	0001850-31.2013.8.26.0650
	2060675-07.2014.8.26.0000	0005894-20.2014.8.26.0081
	2078293-62.2014.8.26.0000	2092582-63.2015.8.26.0000
	2065026-23.2014.8.26.0000	2139246-55.2015.8.26.0000
	2139817-60.2014.8.26.0000	2044974-06.2014.8.26.0000
	0264589-03.2012.8.26.0000	2083677-69.2015.8.26.0000

	Termo de busca – TJSP	
	"recuperação judicial" e "fiduciária" e "extraconcursal"	
Número dos processos encontrados	2092035-57.2014.8.26.0000	2207202-25.2014.8.26.0000
	2159027-97.2014.8.26.0000	2005249-73.2015.8.26.0000
	0063948-62.2013.8.26.0000	2086183-18.2015.8.26.0000
	2154759-97.2014.8.26.0000	2094908-93.2015.8.26.0000
	2191658-94.2014.8.26.0000	0139759-28.2013.8.26.0000
	2211222-59.2014.8.26.0000	2063919-07.2015.8.26.0000
	2230138-44.2014.8.26.0000	0038922-87.2011.8.26.0564
	2184338-90.2014.8.26.0000	2108436-97.2015.8.26.0000
	2186310-95.2014.8.26.0000	2117952-44.2015.8.26.0000
	2065026-23.2014.8.26.0000	2163385-71.2015.8.26.0000
	2155537-67.2014.8.26.0000	2077856-21.2014.8.26.0000
	2171465-58.2014.8.26.0000	2115694-95.2014.8.26.0000
	2089269-31.2014.8.26.0000	2004924-98.2015.8.26.0000
	2191611-23.2014.8.26.0000	2108293-11.2015.8.26.0000
	2046031-93.2013.8.26.0000	2011513-09.2015.8.26.0000
	2140518-21.2014.8.26.0000	2014724-53.2015.8.26.0000
	2108436-97.2015.8.26.0000	2235225-44.2015.8.26.0000
	2142169-54.2015.8.26.0000	2239253-55.2015.8.26.0000
	2184693-66.2015.8.26.0000	2106883-15.2015.8.26.0000
	2149723-40.2015.8.26.0000	2106950-77.2015.8.26.0000
	2150128-76.2015.8.26.0000	2153408-55.2015.8.26.0000
	1027140-95.2014.8.26.0100	2106843-33.2015.8.26.0000
	2039962-74.2015.8.26.0000	2172762-66.2015.8.26.0000
	2163012-40.2015.8.26.0000	2189542-81.2015.8.26.0000
	2002518-41.2014.8.26.0000	2218188-04.2015.8.26.0000
	2118430-86.2014.8.26.0000	2229567-73.2014.8.26.0000
	2033772-95.2015.8.26.0000	2229567-73.2014.8.26.0000
	2034140-07.2015.8.26.0000	2014724-53.2015.8.26.0000
	2034530-74.2015.8.26.0000	2172104-42.2015.8.26.0000
	2036696-79.2015.8.26.0000	2122677-76.2015.8.26.0000
	2037969-93.2015.8.26.0000	2123408-72.2015.8.26.0000
	2064871-83.2015.8.26.0000	2017062-97.2015.8.26.0000
	2079395-85.2015.8.26.0000	2018134-22.2015.8.26.0000
	0007705-28.2012.8.26.0358	2018324-82.2015.8.26.0000

	Termo de busca – TJSP	
	"recuperação judicial" e "fiduciária" e "extraconcursal"	
Número dos processos encontrados	0000198-66.2015.8.26.0081	2018969-10.2015.8.26.0000
	2006093-57.2014.8.26.0000	2019242-86.2015.8.26.0000
	2106945-55.2015.8.26.0000	2020384-28.2015.8.26.0000
	2126806-27.2015.8.26.0000	2044974-06.2014.8.26.0000
	2024348-29.2015.8.26.0000	2178475-22.2015.8.26.0000
	2038056-49.2015.8.26.0000	2185861-06.2015.8.26.0000
	2078122-71.2015.8.26.0000	1113516-84.2014.8.26.0100
	2086783-39.2015.8.26.0000	2250070-81.2015.8.26.0000
	2113275-68.2015.8.26.0000	2044559-86.2015.8.26.0000
	2109838-19.2015.8.26.0000	2273051-07.2015.8.26.0000
	2108036-83.2015.8.26.0000	2273051-07.2015.8.26.0000
	2149723-40.2015.8.26.0000	2229722-42.2015.8.26.0000
	2038374-32.2015.8.26.0000	2216667-24.2015.8.26.0000
	2188291-28.2015.8.26.0000	2139171-16.2015.8.26.0000
	2141045-36.2015.8.26.0000	2214471-81.2015.8.26.0000
	2183658-71.2015.8.26.0000	2257772-78.2015.8.26.0000
	2187524-87.2015.8.26.0000	2263926-15.2015.8.26.0000
	2142310-73.2015.8.26.0000	2260996-24.2015.8.26.0000
	2044974-06.2014.8.26.0000	2168136-04.2015.8.26.0000
	2195281-35.2015.8.26.0000	2205714-98.2015.8.26.0000
	2029505-80.2015.8.26.0000	2005315-19.2016.8.26.0000
	2064132-13.2015.8.26.0000	2172104-42.2015.8.26.0000
	2086448-20.2015.8.26.0000	2172762-66.2015.8.26.0000
	2207325-86.2015.8.26.0000	2029636-21.2016.8.26.0000
	2213058-33.2015.8.26.0000	2263981-63.2015.8.26.0000
	2152629-03.2015.8.26.0000	2266818-91.2015.8.26.0000
	2144494-36.2014.8.26.0000	2038056-49.2015.8.26.0000
	0264589-03.2012.8.26.0000	2078122-71.2015.8.26.0000
	2159555-97.2015.8.26.0000	2211359-07.2015.8.26.0000
	2197113-06.2015.8.26.0000	2009397-30.2015.8.26.0000
	2156525-54.2015.8.26.0000	2009397-30.2015.8.26.0000
	2079395-85.2015.8.26.0000	2252378-90.2015.8.26.0000
	2206022-37.2015.8.26.0000	2207934-69.2015.8.26.0000
	2226900-80.2015.8.26.0000	2254873-10.2015.8.26.0000

	Termo de busca – TJSP	
	"recuperação judicial" e "fiduciária" e "extraconcursal"	
Número dos processos encontrados	2040226-91.2015.8.26.0000	2004980-34.2015.8.26.0000
	2227592-79.2015.8.26.0000	2082135-79.2016.8.26.0000,
	2097273-23.2015.8.26.0000	2274316-44.2015.8.26.0000
	2097300-06.2015.8.26.0000	2005326-48.2016.8.26.0000
	2198309-11.2015.8.26.0000	2248032-96.2015.8.26.0000
	2049881-53.2016.8.26.0000	2252737-40.2015.8.26.0000
	1063444-93.2014.8.26.0100	2263926-15.2015.8.26.0000/50000
	2222120-97.2015.8.26.0000	2001652-62.2016.8.26.0000
	2256495-27.2015.8.26.0000	2022884-33.2016.8.26.0000/50001
	2203903-06.2015.8.26.0000	2047207-05.2016.8.26.0000
	2216667-24.2015.8.26.0000	2269896-93.2015.8.26.0000
	2112932-72.2015.8.26.0000	2004502-89.2016.8.26.0000
	2274177-92.2015.8.26.0000	2006500-92.2016.8.26.0000
	2021770-59.2016.8.26.0000	2007197-16.2016.8.26.0000
	2044270-22.2016.8.26.0000	2250585-19.2015.8.26.0000
	2272070-75.2015.8.26.0000	2256495-27.2015.8.26.0000/50002
	0061536-32.2011.8.26.0000	2069220-95.2016.8.26.0000
	0126039-28.2012.8.26.0000	2028512-03.2016.8.26.0000/50000
	0110841-48.2012.8.26.0000	2085592-22.2016.8.26.0000
	0015970-89.2013.8.26.0000	2008734-47.2016.8.26.0000
	0043390-69.2013.8.26.0000	2085028-43.2016.8.26.0000
	0139759-28.2013.8.26.0000	2031725-17.2016.8.26.0000
	2076875-89.2014.8.26.0000	2079157-32.2016.8.26.0000
	2105760-16.2014.8.26.0000	2272707-26.2015.8.26.0000/50000
	2207202-25.2014.8.26.0000	2246434-10.2015.8.26.0000
	2203860-06.2014.8.26.0000	2082023-13.2016.8.26.0000
	2172536-95.2014.8.26.0000	2082255-25.2016.8.26.0000
	2024545-81.2015.8.26.0000	2029773-03.2016.8.26.0000
	2068350-84.2015.8.26.0000	2038350-67.2016.8.26.0000
	2142169-54.2015.8.26.0000	2082063-92.2016.8.26.0000
	2189542-81.2015.8.26.0000	2082169-54.2016.8.26.0000
	2117952-44.2015.8.26.0000	2082618-12.2016.8.26.0000
	2205471-57.2015.8.26.0000	2082624-19.2016.8.26.0000
	2219311-37.2015.8.26.0000	2075873-16.2016.8.26.0000/50000

	Termo de busca – TJSP	
	"recuperação judicial" e "fiduciária" e "extraconcursal"	
Número dos processos encontrados	2235225-44.2015.8.26.0000	2009241-08.2016.8.26.0000
	2229722-42.2015.8.26.0000	2013159-20.2016.8.26.0000
	2262209-65.2015.8.26.0000	2030293-60.2016.8.26.0000
	2265910-34.2015.8.26.0000	2118389-51.2016.8.26.0000
	2028512-03.2016.8.26.0000	2066919-78.2016.8.26.0000
	2120570-25.2016.8.26.0000	2069729-26.2016.8.26.0000
	2049996-74.2016.8.26.0000	2087641-36.2016.8.26.0000
	2097474-78.2016.8.26.0000	2114828-19.2016.8.26.0000
	2176821-63.2016.8.26.0000	2084790-24.2016.8.26.0000
	2024373-42.2015.8.26.0000	2027680-67.2016.8.26.0000
	2022884-33.2016.8.26.0000	2027657-24.2016.8.26.0000
	2058069-35.2016.8.26.0000	2008627-03.2016.8.26.0000/50001
	2265078-98.2015.8.26.0000	1011247-40.2014.8.26.0011
	2274033-21.2015.8.26.0000	2144209-72.2016.8.26.0000
	2272707-26.2015.8.26.0000	2132443-22.2016.8.26.0000
	2008627-03.2016.8.26.0000	2046174-77.2016.8.26.0000
	2013933-50.2016.8.26.0000	2018223-11.2016.8.26.0000
	2217214-64.2015.8.26.0000	2048112-10.2016.8.26.0000
	2051549-59.2016.8.26.0000	2181398-84.2016.8.26.0000
	2060109-87.2016.8.26.0000	2169244-34.2016.8.26.0000
	2040226-91.2015.8.26.0000 50000	1127050-61.2015.8.26.0100/50001
	2168136-04.2015.8.26.0000/50000	2131887-20.2016.8.26.0000
	2114677-53.2016.8.26.0000	2192678-52.2016.8.26.0000
	2063840-91.2016.8.26.0000	2097474-78.2016.8.26.0000/50000
	2114774-53.2016.8.26.0000	2153492-22.2016.8.26.0000
	2059977-30.2016.8.26.0000	2167626-54.2016.8.26.0000
	2049070-93.2016.8.26.0000	2040738-40.2016.8.26.0000
	2057206-79.2016.8.26.0000	2193849-44.2016.8.26.0000
	2129879-70.2016.8.26.0000	2136835-05.2016.8.26.0000
	2199540-73.2015.8.26.0000	2127960-46.2016.8.26.0000
	2043689-07.2016.8.26.0000	2192775-52.2016.8.26.0000
	2125777-05.2016.8.26.0000	2184380-71.2016.8.26.0000
	2142083-49.2016.8.26.0000	2006500-92.2016.8.26.0000/50000
	2008478-07.2016.8.26.0000	2009241-08.2016.8.26.0000/50000

	Termo de busca – TJSP	
	"recuperação judicial" e "fiduciária" e "extraconcursal"	
Número dos processos encontrados	2096320-25.2016.8.26.0000	2013159-20.2016.8.26.0000/50000
	2085130-65.2016.8.26.0000	2005326-48.2016.8.26.0000/50000
	2069729-26.2016.8.26.0000/50000	2005326-48.2016.8.26.0000/50001
	2066307-43.2016.8.26.0000	2038350-67.2016.8.26.0000/50000
	2136589-09.2016.8.26.0000	2038350-67.2016.8.26.0000/50001
	2207934-69.2015.8.26.0000/50000	2252737-40.2015.8.26.0000/50000
	2024770-67.2016.8.26.0000	2274316-44.2015.8.26.0000/50000
	2070534-76.2016.8.26.0000	2274316-44.2015.8.26.0000/50001
	2118387-81.2016.8.26.0000	2124572-38.2016.8.26.0000
	2110352-35.2016.8.26.0000	0162788-10.2013.8.26.0000
	2171135-90.2016.8.26.0000	2130764-84.2016.8.26.0000
	2009397-30.2015.8.26.0000/50001	2148521-91.2016.8.26.0000/50000
	2031725-17.2016.8.26.0000/50000	2253975-94.2015.8.26.0000
	2004502-89.2016.8.26.0000/50002	2148521-91.2016.8.26.0000
	2004502-89.2016.8.26.0000/50001	2148456-96.2016.8.26.0000
	2183334-47.2016.8.26.0000	2196923-09.2016.8.26.0000
	2115253-46.2016.8.26.0000	2213926-74.2016.8.26.0000
	2059996-36.2016.8.26.0000/50000	2197051-29.2016.8.26.0000
	2077261-51.2016.8.26.0000	2215927-32.2016.8.26.0000
	2048112-10.2016.8.26.0000/50000	2228728-77.2016.8.26.0000
	2057206-79.2016.8.26.0000/50000	2125494-79.2016.8.26.0000/50000
	2049070-93.2016.8.26.0000/50000	2213818-45.2016.8.26.0000
	2265834-10.2015.8.26.0000/50000	2135983-78.2016.8.26.0000
	2129806-98.2016.8.26.0000	2135983-78.2016.8.26.0000
	1116818-87.2015.8.26.0100	2136868-92.2016.8.26.0000
	2204573-78.2014.8.26.0000/50000	2149299-61.2016.8.26.0000
	2094785-61.2016.8.26.0000	2232473-65.2016.8.26.0000
	2177229-54.2016.8.26.0000	2228706-19.2016.8.26.0000
	2183055-61.2016.8.26.0000	2082255-25.2016.8.26.0000
	2081940-94.2016.8.26.0000	2029773-03.2016.8.26.0000
	2135727-38.2016.8.26.0000	2038350-67.2016.8.26.0000
	2169277-24.2016.8.26.0000	2082063-92.2016.8.26.0000
	2102966-51.2016.8.26.0000	2082169-54.2016.8.26.0000
	2007197-16.2016.8.26.0000/50000	2082618-12.2016.8.26.0000
	2185275-32.2016.8.26.0000	2082624-19.2016.8.26.0000
	2184640-51.2016.8.26.0000	2075873-16.2016.8.26.0000/50000

	Termo de busca – TJSP	
	"recuperação judicial" e "fiduciária" e "extraconcursal"	
Número dos processos encontrados	2009241-08.2016.8.26.0000	2077261-51.2016.8.26.0000
	2013159-20.2016.8.26.0000	2048112-10.2016.8.26.0000/50000
	2030293-60.2016.8.26.0000	2057206-79.2016.8.26.0000/50000
	2118389-51.2016.8.26.0000	2049070-93.2016.8.26.0000/50000
	2066919-78.2016.8.26.0000	2265834-10.2015.8.26.0000/50000
	2069729-26.2016.8.26.0000	2009241-08.2016.8.26.0000
	2087641-36.2016.8.26.0000	2013159-20.2016.8.26.0000
	2114828-19.2016.8.26.0000	2030293-60.2016.8.26.0000
	2084790-24.2016.8.26.0000	2118389-51.2016.8.26.0000
	2027680-67.2016.8.26.0000	2066919-78.2016.8.26.0000
	2027657-24.2016.8.26.0000	2069729-26.2016.8.26.0000
	2008627-03.2016.8.26.0000/50001	2087641-36.2016.8.26.0000
	1011247-40.2014.8.26.0011	2114828-19.2016.8.26.0000
	2144209-72.2016.8.26.0000	2084790-24.2016.8.26.0000
	2132443-22.2016.8.26.0000	2027680-67.2016.8.26.0000
	2046174-77.2016.8.26.0000	2027657-24.2016.8.26.0000
	2018223-11.2016.8.26.0000	2008627-03.2016.8.26.0000/50001
	2048112-10.2016.8.26.0000	1011247-40.2014.8.26.0011
	2051549-59.2016.8.26.0000	2144209-72.2016.8.26.0000
	2060109-87.2016.8.26.0000	2132443-22.2016.8.26.0000
	2040226-91.2015.8.26.0000 50000	2046174-77.2016.8.26.0000
	2168136-04.2015.8.26.0000/50000	2018223-11.2016.8.26.0000
	2114677-53.2016.8.26.0000	2048112-10.2016.8.26.0000
	2063840-91.2016.8.26.0000	2051549-59.2016.8.26.0000
	2114774-53.2016.8.26.0000	2060109-87.2016.8.26.0000
	2059977-30.2016.8.26.0000	2040226-91.2015.8.26.0000 50000
	2049070-93.2016.8.26.0000	2168136-04.2015.8.26.0000/50000
	2057206-79.2016.8.26.0000	2114677-53.2016.8.26.0000
	2129879-70.2016.8.26.0000	2063840-91.2016.8.26.0000
	2199540-73.2015.8.26.0000	2114774-53.2016.8.26.0000
	2043689-07.2016.8.26.0000	2059977-30.2016.8.26.0000
	2125777-05.2016.8.26.0000	2049070-93.2016.8.26.0000
	2142083-49.2016.8.26.0000	2057206-79.2016.8.26.0000
	2008478-07.2016.8.26.0000	2129879-70.2016.8.26.0000

	Termo de busca – TJSP	
	"recuperação judicial" e "fiduciária" e "extraconcursal"	
Número dos processos encontrados	2096320-25.2016.8.26.0000	2199540-73.2015.8.26.0000
	2085130-65.2016.8.26.0000	2043689-07.2016.8.26.0000
	2069729-26.2016.8.26.0000/50000	2125777-05.2016.8.26.0000
	2066307-43.2016.8.26.0000	2142083-49.2016.8.26.0000
	2136589-09.2016.8.26.0000	2008478-07.2016.8.26.0000
	2207934-69.2015.8.26.0000/50000	2096320-25.2016.8.26.0000
	2024770-67.2016.8.26.0000	2085130-65.2016.8.26.0000
	2070534-76.2016.8.26.0000	2069729-26.2016.8.26.0000/50000
	2118387-81.2016.8.26.0000	2066307-43.2016.8.26.0000
	2110352-35.2016.8.26.0000	2136589-09.2016.8.26.0000
	2171135-90.2016.8.26.0000	2207934-69.2015.8.26.0000/50000
	2009397-30.2015.8.26.0000/50001	2024770-67.2016.8.26.0000
	2031725-17.2016.8.26.0000/50000	2070534-76.2016.8.26.0000
	2004502-89.2016.8.26.0000/50002	2118387-81.2016.8.26.0000
	2004502-89.2016.8.26.0000/50001	2110352-35.2016.8.26.0000
	2183334-47.2016.8.26.0000	2171135-90.2016.8.26.0000
	2115253-46.2016.8.26.0000	2009397-30.2015.8.26.0000/50001
	2059996-36.2016.8.26.0000/50000	2031725-17.2016.8.26.0000/50000
	2004502-89.2016.8.26.0000/50002	2148521-91.2016.8.26.0000
	2004502-89.2016.8.26.0000/50001	2148456-96.2016.8.26.0000
	2183334-47.2016.8.26.0000	2196923-09.2016.8.26.0000
	2115253-46.2016.8.26.0000	2213926-74.2016.8.26.0000
	2059996-36.2016.8.26.0000/50000	2197051-29.2016.8.26.0000
	2077261-51.2016.8.26.0000	2215927-32.2016.8.26.0000
	2048112-10.2016.8.26.0000/50000	2228728-77.2016.8.26.0000
	2057206-79.2016.8.26.0000/50000	2125494-79.2016.8.26.0000/50000
	2049070-93.2016.8.26.0000/50000	2213818-45.2016.8.26.0000
	2265834-10.2015.8.26.0000/50000	2135983-78.2016.8.26.0000
	2129806-98.2016.8.26.0000	2135983-78.2016.8.26.0000
	1116818-87.2015.8.26.0100	2136868-92.2016.8.26.0000
	2204573-78.2014.8.26.0000/50000	2149299-61.2016.8.26.0000
	2094785-61.2016.8.26.0000	2232473-65.2016.8.26.0000
	2177229-54.2016.8.26.0000	2228706-19.2016.8.26.0000
	2183055-61.2016.8.26.0000	2232473-65.2016.8.26.0000

	Termo de busca – TJSP	
	"recuperação judicial" e "fiduciária" e "extraconcursal"	
Número dos processos encontrados	2081940-94.2016.8.26.0000	2166062-40.2016.8.26.0000
	2135727-38.2016.8.26.0000	2186873-21.2016.8.26.0000
	2169277-24.2016.8.26.0000	2243440-72.2016.8.26.0000
	2102966-51.2016.8.26.0000	2187702-02.2016.8.26.0000
	2007197-16.2016.8.26.0000/50000	2161203-78.2016.8.26.0000
	2185275-32.2016.8.26.0000	2235775-05.2016.8.26.0000
	2184640-51.2016.8.26.0000	2082247-48.2016.8.26.0000
	2181398-84.2016.8.26.0000	2124542-03.2016.8.26.0000
	2169244-34.2016.8.26.0000	2226778-33.2016.8.26.0000
	1127050-61.2015.8.26.0100/50001	2188885-08.2016.8.26.0000
	2131887-20.2016.8.26.0000	2075528-50.2016.8.26.0000
	2192678-52.2016.8.26.0000	2035842-51.2016.8.26.0000
	2097474-78.2016.8.26.0000/50000	1008952-68.2014.8.26.0451
	2153492-22.2016.8.26.0000	2210626-07.2016.8.26.0000
	2167626-54.2016.8.26.0000	2194165-57.2016.8.26.0000
	2040738-40.2016.8.26.0000	2195093-08.2016.8.26.0000
	2193849-44.2016.8.26.0000	2185323-88.2016.8.26.0000
	2136835-05.2016.8.26.0000	2185395-75.2016.8.26.0000
	2127960-46.2016.8.26.0000	2185566-32.2016.8.26.0000
	2192775-52.2016.8.26.0000	2185999-36.2016.8.26.0000
	2184380-71.2016.8.26.0000	2186081-67.2016.8.26.0000
	2006500-92.2016.8.26.0000/50000	2186520-78.2016.8.26.0000
	2009241-08.2016.8.26.0000/50000	2186634-17.2016.8.26.0000
	2013159-20.2016.8.26.0000/50000	2186737-24.2016.8.26.0000
	2005326-48.2016.8.26.0000/50000	2186904-41.2016.8.26.0000
	2005326-48.2016.8.26.0000/50001	2187792-10.2016.8.26.0000
	2038350-67.2016.8.26.0000/50000	2187834-59.2016.8.26.0000
	2038350-67.2016.8.26.0000/50001	0013808-59.2011.8.26.0011
	2252737-40.2015.8.26.0000/50000	2178729-58.2016.8.26.0000
	2274316-44.2015.8.26.0000/50000	2089743-31.2016.8.26.0000
	2274316-44.2015.8.26.0000/50001	2205074-61.2016.8.26.0000
	2124572-38.2016.8.26.0000	2181667-26.2016.8.26.0000
	0162788-10.2013.8.26.0000	2226339-22.2016.8.26.0000
	2130764-84.2016.8.26.0000	2157741-16.2016.8.26.0000
	2148521-91.2016.8.26.0000/50000	2228706-19.2016.8.26.0000
	2253975-94.2015.8.26.0000	2203908-91.2016.8.26.0000

	Termo de busca – TJSP	
	"recuperação judicial" e "fiduciária" e "extraconcursal"	
Número dos processos encontrados	2232341-08.2016.8.26.0000	2030925-52.2017.8.26.0000
	2244363-98.2016.8.26.0000	2052693-34.2017.8.26.0000
	2210553-35.2016.8.26.0000	2034838-42.2017.8.26.0000
	2186775-36.2016.8.26.0000	2131432-55.2016.8.26.0000
	2187066-36.2016.8.26.0000	2177885-45.2015.8.26.0000
	2188129-96.2016.8.26.0000	2200612-32.2014.8.26.0000
	2188179-25.2016.8.26.0000	2014822-67.2017.8.26.0000
	2201705-59.2016.8.26.0000	2073264-26.2017.8.26.0000
	2204224-07.2016.8.26.0000	1064220-25.2016.8.26.0100
	2220015-16.2016.8.26.0000	2136846-34.2016.8.26.0000
	2242451-66.2016.8.26.0000	2093014-14.2017.8.26.0000
	2153642-03.2016.8.26.0000	2022543-70.2017.8.26.0000
	2213920-67.2016.8.26.0000	2025099-45.2017.8.26.0000
	2039516-37.2016.8.26.0000	2022428-49.2017.8.26.0000
	2233057-35.2016.8.26.0000	2025354-03.2017.8.26.0000
	2200245-37.2016.8.26.0000	2024662-04.2017.8.26.0000
	2155873-03.2016.8.26.0000	2072288-19.2017.8.26.0000
	2142155-36.2016.8.26.0000	2025181-76.2017.8.26.0000
	2023457-37.2017.8.26.0000	2216537-97.2016.8.26.0000
	2015786-60.2017.8.26.0000	2048023-50.2017.8.26.0000
	2017105-63.2017.8.26.0000	2075038-91.2017.8.26.0000
	2014403-47.2017.8.26.0000	2019867-52.2017.8.26.0000
	1080434-28.2015.8.26.0100	2024639-58.2017.8.26.0000
	1122482-02.2015.8.26.0100	2048058-44.2016.8.26.0000
	2021304-31.2017.8.26.0000	2019179-90.2017.8.26.0000
	2118317-64.2016.8.26.0000	2005542-72.2017.8.26.0000
	2158799-54.2016.8.26.0000	2231516-64.2016.8.26.0000
	2150108-51.2016.8.26.0000	2027187-56.2017.8.26.0000
	2013159-20.2016.8.26.0000	2020591-90.2016.8.26.0000
	2203389-19.2016.8.26.0000	2227583-83.2016.8.26.0000
	2205058-10.2016.8.26.0000	2081125-63.2017.8.26.0000
	2238709-33.2016.8.26.0000	0013410-69.2013.8.26.0229
	2228372-82.2016.8.26.0000	2019949-83.2017.8.26.0000
	2194964-03.2016.8.26.0000	2126226-60.2016.8.26.0000

	Termo de busca – TJSP	
	"recuperação judicial" e "fiduciária" e "extraconcursal"	
Número dos processos encontrados	2148412-77.2016.8.26.0000	2257100-36.2016.8.26.0000
	2016297-58.2017.8.26.0000	2197051-29.2016.8.26.0000
	1039943-13.2014.8.26.0100	2228728-77.2016.8.26.0000
	2020695-48.2017.8.26.0000	2111487-82.2016.8.26.0000
	2200689-70.2016.8.26.0000	2058576-59.2017.8.26.0000
	2179114-06.2016.8.26.0000	2238941-45.2016.8.26.0000
	1036561-75.2015.8.26.0100	2074247-25.2017.8.26.0000
	2247355-32.2016.8.26.0000	2093019-36.2017.8.26.0000
	2260160-17.2016.8.26.0000	2213926-74.2016.8.26.0000
	2258299-93.2016.8.26.0000	2235804-55.2016.8.26.0000
	2028350-71.2017.8.26.0000	2246269-26.2016.8.26.0000
	2050623-44.2017.8.26.0000	2070534-76.2016.8.26.0000
	2143129-73.2016.8.26.0000	2099008-23.2017.8.26.0000
	2091515-29.2016.8.26.0000	2027412-76.2017.8.26.0000
	2168205-02.2016.8.26.0000	2226258-73.2016.8.26.0000
	2115933-31.2016.8.26.0000	2244509-42.2016.8.26.0000
	2229290-86.2016.8.26.0000	2115546-79.2017.8.26.0000
	2038434-34.2017.8.26.0000	2023879-12.2017.8.26.0000
	2244238-33.2016.8.26.0000	2159025-25.2017.8.26.0000
	2084500-72.2017.8.26.0000	2157974-76.2017.8.26.0000
	0059572-92.2011.8.26.0100	2257779-36.2016.8.26.0000
	2234600-73.2016.8.26.0000	2137706-98.2017.8.26.0000
	2111452-88.2017.8.26.0000	2037246-06.2017.8.26.0000
	2127979-18.2017.8.26.0000	2108896-16.2017.8.26.0000
	2006607-05.2017.8.26.0000	2153365-50.2017.8.26.0000
	2252209-69.2016.8.26.0000	2070808-06.2017.8.26.0000
	2115889-75.2017.8.26.0000	2157622-21.2017.8.26.0000
	2117753-51.2017.8.26.0000	2084264-23.2017.8.26.0000
	2025512-58.2017.8.26.0000	2078915-39.2017.8.26.0000
	2116758-38.2017.8.26.0000	2061609-57.2017.8.26.0000
	2044938-56.2017.8.26.0000	2184896-57.2017.8.26.0000
	2034432-21.2017.8.26.0000	2054061-78.2017.8.26.0000
	2116780-96.2017.8.26.0000	2078054-87.2016.8.26.0000
	2022485-67.2017.8.26.0000	2162477-43.2017.8.26.0000
	2025462-32.2017.8.26.0000	2177160-85.2017.8.26.0000

	Termo de busca – TJSP	
	"recuperação judicial" e "fiduciária" e "extraconcursal"	
Número dos processos encontrados	2021232-44.2017.8.26.0000	2025462-32.2017.8.26.0000
	2116388-59.2017.8.26.0000	2175553-37.2017.8.26.0000
	2022396-44.2017.8.26.0000	2174370-31.2017.8.26.0000
	2116791-28.2017.8.26.0000	2218045-44.2017.8.26.0000
	2025492-67.2017.8.26.0000	2119891-88.2017.8.26.0000
	2087955-45.2017.8.26.0000	2196912-43.2017.8.26.0000
	2019975-81.2017.8.26.0000	2130944-66.2017.8.26.0000
	2057201-23.2017.8.26.0000	2093761-61.2017.8.26.0000
	1002947-21.2016.8.26.0011	2114321-24.2017.8.26.0000
	2073704-22.2017.8.26.0000	2155600-87.2017.8.26.0000
	2048681-74.2017.8.26.0000	2078877-27.2017.8.26.0000
	2105513-30.2017.8.26.0000	2204639-53.2017.8.26.0000
	1006624-20.2015.8.26.0100	2142402-80.2017.8.26.0000
	2207394-84.2016.8.26.0000	2162370-96.2017.8.26.0000
	2033844-14.2017.8.26.0000	2211350-74.2017.8.26.0000
	2106150-78.2017.8.26.0000	2202626-18.2016.8.26.0000
	2088213-55.2017.8.26.0000	2156123-02.2017.8.26.0000
	2050962-03.2017.8.26.0000	2169278-72.2017.8.26.0000
	2079628-14.2017.8.26.0000	2110013-42.2017.8.26.0000
	2179274-94.2017.8.26.0000	2189127-30.2017.8.26.0000
	2050940-42.2017.8.26.0000	2135527-94.2017.8.26.0000
	2134357-87.2017.8.26.0000	2140660-54.2016.8.26.0000
	2151685-30.2017.8.26.0000	2128081-40.2017.8.26.0000
	2214070-48.2016.8.26.0000	2131501-53.2017.8.26.0000
	2110555-60.2017.8.26.0000	2167861-84.2017.8.26.0000
	2032634-25.2017.8.26.0000	2199536-65.2017.8.26.0000
	2048753-61.2017.8.26.0000	2220020-38.2016.8.26.0000
	2113399-80.2017.8.26.0000	2095762-19.2017.8.26.0000
	2067966-53.2017.8.26.0000	2195943-28.2017.8.26.0000
	4003566-66.2013.8.26.0604	2215893-57.2016.8.26.0000
	2169731-67.2017.8.26.0000	2164214-81.2017.8.26.0000
	2148793-51.2017.8.26.0000	2037246-06.2017.8.26.0000
	2076467-93.2017.8.26.0000	2174869-15.2017.8.26.0000
	2138550-48.2017.8.26.0000	2165314-08.2016.8.26.0000
	2169696-44.2016.8.26.0000	2254250-09.2016.8.26.0000

	Termo de busca – TJRJ	
	"recuperação judicial" e "fiduciária" e "extraconcursal"	
Número dos processos encontrados	0068216-86.2015.8.19.0000	0068765-67.2013.8.19.0000
	0001695-28.2016.8.19.0000	0068765-67.2013.8.19.0000
	0064231-12.2015.8.19.0000	0068522-26.2013.8.19.0000
	0071116-42.2015.8.19.0000	0068522-26.2013.8.19.0000
	0002727-68.2016.8.19.0000	0068522-26.2013.8.19.0000
	0002727-68.2016.8.19.0000	0068522-26.2013.8.19.0000
	0024442-06.2015.8.19.0000	0000319-75.2014.8.19.0000
	0003154-02.2015.8.19.0000	0000319-75.2014.8.19.0000
	0003094-29.2015.8.19.0000	0000319-75.2014.8.19.0000
	0003588-88.2015.8.19.0000	0000319-75.2014.8.19.0000
	0034911-14.2015.8.19.0000	0000273-86.2014.8.19.0000
	0001536-79.2012.8.19.0209	0000273-86.2014.8.19.0000
	0040738-06.2015.8.19.0000	0000273-86.2014.8.19.0000
	0001536-79.2012.8.19.0209	0000273-86.2014.8.19.0000
	0052424-92.2015.8.19.0000	0002887-64.2014.8.19.0000
	0007408-18.2015.8.19.0000	0002887-64.2014.8.19.0000
	0007408-18.2015.8.19.0000	0002887-64.2014.8.19.0000
	0007408-18.2015.8.19.0000	0002887-64.2014.8.19.0000
	0022837-25.2015.8.19.0000	0000292-92.2014.8.19.0000
	0022754-09.2015.8.19.0000	0000292-92.2014.8.19.0000
	0003909-26.2015.8.19.0000	0000292-92.2014.8.19.0000
	0004013-18.2015.8.19.0000	0000292-92.2014.8.19.0000
	0004013-18.2015.8.19.0000	0057420-07.2013.8.19.0000
	0050960-67.2014.8.19.0000	0057406-23.2013.8.19.0000
	0050960-67.2014.8.19.0000	0063491-25.2013.8.19.0000
	0007826-53.2015.8.19.0000	0047023-83.2013.8.19.0000
	0007826-53.2015.8.19.0000	0047023-83.2013.8.19.0000
	0007826-53.2015.8.19.0000	0042281-15.2013.8.19.0000
	0061117-02.2014.8.19.0000	0047257-65.2013.8.19.0000
	0063079-60.2014.8.19.0000	0047257-65.2013.8.19.0000
	0030071-92.2014.8.19.0000	0042708-12.2013.8.19.0000
	0030071-92.2014.8.19.0000	0042708-12.2013.8.19.0000
	0036829-87.2014.8.19.0000	0067441-76.2012.8.19.0000
	0007971-46.2014.8.19.0000	0067441-76.2012.8.19.0000
	0007971-46.2014.8.19.0000	0008232-45.2013.8.19.0000

	Termo de busca – TJSP	
	"recuperação judicial" e "fiduciária" e "extraconcursal"	
Número dos processos encontrados	0007971-46.2014.8.19.0000	0008232-45.2013.8.19.0000
	0067135-73.2013.8.19.0000	0008232-45.2013.8.19.0000
	0067135-73.2013.8.19.0000	0049256-24.2011.8.19.0000
	0013205-09.2014.8.19.0000	0049256-24.2011.8.19.0000
	0013205-09.2014.8.19.0000	0001695-28.2016.8.19.0000
	0013205-09.2014.8.19.0000	0004180-98.2016.8.19.0000
	0024085-94.2013.8.19.0000	0064231-12.2015.8.19.0000
	0024085-94.2013.8.19.0000	0036398-19.2015.8.19.0000
	0024085-94.2013.8.19.0000	0004180-98.2016.8.19.0000
	0000246-06.2014.8.19.0000	0006239-59.2016.8.19.0000
	0000246-06.2014.8.19.0000	0058282-07.2015.8.19.0000
	0068771-74.2013.8.19.0000	0019115-46.2016.8.19.0000
	0068771-74.2013.8.19.0000	0030679-22.2016.8.19.0000
	0068771-74.2013.8.19.0000	0019647-20.2016.8.19.0000
	0067496-90.2013.8.19.0000	0029434-73.2016.8.19.0000
	0067496-90.2013.8.19.0000	0019115-46.2016.8.19.0000
	0067496-90.2013.8.19.0000	0004393-70.2017.8.19.0000
	0067496-90.2013.8.19.0000	0020955-57.2017.8.19.0000
	0001877-82.2014.8.19.0000	0037946-45.2016.8.19.0000

	Termo de busca – TJRJ	
	"recuperação judicial" e "fiduciária" e "extraconcursal"	
Número dos processos encontrados	0001877-82.2014.8.19.0000	0065110-82.2016.8.19.0000
	0068765-67.2013.8.19.0000	0072073-72.2017.8.19.0000
	0068765-67.2013.8.19.0000	0042128-40.2017.8.19.0000
	0001877-82.2014.8.19.0000	0064949-72.2016.8.19.0000
	0001877-82.2014.8.19.0000	
Legenda:	Decisões que não julgam o mérito ou não tratam do objeto da pesquisa (excluídas da amostra).	

APÊNDICE B

Recurso	Nº do Recurso	Tribunal	Órgão Julgador	Relator	Data de Julgamento	Votação Unânime?	Processo de origem (ação individual/ RJ)	Tipo de garantia fiduciária
Agravo de Instrumento	2096700-82.2015.8.26.0000	TJSP	1ª Câmara Reservada de Direito Empresarial	Des. Pereira Calças	24/06/2015	Sim	RJ	Cessão Fiduciária de Recebíveis

Ao menos um desafio na aplicação do artigo 49, §3º, LRF é mencionado?	A competência para decidir sobre a constrição/ destinação/essencialidade dos bens do devedor é mencionada?	A aplicação do stay period à luz da essencialidade dos bens do devedor é mencionada?	O eventual esvaziamento da garantia fiduciária é mencionado?	A eventual renúncia à garantia em razão do ajuizamento de execução/ penhora sobre outros bens é mencionada?	Há menção ao oferecimento da garantia fiduciária por terceiro?	Há menção ao "princípio da preservação da empresa"/ prejuízo à manutenção da atividade?
Sim	Não	Não	Sim	Não	Não	Não

Relator	Revisor	Vogal
Trecho(s) Relevante(s)	**Trecho(s) Relevante(s)**	**Trecho(s) Relevante(s)**
"Embora não tenha o condão de atingir o crédito do agravante, decorrente de contrato autônomo de mútuo celebrado com a recuperanda, a resilição do contrato a que se vinculava a garantia prestada é fato suficiente para torná-la sem efeito. Por sua conta e risco, na condição de agente econômico livremente atuante no mercado, o agravante aceitou como garantia do empréstimo concedido à agravada a cessão fiduciária de créditos não performados, assumindo, com isso, a álea de eventual frustração dos recebíveis, fator que certamente foi levado em conta no equacionamento econômico-financeiro do contrato".	Acompanhou o relator	Acompanhou o relator

APÊNDICE C

Lei Complementar nº [●], de [●] de [●] de [●]

Altera a Lei nº 11.101, de 9 de fevereiro de 2005 e dá outras providências.

O PRESIDENTE DA REPÚBLICA Faço saber que o Congresso Nacional decreta e eu sanciono a seguinte Lei Complementar:

Art.1º. A Lei nº 11.101, de 9 de fevereiro de 2005 passa a vigorar com as seguintes alterações:

"Art. 26. O Comitê de Credores será constituído por deliberação de qualquer das classes de credores na assembleia-geral e terá a seguinte composição:

(...)

V – na recuperação judicial, 1 (um) representante indicado pela classe de credores titulares da posição de proprietário fiduciário sobre bens móveis ou imóveis, com 2 (dois) suplentes." (NR)

"Art. 41. A assembleia-geral será composta pelas seguintes classes de credores:

(...)

V – titulares de créditos garantidos por propriedade fiduciária de bens de qualquer natureza. (NR)

(...)

§3º Os titulares de créditos por propriedade fiduciária sobre bens móveis ou imóveis votam com a classe prevista no inciso V do caput deste artigo até o valor do bem gravado na data do ajuizamento do pedido de recuperação judicial. Caso o mesmo crédito seja também garantido por outra espécie de garantia real, o referido credor votará com a classe prevista no inciso II do caput deste artigo até o valor do bem gravado na data do ajuizamento do pedido de recuperação judicial e com a classe prevista no inciso III do caput deste artigo pelo restante do valor do seu crédito." (NR)

"Art. 45. Nas deliberações sobre o plano de recuperação judicial, todas as classes de credores referidas no art. 41 desta Lei deverão aprovar a proposta.

§1º Em cada uma das classes referidas nos incisos II, III e V do art. 41 desta Lei, a proposta deverá ser aprovada por credores que representem mais da metade do valor total dos créditos presentes à assembleia e, cumulativamente, pela maioria simples dos credores presentes.

(...)"

"Art. 49. Estão sujeitos à recuperação judicial todos os créditos existentes na data do pedido, ainda que não vencidos.

(...)

§3º Tratando-se de credor titular da posição ~~de proprietário fiduciário de bens móveis ou imóveis,~~ de arrendador mercantil, de proprietário ou promitente vendedor de imóvel cujos respectivos contratos contenham cláusula de irrevogabilidade ou irretratabilidade, inclusive em incorporações imobiliárias, ou de proprietário em contrato de venda com reserva de domínio, seu crédito não se submeterá aos efeitos da recuperação judicial e prevalecerão os direitos de propriedade sobre a coisa e as condições contratuais, observada a legislação respectiva, não se permitindo, contudo, durante o prazo de suspensão a que se refere o §4º do art. 6 º desta Lei, a venda ou a retirada do estabelecimento do devedor dos bens de capital essenciais a sua atividade empresarial.

(...)"

"Art. 50. Constituem meios de recuperação judicial, observada a legislação pertinente a cada caso, dentre outros:

(...)

§1º Na alienação de bem objeto de garantia real ou fiduciária, a supressão da garantia ou sua substituição somente serão admitidas mediante aprovação expressa do credor titular da respectiva garantia, inclusive quanto à destinação dos recursos obtidos com a venda do referido ativo".

"Art. 52. Estando em termos a documentação exigida no art. 51 desta Lei, o juiz deferirá o processamento da recuperação judicial e, no mesmo ato:

(...)

VI – determinará a suspensão de atos de excussão de garantias reais e fiduciárias sobre bens do devedor. (NR)

(...)

§5º A determinação prevista no inciso VI deste artigo ensejará a incidência de remuneração ao credor garantido entre o momento da suspensão da exigibilidade do direito de excussão da garantia até a decisão judicial a respeito da deliberação da assembleia geral de credores sobre o plano de recuperação judicial previsto no art. 50 desta Lei." (NR)

"Art. 54-A. O plano de recuperação judicial não poderá prever condições de pagamento aos credores titulares de garantias fiduciárias que sejam economicamente inferiores às condições de pagamento oferecias aos credores com garantia real, salvo se tais condições de pagamento forem aprovadas pela respectiva classe". (NR)

"Art. 58. Cumpridas as exigências desta Lei, o juiz concederá a recuperação judicial do devedor cujo plano não tenha sofrido objeção de credor nos termos do art. 55 desta Lei ou tenha sido aprovado pela assembleia-geral de credores na forma do art. 45 ou 56-A desta Lei.

§1º O juiz poderá conceder a recuperação judicial com base em plano que não obteve aprovação na forma do art. 45 desta Lei, desde que, na mesma assembleia, tenha obtido, de forma cumulativa:

(...)

II – a aprovação de 4 (quatro) das classes de credores nos termos do art. 45 desta Lei, caso haja 5 (cinco) classes com credores votantes, ou, 3 (duas) das classes com credores votantes, caso haja somente 4 (quatro) classes com credores votantes, ou, ou 2 (duas) das classes com credores votantes, caso haja somente 3 (três) classes com credores votantes, ou ainda, caso haja somente 2 (duas) classes com credores votantes, a aprovação de pelo menos 1 (uma) delas;

(...)"

"Art. 83. A classificação dos créditos na falência obedece à seguinte ordem:

(...)

VI – créditos quirografários, a saber:

(...)

d) a remuneração devida aos credores garantidos pela suspensão do seu direito de excussão da garantia durante o processo de recuperação judicial, caso assim contratado entre devedor e credor, nos termos do art. 52, §5º desta Lei. (NR)

(...)"

"Art. 84. Serão considerados créditos extraconcursais e serão pagos com precedência sobre os mencionados no art. 83 desta Lei, na ordem a seguir, os relativos:

I-A – às quantias referidas nos arts. 150 e 151;

I-B – ao valor efetivamente entregue ao devedor em recuperação judicial pelo financiador, em conformidade com o disposto na Seção IV-A do Capítulo III desta Lei;

I-C – aos créditos em dinheiro, objeto de restituição, nos termos do art. 86;

I-D – às remunerações devidas ao administrador judicial e seus auxiliares, e créditos derivados da legislação do trabalho ou decorrentes de acidentes de trabalho relativos a serviços prestados após a decretação da falência;

I-E – obrigações resultantes de atos jurídicos válidos praticados durante a recuperação judicial, nos termos do art. 67 desta Lei, ou após a decretação da falência;

I-F – aos valores correspondentes à eventual diferença entre o valor da garantia fiduciária apurado na data do pedido de recuperação judicial e o valor da mesma garantia, apurado na data da decretação da quebra. (NR)

(...)"

"Art. 85. O proprietário, bem como o credor titular de garantia fiduciária de bem arrecadado no processo de falência ou que se encontre em poder do devedor na data da decretação da falência poderá pedir sua restituição.

(...)"

Art.2º. Esta Lei Complementar entra em vigor 120 (cento e vinte) dias após a sua publicação.

Brasília, [●], de [●] de [●]; [●]º da Independência e [●]º da República.

[●]